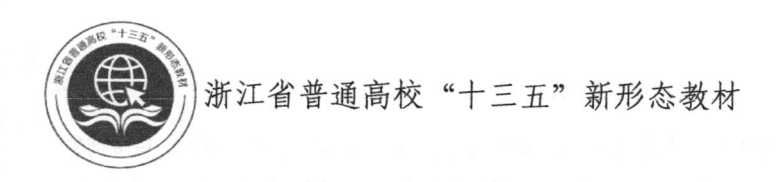

浙江省普通高校"十三五"新形态教材

高等职业教育"互联网+"新形态教材·市场营销专业

营销策划实务

闫春荣　岳士凯　主　编

朱洪静　刘　平　韩力军
乔平平　姚昕陶　陈　静　副主编

徐丽娟　李　伟　参　编

顾爱春　主　审

电子工业出版社
Publishing House of Electronics Industry
北京·BEIJING

内 容 简 介

本书根据高等职业教育市场营销专业人才培养目标与教学特点编写，注重培养学生的营销思维与策划能力，突出教材的操作性与可读性。为了方便学生对营销思维、策划知识的掌握与应用，本书选取了7个项目，即认识营销策划、商机分析、营销战略策划、产品策划、价格策划、渠道策划、促销策划，在7个项目中共设计22个任务。在每个项目前设有"经典回放"，每个任务由"开篇任务单""知识讲堂""学习日志"三部分组成。本课程建有校内的网络课程，还建有浙江省高等学校在线开放课程共享平台。

本书既可作为高等职业院校、高等专科学校、本科院校的二级学院、成人高校、五年一贯制市场营销专业和其他商贸类专业的教学用书，也可作为中职相关专业、社会从业人员的培训用书。

未经许可，不得以任何方式复制或抄袭本书之部分或全部内容。
版权所有，侵权必究。

图书在版编目（CIP）数据

营销策划实务 / 闫春荣，岳士凯主编. —北京：电子工业出版社，2021.2
ISBN 978-7-121-38022-8

Ⅰ. ①营… Ⅱ. ①闫…②岳… Ⅲ. ①营销策划—高等职业教育—教材 Ⅳ. ①F713.50

中国版本图书馆 CIP 数据核字（2019）第 269595 号

责任编辑：贾瑞敏
印　　刷：北京捷迅佳彩印刷有限公司
装　　订：北京捷迅佳彩印刷有限公司
出版发行：电子工业出版社
　　　　　北京市海淀区万寿路 173 信箱　邮编 100036
开　　本：787×1 092　1/16　印张：14.25　字数：403 千字
版　　次：2021 年 2 月第 1 版
印　　次：2022 年 7 月第 2 次印刷
定　　价：46.00 元

凡所购买电子工业出版社图书有缺损问题，请向购买书店调换。若书店售缺，请与本社发行部联系，联系及邮购电话：(010)88254888，88258888。
质量投诉请发邮件至 zlts@phei.com.cn，盗版侵权举报请发邮件至 dbqq@phei.com.cn。
本书咨询联系方式：电话 010-62017651；邮箱 fservice@vip.163.com；QQ 群 427695338；微信 zsb18600585292。

前言

长期以来，企业对高等职业教育市场营销专业毕业生的素质与能力要求并重。在素质方面，要求讲诚信、有责任心、热爱岗位、充满激情、踏实而有追求；在能力方面，要求有亲和力、市场洞察力、客户心理体察力、良好的沟通能力、团队协作能力及文案写作能力等。本书以培养学生"善谋划"为知识定位，以培养学生"善实践"为素质目标，最终实现培养高等职业教育市场营销专业学生"会分析、懂策划、能撰写、善执行"的营销技能。

本书在"互联网+"大背景下，基于营销策略制定与应用能力的培养，阐述了 7 个营销项目，分别是认识营销策划、商机分析、营销战略策划、产品策划、价格策划、渠道策划及促销策划。在这 7 个项目下要完成营销策划的概念、营销策划的思维、营销策划的原理、营销环境分析、顾客分析、竞争对手分析、市场细分策划、目标市场策划、市场定位策划、竞争战略策划、产品与产品策划、品牌策划、影响价格的因素、产品生命周期中的价格策划、渠道结构策划、渠道管理策划、广告策划、公共关系策划、营业推广策划、人员推销策划、促销组合的运用等 22 个有着逻辑顺序的任务。

本书适合线上线下、理论实践、课内课外等混合式立体化教学。主要特点在于：结合营销管理岗位，突出对学生营销策略的制定与应用能力的培养，以"问题"为引领，以"写"为主线，以"谋"为节点，以"用"为切入点，整合出具有较强实践性的营销策划实务内容。

1. **便于开展线上线下相结合的混合式教学，激发学生学习兴趣**

通过线上课堂，在看微课的过程中插入练习题目，提高学生的学习兴趣，并能及时检验学生的学习效果；通过扫描二维码，制造悬念，引出本次课程的教学目标，激发学生学习与探究的积极性。

2. **理论与实践相结合，以任务为导向，实现职业教育的培养目标**

每个任务下都有实际操作内容，学生带着任务去学习，实现学以致用的职教目标。任务前置，一方面表现为"用中做，用中学，用中教，用中补"；另一方面，为用而学，为用而做，由浅入深，容易引发学生学习的成就感，树立学习的自信心，激发学生学习的积极性，符合高等职业教育学生的学习特点。

3. **教材、课堂与教学资源三位一体，方便教师组织移动互联网模式下的教学**

在教材中配有经典回放、开篇任务单、知识讲堂、线上课堂（浙江省高等学校在线开放课程共享平台 http://www.zjooc.cn）、经典策划思想、追根溯源、商业江湖、营销前沿、学习日志，其中学习日志中包括我学了、我用了、测一测、实务操作、简答题等内容，测一

营销策划实务

测中的试题构成线上课堂中的题库，在教学中融入互联网新技术，使用移动互联网提供了丰富的资源。

本教材由丽水职业技术学院闫春荣、临沂职业学院岳士凯担任主编，丽水职业技术学院朱洪静、刘平，浙江旅游职业学院韩力军，河南工业职业技术学院乔平平，丽水职业技术学院姚昕陶、陈静担任副主编，山东商业职业技术学院徐丽娟、湖州职业技术学院李伟参编，丽水职业技术学院顾爱春主审。一米商场沈添育、浙江丽水东方彩红布艺有限公司周欢参与课程开发理念研讨、课堂体系构建。具体编写分工如下：闫春荣负责制定编写大纲及统稿、定稿，并编写项目二、四；岳士凯编写项目七；朱洪静编写项目六；刘平编写项目五；韩力军编写项目三；乔平平编写项目一；姚昕陶搜集项目四中任务二、任务三的材料；陈静搜集项目七的材料。

由于编者水平有限，书中难免有疏漏之处，恳请读者指正。

编　者

目 录

项目一　认识营销策划　1

任务一　营销策划的概念 / 1
　　一、营销策划的含义 / 1
　　二、营销策划基本要素 / 4
　　三、营销策划的方法与基本步骤 / 8
学习日志 / 11
任务二　营销策划的思维 / 12
　　一、思维 / 13
　　二、创新 / 13
　　三、思维创新 / 14
　　四、策划思维程序 / 17
　　五、策划思维的种类 / 18
学习日志 / 24
任务三　营销策划的原理 / 25
　　一、创意 / 26
　　二、营销策划的原则 / 27
　　三、创意的技法 / 29
学习日志 / 34

项目二　商机分析　36

任务一　营销环境分析 / 37
　　一、宏观营销环境分析 / 37
　　二、微观营销环境分析 / 48
　　三、营销环境的综合评价 / 52
学习日志 / 55
任务二　顾客分析 / 56
　　一、潜在顾客与现实顾客 / 56
　　二、顾客消费心理与行为分析 / 61
　　三、消费者的购买动机 / 65
学习日志 / 68
任务三　竞争者分析 / 70
　　一、竞争者的含义 / 71
　　二、竞争者的类型 / 71
　　三、分析竞争者 / 73
学习日志 / 75

项目三　营销战略策划　78

任务一　市场细分策划 / 80
　　一、市场细分的概念及作用 / 80
　　二、市场细分的标准 / 81
　　三、有效市场细分的条件 / 86
学习日志 / 87
任务二　目标市场策划 / 89
　　一、目标市场的概念 / 89
　　二、目标市场的选择战略 / 90
　　三、目标市场的营销策略 / 93
学习日志 / 95
任务三　市场定位策划 / 97
　　一、市场定位的概念 / 97
　　二、市场定位的策划要素 / 98
　　三、市场定位的战略 / 98
　　四、市场定位的方法 / 100
学习日志 / 101
任务四　竞争战略和竞争策略
　　　　策划 / 102
　　一、竞争战略策划 / 103
　　二、竞争策略策划 / 105
学习日志 / 110

项目四　产品策划　112

任务一　产品与产品策划 / 112
　　一、产品组合与产品线策划 / 113
　　二、新产品开发策划 / 115
　　三、产品生命周期各阶段的
　　　　营销策划 / 119
学习日志 / 121
任务二　品牌策划 / 123
　　一、品牌的概念 / 124
　　二、品牌名称策划 / 125
　　二、品牌归属策划 / 129
　　三、品牌战略策划 / 130
学习日志 / 131
任务三　包装策划 / 132
　　一、包装的作用 / 133
　　二、包装设计原则 / 134
　　三、包装设计策略 / 135
学习日志 / 137

项目五　价格策划　139

任务一　影响价格策划的因素 / 139
　　一、价格策划概念 / 139
　　二、价格策划影响因素 / 140
学习日志 / 145
任务二　产品生命周期中的价格
　　　　策划 / 147
　　一、产品生命周期理论 / 147
　　二、不同产品生命周期的
　　　　价格策划 / 149
学习日志 / 154

项目六　渠道策划　156

任务一　渠道结构策划 / 156
　　一、渠道 / 156

　　二、渠道结构设计的原则 / 159
　　三、影响渠道结构设计的因素 / 159
　　四、渠道结构设计的步骤 / 162
学习日志 / 166
任务二　渠道管理策划 / 168
　　一、渠道管理的含义 / 168
　　二、渠道管理的原则 / 168
　　三、渠道成员的激励 / 169
　　四、渠道冲突的管理 / 171
　　五、渠道创新的策划 / 174
学习日志 / 175

项目七　促销策划　177

任务一　广告策划 / 178
　　一、广告的定义与分类 / 178
　　二、广告策划的流程 / 179
学习日志 / 188
任务二　公共关系策划 / 190
　　一、公共关系的概念与特点 / 190
　　二、公共关系策划的流程 / 191
　　三、节事活动策划 / 193
学习日志 / 200
任务三　营业推广策划 / 201
　　一、营业推广的概念与特点 / 201
　　二、营业推广策划的流程 / 202
学习日志 / 206
任务四　人员推销策划 / 207
　　一、人员推销的特点与形式 / 207
　　二、人员推销策划的流程 / 208
　　三、推销人员的管理 / 210
学习日志 / 211
任务五　促销组合的运用 / 213
　　一、促销策划的基本范畴 / 213
　　二、促销组合的运用 / 214
学习日志 / 217

参考文献　220

项目一
认识营销策划

精明的尚老板

北方 A 城某小区有两个大浴池，生意一直都很好，经营者分别是夏老板、尚老板。然而，近年来随着煤炭价格暴涨，盈利都有所下降。夏老板发现，晚上 9 点之后基本没人来洗澡了。由于洗澡的人大都是邻居，洗完喜欢在浴池中聊天，一直聊到 11 点之后才散去，相当于浪费两个小时的煤，因此夏老板到 9 点就把火炉关掉了。因为没有暖气了，大家就赶紧回家了，这样确实节省了很多成本。不久，去夏老板浴池洗澡的人越来越少，而去尚老板浴池的人越来越多。

终于有一天，夏老板忍不住宴请了尚老板，并向尚老板请教。尚老板说："我和你刚好相反，你是 9 点钟关掉火炉，我是 9 点钟开始拼命加火。"

夏老板不解："你这样不是成本更高吗？"尚老板说："你关了火之后，客人冷得受不了，确实会回家。而我加了火之后，客人热得受不了，自然也会回家。而这一冷一热之间，客人的心理感受不一样。"

经典分析 在经营方面，尚老板显然比夏老板技高一筹。洗澡这件事，看其本质，对于大多数人来说不在于搓泥，而是放松。客人同样是回家，在夏老板处是被冻回家，给人体验不好，让人觉得老板太小气；而在尚老板处是被热回家的，给人的体验是老板热情、大度。显然尚老板对营销的理解更好一些。请思考，在利润最大化方面，尚老板的经营还存在哪些不足？

想挑战一下自己吗？扫一扫这里！

任务一 营销策划的概念

线上课堂

开篇任务单

一、营销策划的含义

（一）策划的含义

策划活动可谓包罗万象，大到国家目标与政策的实行，小至个人生活及职业生涯的规划等均须策划。人类社会的发展史其实就是一部追求生存与发展的策划史。营销策划是策划活动在

营销策划实务

市场营销领域中的拓展，正确地理解营销策划的内涵，要先从理解策划的含义开始。

📖 追根溯源 1-1

扫码听书

策　划

在汉语中，"策划"是由"策"与"划"构成的一个复合词。策有名词与动词两种意义：作为名词，策最早是指一种赶马用的棍子，一端有尖，用来刺激马身，催马奔驰；作为动词，是鞭打，如策马、策动。后来，策同册，是指古代的一种文字载体，用竹片或木片著书，成编的叫作策。接着，策又演变成一种文体，一般是指参加科举考试者就国家兴邦建业的有关问题所做的一种答卷。因此，进一步延伸，策又有计谋、谋略的意思，即所谓的上策、下策、出谋划策、束手无策等。策划的划也作画，是谋划、筹划、计划、打算的意思，因此策划也作策画。

在中国古代，策划集中于政治、军事和外交活动领域，是为政治、军事、外交服务的，中国古代的文明史就是一部策划史。今天的策划主要是为经济服务的。

策划活动在本质上是人类特有的一种理性行为，是人们对自己所要进行的活动事先在观念中做出打算，也就是预先做出计划、安排，对要达到什么目的、如何达到目的、依靠什么来进行、具体步骤如何安排等一系列问题进行具体的设计、计划、筹划。

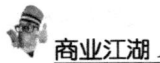 商业江湖 1-1

负负得正

一、艰巨的策划任务

朱意多（以下简称小朱）是我的大学同学，现在从事策划工作。春节放假，小朱在我家玩儿，有个朋友请小朱为他们的楼盘策划一个元宵节开门红活动，费用是区区1万元，时间只有短短3天。这个策划确实有难度。

扫一扫，听案例

因为都是朋友，小朱马上到了售楼部熟悉楼盘情况。随后，我陪他上街找创意的灵感。

在路上，小朱叫了一辆人力三轮车。通过与这位三轮车师傅聊天得知，师傅姓刘，一辆人力三轮车一天赚三四十元，如果运气好，能赚五六十元。因为有公共自行车、公交车、出租车等出行的选择，坐人力三轮车的人越来越少。了解情况后，小朱问刘师傅："大哥，如果您一天赚40元，您干不干？"

刘师傅听了非常高兴，不但自己愿意做，还要叫上开三轮车的朋友们一起做。

二、可能的资源整合

这次策划活动，因为时间短、经费少，我非常替小朱担忧。1万元活动费用，只够登1/4版的报纸广告，或者发20万条短信，或者做个常规的旺场活动。而在春节期间，看报纸、留意促销短信的人恐怕不多。

扫一扫，听案例

我和小朱坐着三轮车继续在街上逛，看到人们正在买元宵节用的灯笼，小朱自言自语说："别看现在这么热闹，过两天这些灯笼卖不出去都废了。""我表哥就是经销灯笼的，货进多了，昨天还让我想办法帮他卖掉一些。"

小朱听了我的话，眼睛一亮："他有多少？我都帮他收购了。"同时，小朱回头让师傅后天一早去售楼部找他，带上他的骑三轮车的朋友，越多越好。他还给了师傅200元定金。

第三天一早，售楼部前排起了200辆三轮车的队伍。

三、策划活动的巧妙实施

扫一扫，听案例

2

小朱跟刘师傅耳语了几句，师傅连连点头。小朱让保安拿出200个特制的灯笼，按8人（车）一组，在刘师傅的协助下，都挂在车前方。然后车队浩浩荡荡地出发了。

大街小巷都是红彤彤的灯笼车，每个灯笼都写有某楼盘的字样，让人们眼前一亮。真是"忽如一夜春风来，千树万树'红'花开"，于是人们纷纷打听这是哪个楼盘。刘师傅他们趁机吆喝起来："快上车来啊，鸿运当头，今日免费送大家到楼盘一游！"

一座几十万人的小城市，街道不过十几条，刘师傅率领的挂着红灯笼的车队使整个城市都轰动了。人们都觉得新鲜：见过用大巴接送客户的，可还没见过用人力车接送的，车头还挂个灯笼，真是鸿运当头，人们争先恐后，生怕坐不上。

四、经济的策划成果

从正月十二到十四，连续3天，售楼部被人们挤得水泄不通，春节前的50套库存一售而空，着实地赢了个漂亮的"开门红"！

我私下替小朱计算了一下营销费用：灯笼200个，4元1个，加上制作费用才1 000元；三轮车师傅200人，40元一天，共8 000元。两项费用加起来，才9 000元。小朱把这些司空见惯的东西组合起来发挥作用，真是营销策划天才。

事后小朱说，骑三轮车的师傅收入不高、街边卖灯笼的卖不出去、我的时间紧费用少，大家愁上加愁，我将3个"愁"组合起来，由负转正。

分析 好的策划就是根据营销目标，对现有资源进行有效配置，有效地解决问题。

策划有广义与狭义之分。其具体含义如表1.1所示。

表1.1 策划的含义

策划含义	定义	特征
广义策划	人类为达到某种目的，利用自己的智慧所采取的一种策略或谋划手段的过程	① 为达到某一目标 ② 是人的智慧和经验总结 ③ 采用谋略或谋划手段完成既定目标（方法）
狭义策划	人们为推动经济发展，为现代工商企业或组织机构所进行的一种获利性活动	① 目标性 ② 对象是工商企业和一些组织机构 ③ 获利性 ④ 方法性（以掌握政策、法律为工具），有知识基础

（二）策划的种类

① 策划按对象可分为选题策划、产品策划、专题策划、项目策划、体育策划和影视策划等。

② 策划按行业可分为商业策划、事业策划、文化策划、政府策划和军事策划等。

③ 策划按目的可分为改善型策划、开发型策划、营销型策划和商品型策划。其中，改善型策划主要是以改善或革新经营状况为主；开发型策划与新产品开发、成立新事业等业务拓展相关；营销型策划注重营运拓展与产品营销；商品型策划强调策划就是商品本身。

不论哪类策划，都含有目标、政策、预算、计划、方案、预测、研究和判断等不同的表达形态。

营销策划实务

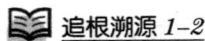 **追根溯源 1-2**

扫码听书

营销与营销策划的关系

市场营销是企业的一项重要职能，有明确的职能部门，如营销部、市场部。虽然一些大型公司设有策划部或企划部，但是目前大多数企业还没有设置策划部门。随着市场的发展，在企业中设置策划部门将是一种趋势。

营销的核心词汇是交换，营销的本质就是克服交换的障碍；策划的核心词汇是解决问题，策划的本质就是为客户解决问题。营销策划是策划的一种类型，能解决企业营销活动中产生的各种各样的问题。

一、区别

两者对人才的能力和素质要求不尽相同：营销只需要一般性的营销业务能力和营销管理能力；营销策划需要的是能够在短时间内创造性地解决企业各种营销问题的能力。如果营销是马拉松长跑，营销策划则是百米赛。

二、联系

营销策划是主要的策划类型之一，营销活动的开展离不开营销策划活动，可以说无策划不营销。

（三）市场营销策划的含义

市场营销策划也称企划，是策划的一个分支，是指企业为实现某一营销目标或解决营销活动的问题，在对内外部环境全面分析的基础上，有效地调动企业的各种资源，对一定时间内的营销活动进行创新策略设计。它主要包括市场营销目标、市场机会分析、市场定位策划、营销战略及策略等。

 商业江湖 1-2

扫一扫，听案例

将计就计

从前，一个古董商来到一个农舍前，看到一个破旧的青花瓷小碗，而主人竟然用它喂养一只小猫！古董商于是大喜过望，捏造了一个故事，说他的太太如何爱小猫，一日三餐都亲手喂小猫，甚至睡觉也抱着，像对待自己的孩子一样。可惜前不久，这只小猫突然死了，她伤心极了，吃不香、睡不着，非常痛苦。眼前这只猫与那只简直一模一样。古董商说到动情处，甚至眼中流出了泪水，最后小声试探着问："您这只小猫，卖不卖？"

听到这种事情，农夫很爽快地答应："既然您太太对小猫这样有感情，那就卖给您吧！"古董商万分感激，农夫提出要100元，古董商却爽快地给了农夫200元。农夫本以为古董商会讨价还价，因为这只小猫的实际价位只有一二十元，心理价位是40元，没想到对方给了他200元！在双方气氛融洽时，古董商开始策划了，他对农夫说："您一直用这个破碗给它喂食吧，我想最好不要让它们分开，以免它不习惯，您就顺便把它送给我吧。"

"我当然不能把它送给您，靠着它，我今天已经卖掉5只小猫了，你是第6位买猫的！"

分析 生活中自作聪明的人往往是必输无疑的。"以其人之道，还治其人之身"，有时也是商战中的一个良策。

二、营销策划基本要素

营销策划一般包括4个要素：策划者、策划目标、策划对象、策划方案。

项目一　认识营销策划

（一）策划者

营销策划的策划者是营销策划的主体，是指"由谁来策划"，即策划任务的承担者、策划工作的实际操作者。策划者既可以是策划公司的策划人员，也可以是企业或组织内部的营销策划人员；策划者既可以是团队，也可以是个体的职业策划人员。策划活动是人类智慧的行为，因此策划者既要拥有丰富的知识、过人的胆量和勇气，也要具有创新精神，以及使别人接受自己策划方案的能力。

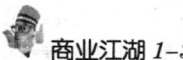　　　　　　　　　　　　　　　　　　　　扫一扫，听案例

一字千金

在历史上，吕不韦是策划奇才，从众所周知的典故中，便可见其商业策划的天赋。

商人出身的吕不韦官封秦相之初，朝廷官员对其多有不服。吕不韦受孔子著《春秋》、孙武写《孙子兵法》的启示，命门下三千门客著书《吕氏春秋》，且将全文抄贴在咸阳城门上，并发布告曰："增损一字，赏予千金。"这恐怕是古往今来，最有气魄也最有效果的"广告"了。

"一字千金"蕴涵的商业智慧至今仍然备受推崇，且极富现实指导意义。

分析　让消费者参与到产品的设计中来，既达到广而告之的目的，又能设计出让消费者满意的产品。这种商业智慧自古有之。

（二）策划目标

营销策划的策划目标是营销策划所要达到的预期结果和策划者将要完成的任务。它是以营销目标为前提的。营销目标是在计划期内企业要达到的目标，是企业营销计划的核心。它是在对营销现状进行总结、SWOT分析并对未来进行预测的基础上制定的。营销目标根据形式可分为定性目标和定量目标；根据内容可分为财务目标和营销目标，其中财务目标包括销售收入、销售额、利润率、投资收益率等，营销目标包括市场占有率、企业知名度、产品吸引力、顾客满意度等。清晰、完整的营销目标应符合以下标准。

① 重要的目标既要能够定性陈述，又要可以量化，以便衡量。
② 每项具体的目标应有完成的期限。
③ 各目标之间应具有内在的统一性，彼此之间不应存在矛盾冲突。
④ 各类目标要有一定的层次，一般是从简到繁或从易到难。
⑤ 各目标应具有充分的挑战性，以最大限度地激发员工的积极性。

　　　　　　　　　　　　　　　　　　　　扫一扫，听案例

营销目标

某服装企业在某一年度的营销目标如下。

一、定性营销目标

（一）维持高档服装的市场领先地位。继续拓宽产品组合，增加休闲装的比例。
（二）提高企业的整体形象和品牌知名度。
（三）继续拓宽渠道，加强与中间商的合作，在以加盟连锁经营为主的方式下，尝试拓展其他渠道。
（四）建立高效的顾客服务与业务信息沟通体系。

二、定量营销目标

（一）年销售收入 X 万元，比上年增长 $X\%$，比主要竞争对手高出 X 个百分点。

（二）根据销售收入计算，销售量应达到 X 万件，占市场份额的 $X\%$。

（三）销售利润达到 X 万元，比上一年度增加 $X\%$。

（四）发展专卖店 X 个。

（五）单件产品的平均价格为 X 元。

分析 定性描述可以使人清楚完成营销目标的工作内容，定量描述可以使人清楚完善营销目标的标准。

（三）策划对象

营销策划的策划对象是策划的具体对象，即"对什么进行策划"。它是策划的客体要素。策划对象既可以是某个企业，也可以是某种（项）商品或服务，还可以是一次活动。企业经营环境是由客观环境和主要竞争者构成的，企业、产品或活动处于这些不断发展变化的环境中，随环境的变化而变化，因此在对企业、产品或活动进行营销策划时，要把握环境的动态特征。

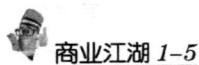 **商业江湖 1-5**　　　　　　　　　　　　　　　　　　　　扫一扫，听案例　

娃哈哈的电商路

1998 年 8 月 1 日，王力宏正式成为娃哈哈品牌的代言人。但 20 年后，换掉王力宏的理由是"代言 20 多年了，消费者都看腻了"。这一言论在当时掀起了轩然大波。好像前浪就这样被后浪拍在了沙滩上，而新的代言人是赵雅芝。

2020 年 5 月 10 日，在央视财经频道策划的"我的复工大单"直播活动上，曾经被称为"怼电商的怒汉"的宗庆后表示"会在营销模式上有所改变，所以这次准备开发 4 个电商平台"，即保健品的电商平台、食品饮料的电商平台、跨境电商平台及哈宝平台。100 亿元现金兜底的娃哈哈到底会不会"虚火"，娃哈哈能不能活成那个自己曾经讨厌的"样子"……

启信宝数据显示：2020 年 3 月 24 日，杭州娃哈哈电子商务有限公司成立，公司经营范围包括食品经营、食品互联网销售、货物进出口、进出口代理等。4 月 2 日，杭州娃哈哈宏振跨境电子商务有限公司成立，公司经营范围在原有基础上增加了互联网销售、日用百货销售、货物进出口等业务。

宗庆后深知疫情期间电商的作用巨大，各大电商平台已经赢得了窗口期和红利期，娃哈哈必须补上这一块不擅长的短板。

建立电商平台后如何让它深入人心，形成用户黏度及活跃度，提升购买转化率，需要考虑以下因素：首先，娃哈哈要将所有的经销商、批发商、终端店纳入网络，每家线下店都能成为电商仓库或中转站、每位店内销售员都是配送员；其次，顾客下单后，后台能够迅速匹配到离收货地最近的仓库，将产品以最快的速度、最低的成本送达顾客手中。

娃哈哈要推陈出新，的确存在一定的难度。值得一提的是，75 岁的宗庆后刚好身处中国老龄化社会，并且在疫情期间更加确认大健康产业的市场前景，万亿级行业规模又令他心动，所以才高调宣布建立保健品的电商平台。

娃哈哈希望延伸"大健康"战略，在自家品牌的基础上邀请国内外知名保健品品牌入驻，以满足顾客需求。

当然，娃哈哈需要从实际出发，明确电商平台的精准定位，结合产品与市场分析深入了解顾客刚需，结合目标人群做柔性定制，并在小范围试水用户体验后，逐步按矩阵、分圈层进行社交电商传播，才能熬过生存期。

资料来源：麦柯，李季.33 岁娃哈哈做电商：前浪真的向后浪低了头[N]. 电脑报.2020(20).

分析 策划要根据技术环境、市场环境的变化时时调整，变化是策划的常态。

（四）策划方案

> **经典策划思想**
>
> 兵无常势，水无常形。——《孙子兵法》

营销策划需要设计和采用一系列计谋并做出精心的安排，以保证运用成功。这一系列计谋呈现的书面形式，就是策划方案。营销策划方案是营销策划活动的书面展示，详细记录了策划的方法及实施内容。

策划方案是策划主体从策划目标出发，创造性地作用于策划对象的产物，是在运用创造性思维的过程中，遵循科学的策划程序和步骤设计完成的。营销策划方案的基本结构如表 1.2 所示。

线上课堂

表 1.2　营销策划方案的基本结构

构成		内容	作用
封面		策划方案的名称、客户名称、策划人名称、策划完成日期、策划适用时间段、保密级别及编号	策划书名片
概要		策划方案主要内容概括	方案精髓
目录		策划方案提纲	构成框架
前言		策划的目的、方法、意义等说明	背景与过程
正文	界定问题	明确策划主题与目标	策划任务
	环境分析	重要环境因素分析	策划依据
	SWOT 分析	分析优势、劣势、问题与机会	提出问题
	营销目标	市场目标、财务目标等	明确营销目标
	营销战略	STP 营销（市场细分、选择目标市场、市场定位）	总体布局
	营销组合策略	产品策略、价格策略、渠道策略及促销策略	具体对策
	行动方案	人员安排、道具设备、时间计划、地点选择	执行蓝本
	财务分析	费用预算、效益分析	可行性分析
	控制方案	执行控制、风险预测、应急方案	保障成功
结束语		总结、突出强化策划人意见	总结主张
附录		数据资料、问卷样本及其他背景材料	可信度的证明

营销策划是对未来所做之事的创造性设计，虽与规划、计划有相似之处，但并不相同，关键的区别点在于策划要有创新性。策划与计划的关系，一般是先策划，提出创意后再做规划和计划。策划与计划的区别如表 1.3 所示。

表 1.3　策划与计划的区别

项目	内容	范围	作用	创新性	开放性	灵活性	挑战性
策划	做什么	无限制	掌握原则与方向	必须有	较大	较大	较大
计划	怎么做	有限制	处理程序与细节	不一定	较小	较小	较小

营销策划实务

三、营销策划的方法与基本步骤

（一）营销策划的方法

1. 罗列分解法

罗列分解法就是把一个整体的营销过程分解成若干个步骤或相对独立的子过程，或者把一个整体的营销内容分解成若干个相对独立的子内容。

罗列是前提，分解是目的，前后两个动作相辅相成——根据策划目标，寻找自我与竞争对手的差距、优势和被竞争对手所忽视的机会点与利润点。在竞争激烈的同质化市场中谋求一席之地的经营策划、在大同之中寻找小异的思维过程，就是对罗列和分解法的运用。

在现实的市场竞争中，由于对手能力不断提高，所以寻求差异的难度也在不断提高，这就更加要学会罗列，分解也要更加细致、更加周密。罗列越全面、分解越细致，呈现的细节就会越清晰。在策划中，细节往往带来机会，甚至决定成败。因此，罗列分解法也是实现独特的销售主张（USP）的特有卖点、亮点和诉求点的前提保证。

例如，如果要撰写提高消费者购买意愿的文案，就要全面列举提高购买意愿（购买理由）的说明清单，如为了被喜欢、为了被感谢、为了做正确的事、为了感觉到自己的重要、为了赚钱、为了省钱、为了省时间、为了让工作更轻松、为了得到保障、为了变得更吸引人、为了舒适、为了与众不同、为了得到乐趣、为了得到快乐、为了得到知识、为了得到健康、为了满足好奇心、为了方便、为了避免恐惧、为了避免罪恶感、为了得到更多自己想要的等。

回想你买过的东西，还有你买这些东西的理由。

把所罗列的理由与对手已经提到的理由进行对比，然后分解自己能满足消费者的事项，再结合消费者的偏好，从而提炼独特卖点。

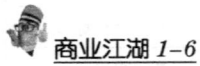
商业江湖 1-6

扫一扫，听案例

彩色水饺

在淘宝有家名为"小A手工水饺"的网店，专卖彩色饺子。饺子价格不高，普通水饺5元20个，彩色水饺6元20个。店主A小姐介绍，彩色饺子主要是在制作饺子皮的白面粉中添加不同颜色的蔬菜或水果汁，使之色彩鲜艳。例如，黑色饺子加的是黑米粉，巧克力色是加了荞麦面，红色加的是草莓汁，水晶色加的是冬瓜汁。丰富的颜色使饺子皮既好看，又有营养。煮熟后，颜色不仅不掉，反而更饱满、更鲜艳。由于馅和皮的原料都是纯手工的，因此在口感方面比从超市买的好。A小姐的店现在已经有很多回头客了。

分析 仅仅替换了一下饺子皮的原料成分，把原来和面用的清水换成了菜汁或果汁，或者把原来的白色面粉加入黑米粉、荞麦面，就使传统朴素的水饺变得光鲜亮丽、营养丰富。这些在生活中十分平常的原料，组合在一起就创造了新的商机。

2. 重点强化法

重点强化法就是解决营销问题要抓住特点、重点，善于从策划对象的某一点强化突破。在实际工作中，重点强化法通常与罗列分解法配合使用，利用罗列分解法可以产生一个个策划点，看似在每个点上都可以做一些策划，但是由于资源等客观条件的限制难以面面俱到，因此这时运用重点强化法的原理，把握重点或特点，通过策划操作，把重点或特点放大或突出，从而达到策划目标。

项目一　认识营销策划

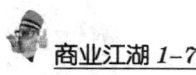商业江湖 1-7　　　　　　　　　　　　　　　　　　　　　　　　扫一扫，听案例

点石成金

在菲律宾南部海域有一种小虾，它们身体小的时候从石头裂缝中钻进去，找到伴侣后就相依为命，不再出来，长大后无法钻出来的雌、雄虾会在石头里度过它们的一生。这种虾既不好看，也不好吃，在菲律宾人眼里是一种毫无价值的东西。但是精明的日本商人在听了菲律宾人的介绍后，马上意识到它将会成为一种畅销产品，于是用重金大量收购运回日本，加工成高雅的结婚礼品以飨顾客，并取了一个极富情感的产品名称——偕老同穴，赋予了该产品象征夫妻之间恩爱终生的主题。尽管面向市场后售价很高，但却十分畅销。

分析　一个点子成就一个爆款产品，其实质是抓住了人们内心中的美好情感——谁不向往天长地久的爱情呢？

3. 借势增值法

　　　借势增值法又称借势营销法，就是在营销全过程的罗列和细分过程中，努力寻找有利于策划对象的外部环境资源，甚至创造出更加有利于策划对象的环境，把这些有利的外部环境资源整合、捆绑或嫁接到策划对象的市场形象上或营销行为过程中，从而提升目标价值。通俗地讲，借势增值法是指企业实时捕捉社会热点或公众关注的焦点事件等，借助其轰动效应，把企业自身元素创造性地融入其中，在社交媒体中开展各种传播或经营活动。例如，企业把老板与名人的合影照片放在最显眼处，或者在有影响的重大事件中有突出表现以引起公众关注等都属于借势增值。

商业江湖 1-8　　　　　　　　　　　　　　　　　　　　　　　　扫一扫，听案例

借冕播誉

横店影视城的文化产业始于 20 世纪 90 年代。自 1996 年以来，横店集团累计投入 30 亿元资金兴建广州街、香港街、明清宫苑、秦王宫、清明上河图、华夏文化园、明清民居博览城、梦幻谷、屏岩洞府、大智禅寺等 13 个跨越几千年历史时空、汇聚南北地域特色的影视拍摄区和两座超大型的现代化摄影棚。

目前，横店影视城已成为全球规模最大的影视拍摄基地、中国唯一的国家级影视产业实验区，被《好莱坞》杂志称为"中国好莱坞"。横店影视城在建设初期，采用影视拍摄免费的营销方式来吸引众多电影、电视剧剧组前来拍摄。对多数制作经费有限的电影和电视剧剧组而言，免费无疑是最好的"午餐"，由此就不断扩大了横店影视城的品牌知名度和影响力。知名度打响后，越来越多的剧组选择了横店影视城。在拍摄期间经常曝出各种明星的新闻，一方面是为明星保持话题热议度，另一方面是为新戏做宣传。在这个过程中，不可避免地会多次提及"横店影视城"，也从侧面免费宣传了"横店"，达到了"借冕播誉"的效果。

资料来源：潘瑾，吴梦君．横店影视城案例分析[J]．现代商业，2013（35）．

分析　借光、借势是企业发展初期常用的提高知名度的方式。

借势增值法是借助背景资源达到提高社会认知的增值效果，通常采用企业与强者为盟、商业活动与政府公益为伴、个人与名人为友、产品与名牌配套等捆绑连接的方法，使企业、个人或组织实现快速增值。借势增值法的案例在产品营销和品牌传播中比比皆是。例如，与某明星同款的服装等。

营销策划实务

 **商业江湖 1-9**　　　　　　　　　　　　　　　　　　　扫一扫，听案例

"助人乐己"

又是一年毕业季，穿文化衫、学士服，拍毕业照、微电影已吸引不少人掘金毕业经济。丽水职业技术学院的在校生小汪同学比别的同学都忙碌。他的毕业拍照租赁"全套服务"订单不断，用他的话讲，先实现一个小小目标。把文化衫、学士服租赁，毕业照，纪念册，微电影，马克杯，大学生毕业留念这些毕业必不可少的物件进行整合打包销售，让小汪收获了学生时代的第一桶金。

分析　这个世界不缺少商机，但缺少发现商机的眼睛，只有心中有，眼里才会发现。小汪在毕业季的难忘时刻发现了商机，既帮学哥、学姐留下了美好的纪念，也收获了自己的经验与效益。

（二）营销策划的步骤

① 环境分析。企业在进行营销策划时，首先要明确自己所处环境的各种宏观力量（人口、经济、政治与法律、社会文化、技术、自然）和"局内人"——企业、竞争者、经销商和供应商。企业可以对自己所处的内外部环境进行优势、劣势、机会与威胁等方面的分析。

② 设立目标。对于环境分析中确认的那些最好的机会，企业要对其进行排序，然后由此出发，定义目标市场、设立目标和完成时间表。企业还需要为利益相关者、企业的声誉、技术等有关方面设立目标。

③ 制定战略。任何目标的实现都有许多可达成的途径，而战略的任务就是从众多的可选方式中选择最有效的行动方式来完成目标。

④ 确定战术。战术是为实现目标把战略充分展开成可操作的细节，包括产品、价格、渠道、促销和各部门人员的时间表与任务。

⑤ 制定预算。预算是企业为达到目标对所计划的行为和活动估计出需要的成本。

⑥ 计划控制。企业必须设立检查时间和措施，及时发现计划完成情况。如果计划进度滞后，则企业必须更正目标、战略或各种行为来纠正这种局面。

上述营销策划的 6 个步骤的内容，因策划的项目不同而在策划方案中会有不同的侧重。

营销前沿 1-1　　　　　　　　　　　　　　　　　　　扫码听书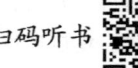

中国人的策划思维

标准化是我们国人的"死结"，如我们的中餐菜谱中，有很多"盐少许、油少许"的字眼，这些都要靠经验来把握，很难量化。而西方的肯德基和麦当劳更像是工厂，油温、时间等都有标准化设定。

学者们进行大量研究后，发现中国人与西方人的思维有差异：中国人是一种"整合型或整体性思维"；西方人则表现为"分离型或分析性思维"。整合型思维善于在"灰色地带"游走，寻求折中的答案；分离型思维则倾向于非黑即白，不喜欢折中。

这种思维模式的差异体现在营销策划思维上就有所不同。例如，某品牌产品在一个区域营销出现问题，中国人会笼统说"市场没找对"或"宣传力度不够"，西方人则喜欢将事情一条条地去解剖，使用知晓度、接受度、美誉度、偏好度和忠诚度这些层层递进的诊断指标，来分别反映不同的营销问题。如果知晓度低，就说明潜在目标消费群体不知道你的产品和品牌，那么首先要考虑的是品牌的宣传问题；如果接受度低，则说明有人知道该品牌，但用的人不多，这时就得审视价格、渠道和促销策略；如果忠诚度低，则说明反复购买产品和品牌的人少，这可能需要在产品品质和服务方面下功夫。

此外，在产品和服务的创新与改善方面，西方人的典型做法是通过绘制顾客任务图，发掘产品和服务的开发机会，以求突破。他们认为，顾客购买某种产品或服务最终是为了完成某项任务。因此，可以用任务图绘制法，将顾客想完成的任务分解成一系列的步骤，从头到尾逐一解构，审视每一步骤中顾客的痛点，了解他们在哪些环节需要帮助，然后比照企业目前提供给顾客的产品和服务，发现缺陷，进行创新和改进。

资料来源：张黎. 营销需要分离式思维[J]. 商业评论，2015（8）.

学习日志

一、我学了

1. _____
2. _____
3. _____

二、我用了

1. _____
2. _____
3. _____

三、测一测（扫二维码答题，已嵌入线上课堂中）

（一）单项选择题

1. 策划活动是人类特有的一种（　　）行为，是人们对所要从事的活动事先在观念中的打算与安排，对要达到的目的、如何达到目的等系列问题进行的筹划。
   A. 感性　　　　　B. 理性　　　　　C. 集体　　　　　D. 个体
2. 策划是为了实现特定的目标，针对存在的（　　）提出解决对策，通过具体可行的方案，达到预期效果的一种综合性创新活动。
   A. 机会　　　　　B. 现状　　　　　C. 争议　　　　　D. 问题
3. 策划是一种（　　）活动，一方面是构思，另一方面要实施。
   A. 随随便便的体力　　　　　　B. 按部就班的脑力
   C. 创造性的智力　　　　　　　D. 按部就班的体力
4. 人类为达到某种目的，利用自己的智慧所采取的一种策略或谋划手段的过程，是（　　）。
   A. 广义策划　　　　　　　　　B. 狭义策划
5. 人们为推动经济发展，为现代工商企业或组织机构所进行的一种获利性活动，是（　　）。
   A. 广义策划　　　　　　　　　B. 狭义策划

（二）多项选择题

1. 广义策划的特征为（　　）。
   A. 为达到某一目标　　　　　　B. 人的智慧和经验总结
   C. 方法性　　　　　　　　　　D. 对象是工商企业和一些组织机构

营销策划实务

2. 狭义策划的特征为（　　　）。
   A. 目标性　　　　　　　　　　B. 对象是工商企业和一些组织机构
   C. 获利性　　　　　　　　　　D. 方法性
3. 营销策划的基本要素有（　　　）。
   A. 策划者　　　　　　　　　　B. 策划目标
   C. 策划对象　　　　　　　　　D. 策划方案
4. 借势增值法是借助背景资源，以达到提高企业的社会认知增值效果。在下列描述中，企业可以借势的有（　　　）。
   A. 传统节日　　　　　　　　　B. 名人事件
   C. 历史故事　　　　　　　　　D. 名企事件
5. 营销策划的方法可以有（　　　）。
   A. 点子方法　　　　　　　　　B. 创意方法
   C. 谋略方法　　　　　　　　　D. 案例法

（三）判断题
1. 策划必须有创新性。　　　　　　　　　　　　　　　　　　　（　　）
2. 策划就是计划，挑战性小。　　　　　　　　　　　　　　　　（　　）
3. 策划需要创意，所以策划可以天马行空，不必遵循任何原则与方法。（　　）
4. 营销策划是为营销目标服务的。　　　　　　　　　　　　　　（　　）
5. 营销策划的对象既可以是企业、产品，也可以是一次活动。　　（　　）

（四）实务操作题
策划一个"小生意"，目标是取得经济效益与社会效益。策划方案的形式可以是 Word 文档或 PPT，需要现场展示。

（五）简答题
1. 简述策划的概念。
2. 策划与计划的区别是什么？

任务二　营销策划的思维

开篇任务单

经典策划思想

思维是地球上最美丽的花朵。　　——[德]恩格斯

一、思维

（一）思维的定义

思维是人的大脑的一种能力，是一种复杂的心理现象，是人脑对客观事物的概括的、间接的反映。思维过程是脑物质的运动过程，思维是脑物质运动的产物。思维能力是人类区别于其他动物的最根本特征，人类因其特有的思维能力而显示出征服世界的智慧。

> **经典策划思想**
>
> 思维是打开一切宝库的钥匙。　　——巴尔扎克

（二）思维的特点

"思维"由"思"和"维"组成。"思"即"想"或"思考"，就是人们常说的"想一想""考虑一下""深思熟虑""眉头一皱，计上心来"等；"维"即"序"或"方向"。因此，"思维"就是有一定顺序的想，或者沿着一定方向的思考。客观事物是复杂的，而人的大脑思维有一个特点，就是一旦沿着一定方向、按照一定次序思考，久而久之就会形成一种惯性。思维一般有以下5个特点。

① 思维是有顺序的。例如，"海里的水是咸的"包含着3个概念，且有顺序：首先是"海里"；第二是"水"；第三是"咸的"。如果顺序倒一下，"咸的水是海里的"就令人费解。

② 思维是有方向的。例如，喜爱与憎恨都具有明显的方向性，与谁合作、与谁竞争也有明显的方向性。

③ 思维是有力度的。书籍是思维的载体、智慧的结晶，一篇好文或一本好书，人们会赞叹其"力透纸背"。例如，马克思主义、毛泽东思想至今仍辐射出强大的正能量，足以证明思维是有力度的。

④ 思维是可以传递与接收的。例如，古诗"身无彩凤双飞翼，心有灵犀一点通"，比喻恋爱中的男女心心相印，彼此都能心领神会。这说明思维是一种信息流，可以超越时空高速传递，是一种定向传播。

⑤ 思维是特殊的物质。物质是物质，精神也是物质，只不过是不同形态的物质。

二、创新

（一）创新的定义

"创新"一词来源于拉丁文，是"生长"的意思。创新的本意是说明它不是天上掉下来的"恩物"，而是源自大地，植根于生活的泥土中。创新就是将新的观念和方法付诸实施，创造出与现存事物不同的新东西，从而改善现状。简单地说，就是别人没说过、没想过、没做过，而你先说的、先想的、先做了，你就是创新。

关于创新，一个小故事可以给出答案。一个暴风雨的日子，一个穷人到富人家讨饭。仆人

说："走开！不要来打搅我们。"穷人说："我只想在你们的火炉上烤干衣服。"仆人以为这很简单，就让他进去了。穷人请厨娘给他一个小锅，以便他煮点石头汤喝。厨娘答应了并说："我想看你怎样用石头做成汤。"穷人到路上拣了块石头洗净后放在锅里煮。"可是，你总得放点盐吧。"厨娘说，她给他一些盐，后来又给了豌豆、薄荷、香菜。最后，她又把能够收拾到的碎肉都放在汤里。这个穷人后来把石头捞出来扔回路上，美美地喝了一锅肉汤。设想穷人一开始就对仆人说"行行好吧！请给我一锅肉汤。"会怎样呢？这就是创新思维的力量！（王壮，等. 思维与创新[M]. 重庆：西南师范大学出版社，2015.）

创新是以新思维、新发明和新描述为特征的一种概念化过程。创新的原意有3层含义：一是更新；二是创造新的东西；三是改变。创新是人类特有的认识能力和实践能力，是人类主观能动性的高级表现形式，是推动民族进步和社会发展的不竭动力。日常生活既是创新的主要场所，也是体现创新精神最多，但又最容易被忽视的舞台。

弗洛伊德曾说过，健康生活有两个显著的标志：爱和工作能力。创新犹如焖烧东西，焖烧时必须加入3种基本调料才会烧出美味的佳肴，而这3种"调料"就是创新的3个基本要素。

（二）创新的要素

创新必须具备以下3个基本要素。

第一，专业能力。专业能力就是在特定的领域有专长和本领，且精通这个领域，达到一定的专业水平。

第二，思维能力。思维能力就是有创新思维技巧，包括有独立思考问题的能力，能充分发挥想象力，持之以恒地解决问题。创新思维也可以指转换思考问题的能力，即将新奇的事物变为自己所熟悉的、将熟悉的变为奇异的。

第三，内在热情。内在热情就是心理学中所称的内在动机，那种纯粹为了自身的愉悦而焕发的激情，绝不仅仅是为奖品或补偿。这种动机的反面是人们的外在动机，即并非自身想去做某件事，而是由于某种原因应该这样做，或者是为了某种回报，或者是为了取悦某人，又或者是为了获得一次晋升的机会。有了内在动机，在创新过程中就会产生甘愿去承担某些风险并且具有尝试新事物的勇气。

三、思维创新

（一）思维创新的概念

思维创新就是打破常规，克服惯性思维。一个平常善于思维、勤于思维的人，很容易激活潜意识，从而产生灵感。因此，培养创新思维在于平时就要从小事做起，进行思维训练，不断提出新的构想，使思维具有连贯性，保持活跃的态势。

（二）思维创新的特点

与传统思维相比，思维创新有新颖性、可操作性、可确定性、可颠覆性、灵活性等特点。

1. 新颖性

新颖性就是在策划中以求新、求异、求独特为目标，达到标新立异、颠覆传统的效果。

2. 可操作性

这里所讲的可操作性，是指思维方法的可操作性。营销策划是以解决问题为宗旨的，在解决问题的过程中要有思维的创新，而这种创新要有可操作性，即可以执行，做力所能及的事。一个好的想法，如果不能实施，不能解决实际问题，就都是水中花，镜中月，于事无补。

 *商业江湖1-10* 扫一扫，听案例

"嗅"出商机

2010年6月，长城（香港）文化出版公司总经理吴先生应邀到南非约翰内斯堡等地考察。在菜场、超市、旅店走动时，细心的吴先生发现，跟他擦肩而过的，不管是黑人还是白人，腋下大多都有一股难闻的狐臭。他数了数，10个中竟有7个。在商场等待时，吴先生发现，商场工作人员的岗位工作时间一次仅为2小时。时间一到，他们就离开了。他很奇怪，因为根据商场的规定，在一般情况下，工作人员在上岗的4小时内是不允许擅离岗位的。因此，一般情况下工作人员在岗位上都不喝水。吴先生问，这里的工作人员怎么2小时就离开呢？他们上哪儿去了？回答是：他们洗澡去了，洗去身上的狐臭，喷上香水，然后再上岗。这次经历，让吴先生发现，南非人狐臭率很高——一是与人种有关，二是与饮食有关，三是与环境气候有关。吴先生到超市与药店，发现止腋臭的药水和香水最便宜的是法国产的，每支折合人民币15元，一般一支只够用一周的。他突然想起在国内某一药厂生产的一种用中药制作的止狐臭的药水每支只卖2元，一般用半个月，而且效果不错。于是，吴先生考虑：从国内大批量买来这种产品，运到这里分装销售；每支定价为人民币6元，仅为当地一瓶矿泉水的价格；如此低价且使用时间长一倍，马上可以占领这个市场；这6元中，给零售商1元利润，自己赚1元，剩下的4元足以支撑所需的成本。他测算了下，仅南非一地，潜在和现实的顾客就超过1000万人，加上非洲其他国家的顾客，整个市场超过一亿人次。而且这是一次性产品，如果效果好，那么半个月以后还会有人买。

他将这个想法告诉了自己的一个朋友，朋友闻风而动。果然，市场火爆，只数年工夫，他就稳赚了数百万元。

资料来源： 马金山，马文婷，李玉平. 众创时代的思维创新[M]. 北京：中国社会出版社，2016-9.

分析 只要细心，商机无处不在。细心观察生活中的细节，发现新的商机，并且设计出一系列行之有效的接地气的办法。

3. 可确定性

这里所讲的可确定性是指思维价值的可确定性，就是要解决某个营销问题的思维是否有价值，没有价值的思维就不要用。

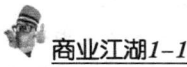 *商业江湖1-11* 扫一扫，听案例

巧卖辣椒

卖辣椒的人，总会被买主问："你这辣椒辣吗？"这不好回答：答辣，也许买辣椒的人是个怕辣的，立即走人；答不辣，也许买辣椒的人是个喜欢吃辣的，生意还是可能做不成。我的办法是把辣椒分成两堆，吃辣的与不吃辣的各取所需。有一天去早市，我就站在一个卖辣椒的三轮车旁，看摊主是怎样解决这个难题的。

来了一个买主，问："辣椒辣吗？"卖辣椒的妇女很肯定地告诉他："颜色深的辣，颜色浅的不辣！"买主信以为真，挑好后满意地走了。一会儿，颜色浅的辣椒就所剩无几了。

又一个买主来了。卖辣椒的妇女看了一眼自己的辣椒，答道："长的辣，短的不辣！"买主依照她说的挑起来。这一轮的结果是，长辣椒很快告罄。

当又一个买主问时，卖辣椒的妇女信心十足地回答："硬皮的辣，软皮的不辣！"

分析 农妇思维的价值在于设身处地为顾客着想，既用自己独特的识别方法满足了顾客的需求，又销售了自己的产品，达到了双赢的效果。

4. 可颠覆性

思维创新往往是在超出逻辑思维、出人意料地违反常规的情形下出现的，既在情理之中，又在意料之外。它看似不严密，也说不出什么道理，具有跳跃性，往往颠覆了传统思维的逻辑性。

 **商业江湖 1-12**　　　　　　　　　　　　　　　　　　　　扫一扫，听案例

逆流而上

在湖北洪湖有个养鸭大王 A，成功运用了反其道而行之的颠覆性思维。鸭子是以重量计费的，越重卖钱越多。别人都是千方百计把鸭子养得又肥又大，在夏秋两季上市。A 则通过观察发现，人们因生活水平提高了，不想吃油脂多的东西，不愿意吃肥鸭，而愿意吃小鸭子，市场上也因旺季一过，鸭少而价高。

看准市场后，A 是这样做的，别人的鸭子还没出来，他的鸭子就破壳而出了，比别人提早半个月，别人的鸭子都要大到四五斤时才上市，而他的鸭子只有两三斤就抢先上市了，至少比别人早上市一个月；第一批上市完，他马上养第二批。别人在九十月刚把鸭子卖完，市场脱销，即到十一二月时，他的第二批鸭子又上市了。由于他两次时间选中鸭少的淡季，虽然鸭小，但每只鸭子的价格与别人大而肥的鸭子价格几乎相同。他实际上比别人整整多赚了一倍。

分析 养鸭大王 A 颠覆常规思维，精确把握供求节点，钻市场的空档，符合市场经济规律，取得可喜的经济效益自在情理之中。

5. 灵活性

思维创新表现为思维视角能随着条件的变化而转变；善于变换视角看待同一问题，能摆脱思维定式的消极影响；善于变通与转化，能重新解释信息。它反对一成不变的教条，根据不同的对象和条件，具体问题具体分析，灵活运用各种思维方式。

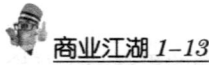 **商业江湖 1-13**　　　　　　　　　　　　　　　　　　　　扫一扫，听案例

"按"在人前

有一家生产节能灯的企业，生产出来的灯泡所耗的电力比别家的灯泡节省一半，而亮度却高一倍。厂里有一个名叫张非的销售员，他销售节能灯的业绩一直都是第一名。在一次颁奖大会上，主持人问他有什么独特的方法。张非说："每次去拜访客户时，我都随身带几个灯泡、灯座和连接导线的开关。如果客户不相信我们的灯泡比别家的省电一半、亮度高一倍，那我就通上电源把开关一按，客户就会直接成交。"此后，公司其他业务员也学习张非的办法，但业绩还是没有张非高，张非的业绩仍然是第一。在第二年的颁奖大会上，张非说，同样的办法，我只是让客户自己来按。这以后，其他业务员也如法炮制，年末发现，张非依然业绩第一。在第三年的颁奖大会上，张非说，同样的办法，我只是把开关交给了客户的夫人，让她亲自动手按开关，因为夫人管钱包。

分析 张非公布自己的秘密，其他业务员很快模仿。张非只有变通，即再进一步，才能让自己永远领先。不停创新，带来一次次第一，让那些模仿者永远在其后爬行。

四、策划思维程序

① 搜集。利用各种获取信息的手段,最大限度地搜集关于需要解决的问题的资料和相关信息,搜集得越丰富、越完整越好。

② 整理。将搜集到的全部资料按照一定的顺序进行排列、组合和计算,力求实事求是、客观地反映事实,不能掺杂任何个人主观因素。

③ 判断。在整理的基础上,对问题做出定性化的判断,判断所面临的策划问题的优势和劣势因素,从而作为决定策划是否值得展开或继续的前提。

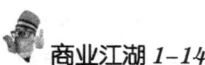 **商业江湖** *1-14* 扫一扫,听案例

起死回生

在北方的某个城市里,一家海洋馆开张了。50元一张的票价令那些想去参观的人望而却步。海洋馆开馆一年,简直门可罗雀。最后,没有赚到钱的投资商以低价把海洋馆脱手,洒泪回了老家。新主人入主海洋馆后,在电视和报纸上打广告,征求能使海洋馆起死回生的金点子。

一天,一个女教师来到海洋馆,她对经理说她可以让海洋馆的生意好起来。按照她的做法,一个月后,来海洋馆参观的人天天爆满,这些人当中有1/3是儿童,2/3则是带着孩子的父母;三个月后,亏本的海洋馆开始盈利了。

海洋馆打出的广告内容很简单,只有12个字:儿童到海洋馆参观一律免费。

资料来源:王壮,等. 思维与创新[M]. 重庆:西南师范大学出版社,2015.

分析 创新是经过对活动基础与前提综合考虑,对问题做出正确判断后的思维成果。海洋馆的主要目标市场是儿童,但在儿童的背后都有2至4个成年人,通过免费把主要人群吸引来,背后更大的市场自然也被吸引来了。

④ 创新。通过判断后,发现策划可以展开或可以继续时,就要扬长避短、趋利避害、发挥各种优势,为问题的解决寻找新的方案。

 商业江湖 *1-15* 扫一扫,听案例

巧搬图书馆

大英图书馆年久失修,决定新建一个图书馆。新馆建成后,要把旧馆的书搬到新馆去。用搬家公司搬,需要花费350万英镑,图书馆只有150万英镑。雨季就要到了,不马上搬家,将损失惨重。正当馆长苦恼的时候,馆员小C十分高兴地说他有主意。"快说出来。"馆长很着急。馆员小C说:"好主意也是商品,如果把150万英镑全花尽了,那权当我是为图书馆做贡献了;如果有剩余,图书馆把剩余的钱给我。""150万英镑以内剩余的钱给你,我马上就可以做主。"馆长很坚定地说。合同签订了,不久实施了馆员小C的搬家方案。连150万英镑的零头都没有用完就把图书馆搬了。原来,图书馆在报纸上发出一条惊人的消息:"从即日起,大英图书馆免费、无限量地向市民借阅图书,条件是从旧馆借出,还到新馆去。"

资料来源:王壮,等. 思维与创新[M]. 重庆:西南师范大学出版社,2015.

分析 小C巧搬图书馆的"巧"在于思维创新,自己搬不了就借市民之手,十分巧妙。

营销策划实务

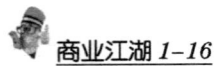 商业江湖 1-16

扫一扫，听案例

"看"出眉目

大庆油田是我国最大的油田，但在最早开采油田的时候，除了中央领导和工地上的工人，没有人知道关于大庆的任何资料。但是精明的日本某油田开采公司的管理者却知道了。他们从公开报道的信息中"看"出了门道，并从中得到了好处。

《人民画报》上刊登了铁人王进喜身着大棉袄、背景雪花飘的照片。日本人推断，大庆在中国东北。因为那个时候，只有东北在下雪。其后，日本人又根据有原油运输的列车上的灰尘的厚度，测出油田与北京的距离，认定油田应在哈尔滨与齐齐哈尔之间。

《人民日报》报道王进喜到了马家窑，大喊一声："好大的油田啊！"日本人推断，马家窑是大庆的中心部位。又报道了大庆人发扬"一不怕苦，二不怕死"的革命精神，肩扛人抬各种设备。日本人由此推断，大庆附近有铁路、公路，否则人怎么可能长距离扛得动几千斤重的设备！于是，他们推断大庆在安达车站附近。

1966年，王进喜作为人民代表参加了全国人民代表大会。日本人推断，大庆出油了！否则，王进喜当不了人大代表。

《人民日报》刊登了一张石油钻塔的照片，日本人看了以后，测算出油井的直径，并据此测算出这口油井的产量。

《政府工作报告》公布了一些大庆的资料。日本人又测算出大庆油田的生产规模与产量。

紧接着，日本人就设计生产了完全适合大庆油田使用的石油设备。当中国刚一公布在国际上招标购买石油设备的时候，其他国家还没有来得及设计，日本人就把图纸给了中方。很快，他们就与中方签订了合同。这份合同让日本人受益匪浅。

据说，当时来跟中国洽谈进口石油设备的除了日本还有美国、德国等国家的大公司。他们曾在中东的伊朗、伊拉克和科威特都出售过石油设备。但他们的设备，都是按照在非洲、中东这样的酷热气候中的参数设计的，不适合大庆这样的严寒地区使用，即使改，一下子也来不及。在第一轮的使用性能上，他们就被淘汰出局了。而日本人的设备，完全是按大庆这样的严寒地区的需要设计的。加之要求投产的时间很急，即使日本人报价贵一点，也不得不买。

分析 从常规中发现差异，从差异中发现商机。日本公司通过细致的观察与严密的分析，得出了正确的判断，从而抢占了先机。

五、策划思维的种类

策划使人类得以从万物进化中脱颖而出，更让一个人收获幸福美满的人生。而思维方式则是策划所需智慧的根基。

（一）发散思维

1. 发散思维的概念

发散思维也称扩散思维、辐射思维，是指在创造和解决问题的思考过程中，运用已有的知识、经验，通过推测、想象，沿着不同的方向去思考，重组记忆中的信息和眼前的信息，产生新的信息，从而达到解决问题的目的。在商战中常常出现"跟风"现象，很多商家一旦发现什么商品利润高，就紧随其后组织货源进行销售。结果常常是使市场中的这类商品供大于求，不

18

但不能盈利还造成亏损。具有发散思维的商家将预测学的原理应用于经营之中，通过对信息的搜集、筛选与分析判断，得出符合事物发展规律的结论。利润来源是多渠道的，降低成本、提高工作效率也可以创造利润，进而以此制定相应的策略。

2．发散思维的特点

发散思维具有以下 3 种特点。

（1）流畅性

流畅性是指在限定的时间内能产生出较多的解决问题的方案。这种迅速与流畅的反应，表现为语言的流畅性、联想的流畅性、表达的流畅性与观念的流畅性。

（2）变通性

变通性体现在发散思维是沿着不同的方向、不同的角度思考问题，从多方面寻找解决问题方法的思维方式。这种思维方式最根本的特点是：多方面、多思路地思考问题，而不是局限于一种思路、一个角度、一种方法。对于发散思维来说，当一种方法、一个方面不能解决问题时，它会主动地否定这一方法、这一方面，而向另一方法、另一方面跨越。它不满足于已有的思维成果，力图向新的方向、领域探索，并力图在各种方法、方面中寻找一种更好的方案。

（3）独创性

独创性是指产生不同寻常的反应和打破常规的能力。从进行创新活动的角度来说，一定要具有足够的思维广度，把思维广度扩展一下就会产生许多奇妙的创意，具体表现为观点的新颖、别出心裁。例如，发明家爱迪生在试制灯丝时，使用了上千种不同的材料。由此可见，发散思维体现了思维的开放性、创新性。

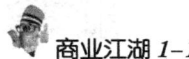 **商业江湖** *1-17*

扫一扫，听案例

50 万美元

一家啤酒公司以 50 万美元面向社会诚征宣传海报设计方案。消息一出，不到半个月，公司就收到了上千件广告作品。但是，负责人只从中选择了一件较为满意的作品。这件作品的大致内容是：一只啤酒瓶的上半部，瓶内啤酒汹涌，在瓶颈处紧握着一只手，拇指朝上，正欲顶起啤酒瓶的瓶盖；旁边配上广告标语"忍不住的诱惑！"。

但是，啤酒公司的老总仅仅看了两秒钟就否决了这件作品，理由是：用拇指来开瓶盖，这种做法非常危险，如果有消费者因为模仿广告而受伤的话，那就得不偿失了。这时，一个学生自信地走进老总的办公室。同样是两秒钟的时间，老总突然从座位上蹦起来，说："太棒了，这才是我想要的！"广告内容其实很简单：一只啤酒瓶的上半部，瓶内啤酒汹涌，在瓶颈处紧握着一只手，用拇指紧紧地压住瓶盖，尽管这样，啤酒还是如汩汩清泉般溢了出来。这张海报的广告标语是："精彩按捺不住！"

同样是一只拇指，仅仅是向上移了一厘米，变换了一个姿势，就赚到了 50 万美元。这短短一厘米的背后，思维的差距有多大呢？

资料来源：王壮，等．思维与创新，[M]．重庆：西南师范大学出版社，2015．

分析　一个真正富有创意的人就是能从不同角度思考问题、解决问题的人。这种思维方式就是发散思维。

3．发散思维的应用程序

① 确定发散源（领域）。确定发散源就是明确本次策划主要从企业营销活动的哪个方面展开，或者说本次策划计划在企业营销活动的哪一个领域做文章。

② 形成发散点。形成发散点就是进一步细化，确定下一级发散源，直到明确到某一点的过

程。我们把这些发散点依次称为二级发散源、三级发散源……最后确定不再发散的发散点称作创意源。

③ 确定主要发散思路。从发散源发散开始，一直到很难继续发散或没有必要继续发散为止，可能会形成一种树状的发散思路。对形成这个发散思路树的各个路径逐个进行分析，最后进行综合分析以确定发散思路，就是这一阶段的主要任务。在策划实践中，可以用独特颜色的笔将主要发散思路醒目地标示出来。

④ 确定辅助发散思路。需要注意的是，在营销策划中确定的发散思路既可以是一条，也可以是若干条的组合。也就是说，最后确定的创意点可以不止一个，而是几个创意点的组合。但其余发散思路形成的创意点都是为配合或烘托主创意点服务的。

⑤ 形成创意。围绕主要发散思路形成的创意点运用创意方法形成主创意，然后根据主创意的要求，围绕辅助发散思路形成的创意点形成相关辅创意，最后综合考虑形成创意方案，并用创意说明书描述。一份创意说明书一般包括解决策划问题的建议方案、方案实施的依据与意义、方案实施的可行性与必备条件、创意形成的过程与时间说明等。

（二）聚合思维

聚合思维又称求同思维法，是指在解决问题的过程中尽可能利用已经有的知识和经验，把众多的信息和解题的可能性逐步引导到条理化的逻辑序列中，最终得出一个合乎逻辑的、规范的结论。它是从不同来源、不同材料、不同方向探求一个正确答案的思维过程和方法。

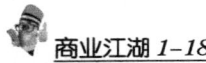商业江湖 1-18　　　　　　　　　　　　　　　　　　　　　　　扫一扫，听案例

百万创意

大松 3 个月没交房租，手机因欠费停机，每天骑着破旧的摩托载客糊口。在广州干这行的人很多，他每天的收入很少。有一次，大松的一位客人说，行李箱太重，就是搭乘摩托车，提着行李也很累。在路边等客的时候，大松看着旅客拿着大包的行李挺吃力的，还看见有人等公共汽车时干脆坐在行李箱上。他灵机一动：做一个载人的电动行李箱，行李箱既可以拉着走，如果人走累了，那么在平滑的路面上也可以骑在上面。

大松马上买了一辆电动滑板车，将电动机和蓄电池拆下来，计算其体积大小，然后找到一家行李箱生产厂，按自己的构思定做了一个坚固的行李箱外壳，将电动机和蓄电池装上去，一个电动的行李箱就造好了。大松还稍做改装，装上了防盗报警装置。就是这个简单的行李箱，2001 年在广东国际皮具箱包展览会上收到了 120 多万份订单。后来，大松以 100 万元的价格将专利卖给一家行李箱生产厂，从此过上了安稳的生活。

分析　大松的创意虽然简单，但是减轻了人们的劳动强度，给生活带来了极大的方便，他自己也得到了利益。

（三）逆向思维

1. 逆向思维的概念

逆向思维又称逆反思维、反向思维、求异思维，是突破思维定式，从相反的方向去思考问题，寻求解决方法的一种思维方式。逆向思维是与正向思维相对而言的，与正向思维互为前提、相互转化，没有正向思维也就无所谓逆向思维，在某种情况下的正向思维很可能成为另一种情况下的逆向思维。许多创造

性成果虽然从表面上看是逆向思维所致，但在其产生过程中是以正向思维为基础的，同时又要从逆向思维的角度进行思考。

2．逆向思维的特点

① 逆向性。逆向思维是与一般的正向思维，传统的、逻辑的或习惯的思维方向相反的一种思维。从相对视角（如上—下、左—右、前—后、正—反）来看待和认识事物，营销策划往往能别开生面、独具一格，取得突破性的成果。

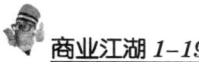**商业江湖 1-19**

巧取橘汁

扫一扫，听案例

有一瓶橘汁，既不得拔出软木塞，也不得砸坏瓶体，看谁最先饮取橘汁。按照习惯思维，想喝橘汁需要先拔出软木塞，万一将木塞按入瓶中，常被当作失误。而逆向思维从事物结局开始，进行反向思维，即由后向前，层层追问。瓶体不得砸坏，软木塞不得拔出，所以将软木塞按入瓶中能尽快饮取橘汁。

分析　"颠倒"是逆向思维的关键词，是指操作的方式、过程、观念都可以颠倒。"颠倒"运用在营销策划中常会出现惊人的效果。反过来想，往往可以使问题简化。

② 异常性。不论是兵战还是商战，应用广为关注的方法与策略，竞争对手就必有戒备，很难突破；使用被大家所忽视的方法与策略，把力量指向对方意料不到的地方，乘虚而入，就极有希望获胜。异常性也常指不按常规出牌，反其道而行之，从不同寻常的方向解决问题，如同通常所说的"灯下黑"。例如，传统手机品牌，如三星之类动辄几十个产品线、上百款产品，让用户看得眼花缭乱，不知道选哪一个好。而苹果手机彻底颠覆了这个规则，手机只有一款，让用户选的只是颜色、配置，解决了用户"费脑筋"的痛点，企业的生产、品管、销售做起来也非常省事。

商业江湖 1-20

天上掉馅饼

扫一扫，听案例

在澳大利亚的墨尔本，一家名为 A 的三明治餐厅创始人麦当劳和格兰特，为节省店铺租金，一反常态地放弃租用沿街一楼的黄金地段，而租用了价格相对便宜的第 7 层楼做店铺，可客人大多不愿意爬高楼层就餐，因此生意寥寥。格兰特从一个小孩手里的气球得到了启示，客人不愿意爬高楼，我们就给客人送过去，不仅要送，还要送得有创意。于是"乘坐"降落伞的三明治就诞生了。在一幢大厦的 7 层楼上，每个时段都会有一批带着降落伞的三明治从天而降。真是"天上掉馅饼"，引得人们纷纷驻足观看。这种"天上掉馅饼"的生意，一下子火了起来。

要买到这家餐厅的三明治，客人需要预付货款，价格在 5 至 6 美元之间，然后在约定的时间到约定的地点去取餐。店员会在约定的地点用粉笔写上一个"X"符号，客人只需要在那儿等着写有自己名字的三明治就行了。只要食物不被卡在窗台或遮阳棚上，或者偏离航线，都能降落到客人手中。三明治一旦被风吹到树上，餐厅就会立即重做。由于这种送餐方式别出心裁，一经推出就吸引了无数客人慕名前来等着"天上掉馅饼"。

资料来源：李晓琦．卖的是创意[J]．思维与智慧，2017（8）.

分析　同样是卖三明治，有人赔得血本无归，有人赚得盆满钵满，区别在于你卖的是三明治，还是创意。

（四）直觉思维

直觉思维是未经过长时间准备，迅速做出合理的猜测、分析、判断的思维。在传统教学过程中，教师提出问题后会给一定的思考时间，学生想好了再回答。这样的方式有助于培养学生逻辑思维的能力，但却忽略了直觉思维的培养。

例如，有位教师授课时提问学生，外因通过内因起作用，请举例说明。

同学甲说："鸡蛋可以孵出小鸡，而石头却不能，因为二者的本质是不同的。"

教师微笑地点了点头。接着教师又问："鸡蛋为什么能变成小鸡？"

同学乙说："鸡蛋是生的。"教师说"鸡蛋如果是熟的，不就能吃了？"

同学丙说：我看见母鸡孵蛋时，用嘴把蛋勾到腹下，是不是母鸡往鸡蛋里注入什么东西了？"

同学甲的回答是正确的，就其思维类型与难度分析，属再造思维。学生乙、丙，依靠直觉进行判断，通过自己的观察去发现问题，含有创造思维的因素。虽然直觉思维可能出现错误，但教师应当肯定这种思维方式，以鼓励探索精神。

智力测验有助于检查直觉思维：一个商人花 60 元买了一只金笔，然后 70 元卖出，事后他又以 80 元把这只金笔买回，最后又以 90 元卖出。问此商人是赔是赚？赔了多少？赚了多少？按习惯思维一步一步推算：他应当是赚 10 元。直觉思维则迅速做出判断赚了 20 元：买进 60+80=140 元，卖出 70+90=160（元），160-140=20（元）。（施羽尧. 创造思维浅说[M]. 北京：中国展望出版社，1985．)

两种答案看起来都有根据，但后者不为现象迷惑，能够依据事物的本质和规律迅速判断回答，表现出了思维的洞察力。

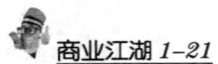
商业江湖 *1-21*

扫一扫，听案例

妞妞奶瓶

给婴儿喂奶，是新加坡许多职业妇女的痛点。于是新加坡 4 个中学生发明了形状、颜色、手感都同妈妈的乳房一样的妞妞奶瓶，这种奶瓶还可以挂在爸爸的脖子上给婴儿喂奶。这项发明形象与手感逼真，能稳定婴儿情绪，解决了新加坡 1/3 职业女性的痛点，从而受到政府的重奖。

分析 新加坡 4 个中学生发明的妞妞奶瓶就是应用的直观思维。

（五）侧向思维

避开问题的锋芒，从侧面去想，将注意力引向外侧其他领域和事物，从而受到启发，找到限定条件以外的新思路。例如，某国西部发现金矿，人们蜂拥而去淘金，只有 17 岁的安安也加入到淘金的队伍。山谷里气候干燥，水源奇缺，寻找金矿的人感到最痛苦的就是没有水喝。他们一边寻找金矿，一边抱怨："要是有一壶凉水，我愿意给他一块金币。"说者无意听者有心。安安退出了淘金热潮去找水源，然后把水卖给众多淘金者。那些口干舌燥的淘金者蜂拥而上，金币一块块地投入了他的口袋，安安大发其财。

侧向思维要在一定的条件下才能发挥作用，帮助人们找到解决问题的方法。这个条件是：所研究的问题必须成为研究者坚定不移的目标、梦寐以求的悬念。安安由于整天冥思苦想赚钱，所以听到"要是有一壶凉水，我愿意给他一块金币"就有所醒悟。研究问题成为坚定不移的目标，在心理学上称为形成优势灶。优势灶有个基本特征：神经细胞对刺激的敏感性大大提高，并且把来自各种激励源的刺激累加起来，在激励源消失之后刺激的作用仍能保持下去。

例如，英国的邓禄普轮胎是久享盛誉的名牌橡胶产品，但很少有人知道邓禄普是干什么的。他是苏格兰的医生，与轮胎的缘分也是侧向思维促成的。他有个儿子，每天在卵石路上骑自行车，车子颠簸得很厉害。他一直担心儿子会受伤，心里总是挂念着这件事。后来，他在花园里浇水，感觉到手里橡胶水管的弹性，由此经过研制，发明了自行车的内胎。

（六）转向思维

当思维在某一个方向停滞时及时转换到另一个方向思考，这种思维方式叫作转向思维。

 商业江湖1-22

三方共赢

一、发现问题

2011年9月下旬开始，许多苹果、安卓的手机用户都发现一款名叫"今夜酒店特价"的手机APP非常实用。只要每天快到傍晚6点时登录这个页面，就可以发现自己所在城市有几家甚至是十几家星级酒店以半价或更低的折扣销售酒店房间。下载"今夜酒店特价"手机APP是免费的，靠这款免费的手机APP，一个名叫任鑫的年轻人为自己铺平了创业道路。这款手机APP源于如下的发现：

扫一扫，听案例

一天傍晚，任鑫下班路过一个面包屋时看见许多人抢购店里的面包。原来面包屋怕当天制作的面包过期，所以经常在傍晚时做特价促销，以一半的价格卖出去。如此一来，消费者得了实惠，而面包屋也不至于亏了本钱又浪费了食物。这样的情景让任鑫想起了一个在上海经营星级酒店的朋友的抱怨：平常虽然生意不错，但每天总有几间客房空出，利益不能达到最大化。因此，他经常向任鑫询问解决办法。

二、发现商机，说干就干

任鑫在调查后发现，许多星级酒店都出现过朋友所说的空房情况，根本原因是星级酒店的昂贵价格让许多普通消费者望而却步。他将酒店和面包放在一起对比，前者无形、昂贵，后者有形、价廉，但它们都有一个供人消费的特点。如果为星级酒店和顾客提供一个交易平台，然后像卖面包一样降价销售酒店剩余客房，则必定有利可图。任鑫当即拜访了一些星级酒店的老板，询问他们对这样"半价销售客房"的合作感不感兴趣。几乎所有的老板都回答："反正空着也是空着，不如低价卖掉补贴一点成本。"任鑫看出，对于酒店来讲这是一桩合算的生意：多服务一位顾客，只需要多洗一套床单、多送一套洗漱用品而已，一共就多了几十元成本，而把空房卖出去能收入几百元，边际毛利很高。

扫一扫，听案例

任鑫组建了一个研发团队，并在2011年8月成立了上海天海路网络信息科技有限公司。任鑫带领团队用一个多月时间研发出了"今夜酒店特价"这款手机APP，并于9月21日正式上线，苹果、安卓等手机用户都可以免费下载。

三、三方共赢有妙招

"今夜酒店特价"手机APP针对星级酒店剩余客房的销售，用户在白天打开时会发现整个页面就一个倒计时器，告诉离傍晚6点还有多久。而快到6点时，合作的酒店就会检查自己的空房数量，如果空房太多，预计晚上怎么也填不满，就会把其中一些房间以超低折扣放到"今夜酒店特价"APP上来。此时，手机用户就能看到越来越多的半价星级客房信息，从而有选择地入住酒店了。

扫一扫，听案例

营销策划实务

任鑫以一组数字描述了上海天海路网络信息科技有限公司的利润:"一家四星级酒店房价599元,如果他们发现某天空房太多,就会以249元的价格提供5~15间房给'今夜酒店特价',让我们以269元来卖。用户省了330元,酒店赚到了249元,而'今夜酒店特价'也赚到20元。像卖面包一样卖酒店,实现三方共赢!"

任鑫的三方共赢妙招很快见效。9月22日,"今夜酒店特价"APP上线的第二天,就冲到了苹果免费应用榜第二名。10月15日,"今夜酒店特价"APP的用户数已达30万人。在不到一个月的时间内,任鑫就迅速将晚间剩房特价销售变为酒店行业热议的创新模式,让公司进入了高速发展阶段。

分析 将卖面包的模式套在了酒店剩余客房的销售之中,是运用创新思维的结果。

学习日志

一、我学了

1. _____
2. _____
3. _____

二、我用了

1. _____
2. _____
3. _____

三、测一测(扫二维码答题,已嵌入线上课堂中)

(一) 单项选择题

1. 人类与其他动物的根本区别是( )。
　　A. 愤怒　　　　　B. 需求　　　　　C. 思维　　　　　D. 情绪
2. 对于思维的描述,正确的是( )。
　　A. 思维是人与其他动物相似的简单心理现象　B. 思维是对事物的直接反映
　　C. 思维是脑物质运动的产物　　　　　　　　D. 思维是一种非物质
3. 生活中人们常说的"爱之深,恨之切"是思维的( )特点。
　　A. 有顺序的　　　　　　　　　　　B. 有方向的
　　C. 有力度的　　　　　　　　　　　D. 可以传递与接收的
4. 在策划中,应力求达到标新立异、颠覆传统思维的效果,这是思维创新的( )特点。
　　A. 可操作性　　　B. 可确定性　　　C. 新颖性　　　D. 灵活性
5. 想的办法很巧妙,但是"水中花,镜中月",于事无补,这是违背了思维创新的( )特点。
　　A. 可操作性　　　B. 可确定性　　　C. 新颖性　　　D. 灵活性

(二) 多项选择题

1. 创新必备的基本要素有( )。
　　A. 在某一领域有专长　　　　　　　B. 具有尝试新事物的持之以恒的勇气
　　C. 内在有激情　　　　　　　　　　D. 身体健康
2. 思维的特点有( )。
　　A. 思维是非物质的　　B. 思维是有顺序的　　C. 思维是有力度的

D. 思维是有方向的　　E. 思维是可以传递与接收的
3. 树上有10只鸟，打死1只，还有几只？（　　　）
   A. 9　　　　　　　B. 0　　　　　　C. 无数
   D. 1　　　　　　　E. 没有固定答案
4. 创新的含义包括（　　　）。
   A. 更新　　　　　　B. 从无到有　　　C. 改变
   D. 可颠覆性　　　　E. 灵活性
5. 对于创新思维的养成，下面描述正确的是（　　　）。
   A. 打破常规　　　　B. 克服习惯思维　　C. 勤于思考
   D. 粗放、不拘小节　E. 善从小事做起

（三）判断题

1. 利用各种获取信息的手段，最大限度地搜集关于需要解决的问题的资料和相关信息，搜集得越丰富越完整越好。（　　）
2. 搜集是将整理到的全部资料按照一定的顺序进行排列，力求实事求是地、客观地反映事实，不能掺杂任何个人主观因素。（　　）
3. 整理是在搜集的基础上，对问题做出定性化的判断，判断所面临的策划问题的优势和劣势因素，从而作为决定策划是否值得展开或继续的前提。（　　）
4. 在整理的基础上，对问题做出定性化的判断。判断所面临的策划问题的优势和劣势因素，从而作为决定策划是否值得展开或继续的前提。（　　）
5. 古诗"身无彩凤双飞翼，心有灵犀一点通"比喻恋爱中的男女心心相印，彼此都能心领神会。这说明思维属于精神层面，不属于物质层面。（　　）
6. "它山之石，可以攻玉"说的是侧向思维。（　　）

（四）实务操作题

在校园周边设计一次活动，可以与企业合作，目标是吸引人气、促进销售。请确定主题、受众、时间、地点及详细的内容，以Word的形式提交报告。

（五）简答题

1. 策划思维的程序是什么？
2. 思维的特点是什么？

任务三　营销策划的原理

开篇任务单

营销策划的灵魂是创意，创意是一种解决实际问题的主张、意见、概念或方案，既要有独创性、现实性、建设性、吸引力，又要可执行。

营销策划实务

一、创意

（一）创意的概念

创意既是一个名词，又是一个动词。作为名词的"创意"是指创造性的意念、新巧的构想；作为动词的"创意"是指创意思维的过程，是经过冥思苦想、从无到有的过程。在汉语中，创意有如下几种解释：

① 有创造性的主意和意见，有新意的念头、打算和想法；
② 过去从未有过的计划，创新性的意念，有想象力的、不十分确切有效的想法。

因此，创意的概念有两个要点：一是有创造性，包含超前、新颖和奇异性；二是头脑中的主意、想法或念头。创意行为的核心即原创、首创和独创。

创意不是虚无缥缈的，是有一定规律可循的，有其原理且有许许多多的方法。而这些方法并不神秘，它们是人类智慧的结晶，其精巧、奇妙令人赞叹。要产生好的创意，既要从书本上学习，也需要从实践中积累和领悟。

创意的认知误区如表1.4所示。

表1.4 创意的认知误区

序号	认知	判断	原因
1	创意就是策划	错误	创意不等于策划。创意是策划的关键和灵魂，即必须先有好的创意才能进行策划，否则就会"无的放矢"。策划的执行是创意的落地
2	创意就是点子	错误	点子是针对某件事的计谋与对策，而创意尽管也可能是办事所需的对策与计谋，但它应该是完整、系统的；点子可能是个闪光点、关键点，而创意不仅是一个点，还可能是一条线、一个面
3	创意就是计谋	错误	创意不完全等同于计谋、谋略，计谋主要是为有效地打击对手、保护自己而制订的别出心裁的计划、方案。

（二）创意的理论来源

1. 迁移理论

迁移理论的主要观点是：创意是一种迁移，迁移就是用观察A类事物的方法去观察B类事物，即用不同的眼光去观察同一个现象，也就是采取移动视角的办法来分析问题。通过视角的迁移人们可以创造出众多新鲜的事物。这就是创意的成因。这也是营销策划实践中，许多创意常用的"再认识"。

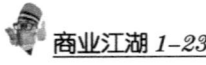
商业江湖 1-23

扫一扫，听案例

可折刀片

1959年的一天晚上，日本人风田良明在客厅边看电视边吃巧克力，板状的巧克力在入口前需要折断。他听着清脆的折断声，品味着巧克力的甜香。突然，他觉得不对劲了，巧克力居然划破了他的嘴唇，流了血。他一下子来了灵感，他是一个造型师，工作是用纸刀剪裁造型纸。但纸刀用久了就钝了，刀一钝，造型纸就废了。受此启发，他发明了一种可折断的刀片，让造型纸的剪裁刀一直保持锐利的状态，于是美工刀问世了。美工刀一上市便畅销全世界。

分析 创意的产生，一要有目标，二要有方法。把一个事物的原理移植到另一个事物上，就会创造出新的事物。生活中的创造需要细心、有心和用心，多观察，多思考，惊喜就在等着你。

2. 魔岛理论

魔岛理论认为，创意与魔岛一样，要在人类的潜意识中历经无数次的孕育、努力和培养才能最终获得。创意的产生如同魔岛一样，在策划人的脑海中忽然闪现，神秘莫测。魔岛理论来自古代水手的传说：在波涛汹涌的茫茫大海中，岛礁不可捉摸，当水手们想寻找它时不露面，当水手们想躲开它时却偏偏出现了，有种"众里寻她千百度，蓦然回首，那人却在灯火阑珊处"的意味。魔岛理论认为创意具有创造性和发明性，否认模仿。但营销策划中的创意并不仅有创造与发明，通常也有模仿、改良或组合等方式。因此，魔岛理论无法说明所有的创意产生的原因。魔岛理论强调后天的积累，否认天生的灵感。这显然有些片面，对有些现象的解释也不能自圆其说，如文化程度高者呆板，毫无创意，而有些文化程度不高者有时却创意多多，机智灵活。

3. 天才理论

天才理论推崇天才，与魔岛理论的主要观点恰恰相反，它强调创意是靠天才而获得的。世界上的确存在很多天才，如孙武的《孙子兵法》是天才之谋。还有其他众多天才之想、天才之举、天才之功、天才之学、天才之用……不胜枚举。因此，天才理论学家认为，创意来自天才们的灵感。

4. 元素组合理论

元素组合理论是指策划人可以通过研究各种元素的组合来获取新的创意。在自然界中，元素通过组合可以形成各种各样的新物质，策划的创意也可产生于元素组合。策划人不能有思维定式，必须不断尝试和揣测各种组合的可能，并从中获得具有新价值的创意。元素的组合不是简单的相加，而是一种在原有基础上的创造。能够产生创意的元素包罗万象，可以是实际的，也可以是抽象的；可以是现实存在的，也可以是虚构出来的。

5. 变通理论

变通理论是指创意有时候只是"概念的转换"，只要换一种方式去理解、换一个角度去观察、换一个环境去应用，一个新的创意就产生了。某种事物的功效作为一种能量，在一定条件下是可以转换的，如兵法经过变通可用于经济，这是观念的嫁接；原本属于动物本能的保护色，经过变通可用于军队的迷彩服，这是功能的变通；民用产品可以用于军需，军需产品也可以转为民用，这是用途与功效的传递和延伸。显然，上述各种能量的转换、功能的变通，对创意的产生是极有启示的：对策划来说，创意需要这种变通。

二、营销策划的原则

营销策划应当遵循守正用奇、全面系统、正和博弈、裂变聚变、资源整合、简便易行等原则。

（一）守正用奇的原则

守正用奇是营销策划的第一大原则，是思维创新的核心表现。在竞争激烈的商战中，只有出奇方能制胜，才能使事业发达。守正用奇必须依靠创造性思维，突破一般性思维，打破常规，结合以往的知识和经验，在头脑中形成新的假设、新的形象，以实现创造再创造、创新再创新。

守正用奇的营销策划方案必须有可操作性，否则只是一种妄想。策划方案必须与企业现有的经济实力和科技实力相符合。

营销策划实务

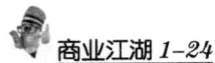 **商业江湖 1-24**   扫一扫，听案例

高空取胜

某国的 A 品牌手表为开拓澳大利亚市场，在澳大利亚发出一个将从空中向某广场投放手表的广告信息。不到一天，信息传遍全城。投表那天，人们把广场挤得水泄不通，看到手表一块块从天而降。

分析 根据消费者所看重的手表的核心功能及产品的质量特性确定宣传的方式，让消费者在惊诧之余认可并购买产品。

（二）全面系统原则

全面系统原则要求营销策划能够高瞻远瞩、深谋远虑，能够利用系统论的联系观、层次观、结构观、进化观来分析事物的演变规律，正确预测市场的动向，从战略上整体把握、控制和驾驭全局。局部获胜、阶段获胜是全局、全过程最终获胜的前提和基础，但不是营销策划的最终目标。营销策划的最终目标是能够获得整体全胜。

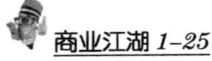 **商业江湖 1-25**   扫一扫，听案例

奥运商机的连续策划

2008 年的北京奥运会既是"人文奥运、绿色奥运"，也是"政治奥运、经济奥运"，国家投入超过 3 000 亿元。如果策划得好，则产出几万亿元都是有可能的，反之有可能连 3 000 亿元的效益也达不到。为此，《奥运商机大策划》一书提出，应该把奥运商机按时间段分解，划分成申奥——前奥运经济，迎奥、建奥——前奥运经济，办奥——中奥运经济，送奥——后奥运经济，才有可能将奥运经济蛋糕做大。只有对奥运进行连续策划，如策划吃住行游购娱一条龙的旅游项目，才能长出奥运经济大树来。

分析 策划需要站得高、看得远、想得深，即要把握全局，进行整体谋划。

（三）正和博弈原则

管理学里关于决策的基本原则中，有一条叫作"满意原则"，意思是不求最优而求满意。这也是博弈所追求的原则。

博弈就是各博弈方竞争某种资源并以得到多少来判断胜负，所以根据所竞争的资源性质可以把博弈分为零和博弈、负和博弈和正和博弈 3 类。在竞争中，一方得利、一方受损是零和博弈；竞争中两败俱伤是负和博弈；正和博弈是一种经济上的智慧，是为解决问题转换视角，从更广阔的角度实现各方目标或双赢。

营销策划有优劣之分。优与劣只是相对而言，评价营销策划优劣的标准是取得满意度的大小。营销策划中的满意是广义的，包括经济满意、政治满意、社会利益满意，此外还有长期满意、中期满意、短期满意、个人满意、局部满意、整体满意等。就眼前满意和长远满意、局部满意和整体满意而言，眼前满意和局部满意表现为急功近利、唯利是图；长远满意和整体满意则是不计较眼前得失，为的是长远的更大满意，如田忌赛马的故事。《孙子兵法》在评价策划时认为："上兵伐谋，其次伐交，再次伐兵，其下攻城。""伐兵"和"攻城"之所以相对"伐交"和"伐谋"是下策，就是因为要付出更大的甚至惨痛的代价，《孙子兵法》推崇的是"不战而屈人之兵""兵不顿而利可全"。以小代价而获大胜的营销策划是正和博弈原则所追求的理想境界。

项目一　认识营销策划

（四）裂变聚变原则

营销策划是一项极富创造性的活动，创意是它的核心和前提。营销策划人员的高素质、高智商经过"裂变和聚变"后，就形成了显意识、潜意识、无意识意义上的"智能原子弹""意识原子弹"。裂变聚变原则为多样化、创新化的营销策划方案、策划措施、策划目标、策划轨迹、策划重点、策划手段的选择提供了坚实的基础，为策划的具体实施提供了智能保证。

（五）资源整合原则

资源整合原则是一个优劣互补、智能匹配、功能放大的再造过程。通过资源整合可以出效益、出奇迹。营销策划可以将市场上的各种要素进行巧妙的整合，变不可能为可能、变弱小为强大。一个合格的营销策划需要把企业外部影响因素，如政策、法规、社会习俗、文化背景、竞争对手、供应商、经销商、辅助产业、消费者等要素充分考虑进来，最大限度地发挥它们的可利用价值；在考虑企业外部因素的同时，还要积极调动企业内部的制约因素，如制定奖惩制度，激发职工积极性及协调产品、销售、财务和人力资源等部门，鼓励每个员工在自己的岗位上发挥最佳水平，让营销策划的每个环节顺畅、可行、高效，以最小投入获取最大产出，使投入商业活动中的每种资源被充分利用。这样，整体所达到的效果将是任何一种单一的促销策略所不及的，所产生的经济效益也将是可观的。

（六）简便易行原则

"大道至简"，越是深刻的往往越简单。该原则即要求策划方案简便易行。策划方案是否简洁明了、是否切实可行最能反映策划者的策划水平。

 商业江湖1-26　　　　　　　　　　　　　　　　　　　　　　　扫一扫，听案例

如此传单

有5个版本的传单，哪个转化率会高？

版本1：传单正面是买50送50的优惠信息，二维码是微信号；反面是传统的超优惠爆款陈列。

版本2：传单正面是买50送50的优惠信息，二维码关联到应用市场；反面是传统的超优惠爆款陈列。

版本3：传单正面是"五块钱的快乐是什么？"的标题，下面是超优惠爆款陈列；反面是公司Logo和Slogan。

版本4：传单正面只有"五块钱的快乐是什么？"的标题；反面是超优惠爆款陈列。

版本5：传单正面只有"五块钱的快乐是什么？"的标题；反面没有内容。

做这5个版本的测试。因为内容不同、优惠方式不同，所以要求设计团队、地推团队、数据分析团队、物料团队、销售团队（需要谈下相应爆款团单）在3天内紧密配合。

三、创意的技法

经典策划思想

最有用的知识是关于方法的知识。　　　——笛卡尔

营销策划实务

策划的灵魂是创意。创意有许多技法，是创造学家根据创造性思维发展规律和大量成功创造与创新的实例总结出来的一些原理、技巧与方法。这些创意技法的应用研究既可以直接产生创造创新成果，也可以启发人们的创新思维，提高人们的创造力、创新能力和创造创新成果的实现率。

（一）奥斯本设问法

发明、创造、创新的关键是能够发现问题、提出问题。设问法就是对任何事物都多问几个为什么。

奥斯本设问法也叫核检表法，是美国创造工程之父奥斯本提出来的一种创造方法，是指根据需要解决的问题或创造的对象列出有关问题，一个一个地核对、讨论，从中找到解决问题的方法或创造的设想。其基本做法是：首先选定一个要改进的产品或方案；其次，面对一个需要改进的产品、方案，从不同角度提出一系列问题，并由此产生大量的思路；最后，根据上一步提出的思路，进行筛选和进一步思考、完善。以表格形式阐述奥斯本设问法，如表1.5所示。

表1.5　奥斯本设问法

序号	设问	内容	案例
1	可以引入吗？	是否能够从其他领域、产品、方案中引入新的元素、新的材料、新的造型、新的工艺、新的思路，以改进现有的方案或产品	把教学中的"我教你做"用在旅游产品的开发上，把产品的加工过程作为旅游体验。例如，游客加工青瓷水杯、巧克力、雕刻、烹饪、耕作等
2	可以替换吗？	是否可以用其他东西替代现有的产品、方案或其一部分？	用豆沙或南瓜替代一部分面粉制作彩色馒头；以蔬菜汁替代水和面制作彩色水饺，等等
3	可以添加、增加、扩大吗？	是否能够增加一些元素，或者使现有元素的数值增加，如新的材料、色彩、加大？	大白兔奶糖在包装上的创意：把500 g奶糖包成一大块奶糖的形状；裙裤的出现、连衣裙的出现、奶茶的出现、冰激凌的出现
4	可以减少、缩小吗？	是否能够通过缩小某一要素的数值，如长度、体积、大小、容量，或者减少一部分元素以实现改进？	把实物制作成模型、在牛仔裤上挖洞，把产品容量、包装变小，把整体产品分割销售等
5	可以迁移吗？	是否可以将该产品或方案的原理、结构、材料、元素、思路等用于其他地方？	节日送礼品：情人节送花；探望病人或友人送果篮；使用微信开发的红包功能（节日、开心的时刻送红包）
6	可以改变吗？	是否可以改变形状、颜色、音响、味道；是否可以改变意义、型号、模具、运动形式？	据说妇女用的游泳衣是婴儿衣服的模仿品，而滚柱轴承改成滚珠轴承就是改变形状的结果
7	可以逆反吗？	是否可以在程序、结构、方向、方位等方面逆反，以实现更好的效果？	由强行推送信息的广告令受众反感到要"免费得到"而主动分享的砍砍砍（如拼多多）
8	可以组合吗？	是否可以把现有的产品或方案与其他产品或方案组合起来，以形成新的思路？	农夫山泉与故宫淘宝的同框出现；搬家、家装、卫浴产品企业与房地产企业的联合营销
9	可以用于其他领域吗？	本产品或方案，是否可以用于其他领域、其他用途，或者稍做变化后用于其他领域或其他用途？	把优惠的团购功能应用于拼多多APP上

使用奥斯本设问法时的注意事项：

① 要一条一条地进行核检，不要遗漏；
② 要多核检几遍，效果会更好，会更准确地选出要创造、创新、发明的方向；
③ 在核检每项内容时，要尽可能地发挥自己的想象力和创新能力，产生更多的创造性设想。

核检方式可根据需要1人核检或3至8人核检。集体核检可以互相鼓励，产生头脑风暴，更有希望创新。

(二)和田十二法

和田十二法又称聪明十二法,是我国创造学者许立言等与上海和田路小学根据奥斯本设问法及和田路小学的实际情况提出的。其具体体现为:加一加、减一减、扩一扩、缩一缩、搬一搬、代一代、学一学、变一变、改一改、联一联、反一反、定一定。

1. 加一加

加一加是指在某件产品上加些什么或把某件产品与其他产品组合在一起变成新产品、具有新功能来达到策划目的。例如,连衣裙、手机等都是对加一加的应用。

2. 减一减

减一减是指在某件产品上减去部分产品或在操作过程中减少次数、形态、重量、过程等来达到策划目的。例如,简化字的出现、五证合一、五卡合一、"最多跑一次"等都是减一减的应用。

3. 扩一扩

扩一扩是指将某件产品的声音、面积、距离等放大形成新功能、新用途来达到策划目的。例如,电视机屏幕的扩大、曲面,大卡车,双人伞、太阳伞等都是对扩一扩的应用。

4. 缩一缩

缩一缩是指将某件产品压缩、折叠、缩小等形成新功能或用途来达到策划目的。例如,上海世博会、纽扣电池、保温瓶、压缩饼干、电子书等都是对缩一缩的应用。

5. 搬一搬

搬一搬是指将某件产品、某个想法、某个道理或某项技术搬到别的场合来达到策划目的。搬一搬往往会产生意想不到的效果。例如,镜子能反射阳光和热量,反射到昏暗的角落里照亮暗处;集中到易燃物上,如阿基米德集中许多镜子烧敌舰。又如,灯能发光,能成为航标照亮航道;制造成暖箱,可以孵化小鸡。再如,航天飞船上的座椅转成儿童安全座椅。

6. 代一代

代一代是指用 A 产品代替 B 产品来达到策划目的。用一种材料、零件、方法等代替另一种材料、零件、方法,往往会解决很多难题。例如,古时候的曹冲称象、当今的手巾纸代替了手帕、银行卡代替了现金、手机代替了钱包等都是对代一代的应用。

7. 学一学

学一学是指根据某些产品的形状、结构或学习它的某些原理、方法来达到策划目的。例如,原来的产品具有独特功能,仿一仿即可造出新的产品:飞行器、飞机、飞船仿鸟飞行;锯来自有锯齿的小草;越江隧道仿自小虫钻进硬木;薄壳球形式屋顶建筑既减少支柱,又能抗压,仿自蛋壳能承受很大压力。

8. 变一变

变一变是指改变一下产品的形状、颜色、音响、气味、位置、方向,或者改变一下产品的次序或操作的顺序来达到策划目的。例如,改变了公路路面的形状,就产生了能演奏的公路;田忌赛马只是变化了出场次序,就获得了全局的胜利。

9. 改一改

改一改是指将某件产品的一部分或不足之处减去来达到策划目的。对一件产品不太满意时，可以克服原来的缺点，改成新产品。例如，保温杯、折叠伞、荧光材料的公交线路牌等都是对改一改的应用。

10. 联一联

联一联是指将某件事情的起因和结果结合起来思考来达到策划目的，即把两种或几种事物联起来，会发现一些规律，用这些规律来解决一些问题。

11. 反一反

反一反是指将一件产品的正反、里外、上下、左右、前后、横竖颠倒一下，有时会创造出新的产品。将平时习惯的思考方向逆反过来能解决很多问题，如表1.6所示。例如，功能相反：保温瓶（保热）装冰（保冷）；原理相反：制冷与制热、电动机与发电机、压缩机与鼓风机；过程相反：吹尘与吸尘；位置相反：野生动物园中人和动物位置，等等。

表1.6 常规思路与反一反思路的对比

遇到的问题	常规操作思路	反一反的思路	解决问题的具体操作
小孩掉进水缸	让小孩离开水缸	让水离开小孩	司马光砸破水缸救小孩
敌军将到，手下无兵	紧闭城门，坚守	打开城门	诸葛亮空城退司马懿
侠客跳上房顶	侠客往上弹跳	侠客从房顶跳下	拍好的电影片子反着放
走楼梯很累	楼梯不动，人走动	人不走动，楼梯动	自动扶梯、电梯
造大桥	桥墩在下支撑桥面	在上拉住桥面	斜拉索大桥，方便轮船通过

12. 定一定

定一定是指为了解决某一问题或达到预期目的而确定一些规则。例如，为了提高学习、工作效率，为了防止事故或疏漏，为了生活得更美满，等等。在生活中定一定的应用较为普遍。例如，交通规则的制定规范了行车秩序，解决了交通安全问题。

（三）5W2H分析法

5W2H分析法又称七问分析法，在第二次世界大战中由美国陆军兵器修理部首创。发明者用5个以W开头的英语单词和两个以H开头的英语单词进行设问，发现解决问题的线索，进行设计构思。

① 为什么（Why）：为什么要如此做。例如，为什么需要创新；为什么采用这个技术参数；为什么不能有响声；为什么停用；为什么变成红色；为什么要做成这个形状；为什么采用机器代替人力；为什么产品的制造要经过这么多环节；为什么非做不可，等等。

② 什么事（What）：做什么；准备什么；创新的对象是什么；条件是什么；哪一部分工作要做；目的是什么；重点是什么；与什么有关系；功能是什么；规范是什么；工作对象是什么，等等。

③ 何地（Where）：从什么地方着手；何地更适合某物生长；何处生产最经济；从何处买；还有什么地方可以作为销售点；安装在什么地方最合适；何地有资源，等等。

④ 何时（When）：什么时候开始；什么时候完成；何时安装；何时销售；何时是最佳营业时间；何时工作人员容易疲劳；何时产量最高；何时完成最为适宜；需要几天才算合理，等等。

⑤ 何人（Who）：谁来承担创新任务；谁来办最方便；谁会生产；谁可以办；谁是顾客；

谁被忽略了；谁是决策人；谁会受益，等等。

⑥ 如何（How to）：怎么实施；怎样省力；怎样最快；怎样做效率最高；怎样改进；怎样得到；怎样避免失败；怎样求发展；怎样增加销量；怎样达到效率；怎样才能使产品更加美观大方；怎样使产品用起来方便，等等。

⑦ 多少（How much）：达到什么样的水平；功能指标达到多少；销售多少；成本多少；输出功率多少；效率多高；尺寸多少；重量多少，等等。

在营销策划中应用 5W2H 分析法比较简单实用。例如，某商店生意清淡，如何改善，可以应用 5W2H 分析法进行分析，如表 1.7 所示。

表 1.7　商店生意清淡问题

序号	提问项目	提问内容	情况原因	改进措施
1	为什么	此处设这个店行不行？	有需求	应保留
2	做什么	批发零售还是百货专营？维修服务搞不搞？	本处适合零售	零售为主，增加服务项目
3	何地	店设何处？离车站近，离居民也近	为旅客服务	增加旅客上车前后所需商品
4	何时	何时购物？旅客寄存行李后	无处寄存	办理托运，特别是晚上
5	何人	谁是顾客？旅客还是居民？	未把旅客当作主要顾客	增加为旅客服务的项目
6	如何	如何招徕更多旅客？	此店不醒目	增设路标和购物指示牌
7	多少	改进需要多少投入？能得多少效益？	本店有投资能力	装修扩大需要 1.5 万元，预计增长 20%

（四）缺点列举法

1. 缺点列举法的概念

缺点列举法是通过列举某事物当前存在的缺点，并将克服其缺点作为期望目标，提出如何克服这些缺点而改进该事物的方法。

这种方法使用简便，用途广泛。其使用的简便性在于，只要确定了认识对象，列举其当前存在的缺点，就可以直接将这些缺点作为内容，运用有关问题的语言表述形式加以表述，直接提出问题。

2. 缺点列举法的程序

缺点列举法的程序为：确定对象→列举缺点→分析原因→寻找措施→形成创意。例如，普通香皂的缺点有放久易干、不卫生、遇水滑拿不住等，如图 1.1 所示；在某景区洗手间的香皂虽然在遇水滑拿不住、不易丢失方面有所改善，但是在不卫生等其他方面没有改善，如图 1.2 所示。改善上述普通香皂缺点的理想创意是洗手液。

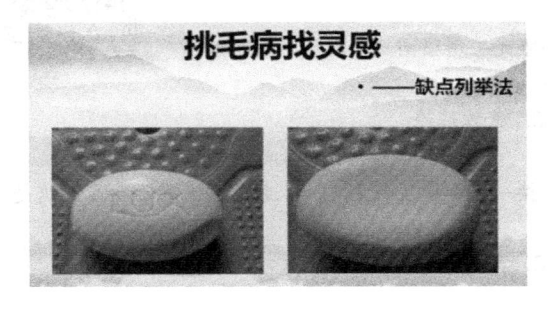

图 1.1　普通香皂　　　　图 1.2　某景区洗手间的香皂

（五）希望点列举法

1. 希望点列举法的概念

希望点列举法是指根据当前和未来社会生产或生活的需要，列举关于某事物的希望点，寻找满足这些希望点的措施，然后形成改进原有事物或创造新事物的创意的活动过程。

2. 希望点列举法的程序

希望点列举法的程序是：确定对象→列举希望点→分析希望点→寻找措施→形成创意。

（六）属性列举法

1. 属性列举法的概念

所谓属性列举法，就是将事物的属性分解为不同的部分或方面并全部列举出来，然后以某一部分或方面的属性为置换内容，提出对该问题的创意。

2. 属性列举法的程序

属性列举法的程序是：确定对象→列举属性→提出问题→属性置换→形成创意。

缺点列举法、希望点列举法、属性列举法这3种方法考虑问题的综合性、灵活性、适用性强，简便易行，是常用的方法。

学习日志

一、我学了

1. _____
2. _____
3. _____

二、我用了

1. _____
2. _____
3. _____

三、测一测（扫二维码答题，已嵌入线上课堂中）

（一）单项选择题

1．用观察此事物的方法观察彼事物，即用不同的眼光去观察同一个现象。这是创意的（　　）。

    A．魔岛理论　　　　B．迁移理论　　　　C．天才理论

    D．元素组合理论　　E．变通理论

2．只要换一种方式去理解、换一个角度去观察、换一个环境去应用，一个新的创意就产生了。这是创意的（　　）。

    A．魔岛理论　　　　B．迁移理论　　　　C．天才理论

    D．元素组合理论　　E．变通理论

3. 在自然界，元素通过组合可以形成各种各样的新物质，策划人可以通过研究各种元素的组合而获得新的创意。这是创意的（　　）。
　　A. 魔岛理论　　　　B. 迁移理论　　　　C. 天才理论
　　D. 元素组合理论　　E. 变通理论
4. 一件东西原有的功能搬到别的地方发挥新的效益。这是创意的（　　）技法。
　　A. 代一代　　　　　B. 搬一搬　　　　　C. 反一反　　　　　D. 定一定
5. 把平时习惯的思考方向逆反过来能解决问题是创意的（　　）方法的应用。
　　A. 代一代　　　　　B. 搬一搬　　　　　C. 反一反　　　　　D. 定一定

(二) 多项选择题
1. 营销策划的原则有（　　）。
　　A. 守正用奇　　　B. 全面系统　　　C. 正和博弈　　　D. 裂变聚变
　　E. 资源整合　　　F. 简便易行　　　G. 循规蹈矩
2. 创意的来源理论有（　　）。
　　A. 魔岛理论　　　　B. 迁移理论　　　　C. 天才理论
　　D. 元素组合理论　　E. 变通理论
3. 创意概念的要点是（　　）。
　　A. 新颖奇特　　　B. 想法　　　C. 规律可遵循　　　D. 超前性
4. 营销策划方案必须（　　）。
　　A. 创新出奇　　　　　　　　　　　B. 有可操作性
　　C. 与企业经济实力相符　　　　　　D. 与企业技术实力相符
5. 在使用奥斯本设问法进行创意时，要注意的事项有（　　）。
　　A. 要一条一条进行核检，不可遗漏
　　B. 用反一反的创意方法就可以解决所有问题
　　C. 可以使用头脑风暴法
　　D. 在核检每项内容时，要尽可能地发挥自己的想象力和创新能力，产生更多的创造性设想

(三) 判断题
1. 改变一下产品的形状、颜色、音响、气味、位置、方向或者改变一下事情的次序或操作的顺序来达到想要达到的目的，这是搬一搬的创意法。（　　）
2. 古时候的曹冲称象，当今的手巾纸代替了手帕、银行卡代替了现金等，都是代一代的创意结果。（　　）
3. 为了解决某一问题或改进某件东西，为了提高学习、工作效率，防止可能发生的事故或疏漏，为了生活更美满，做出某些规定来达到想达到的目的，这是定一定的结果。（　　）
4. 管理学里关于决策的基本原则中，有一条叫作满意原则，意思是不求最优而求满意。这是全面系统原则的应用。（　　）
5. 在营销策划中，整合原则是一个优劣互补、智能匹配、功能放大的再造过程。（　　）

(四) 实务操作题
请在校园周边设计一次活动，目标是使学生在食堂吃饭时不浪费饭菜。请确定主题、受众、时间、地点及详细的内容，以Word的形式提交报告。

(五) 简答题
策划的全面系统原则是什么？

项目二
商机分析

经典回放

打错算盘

武汉的大刘怀揣创业梦想，在一次与朋友聚会时，有人无意中提到一个现象：城市居民家电坏了，找个维修点，搬运不便，有时还"挨宰"。如果在全市范围内建立一个家电维修网，以会员制的形式吸收居民交费入网，只要微利、便民，肯定能有广阔的市场。

为验证这个点子的可行性，大刘在熟悉的武汉三镇开展了市场调查，回收问卷5 000份。调查数据显示，76%的被调查者有家庭维修的需求。大刘查阅了武汉市相关数据，武汉市120多万户居民，按76%计算，意味着有90多万户有家电维修的需求，保守估计也会有20万户。按此估算，每户只收取入网费80元，年收入就有1 600万元；设备、交通、广告等前期投入和维修人员的工资不到600万元。成本收益预算下来，一年至少可以获利千万元。

于是，"小蓝帽"家电维修网于1997年初在武汉三镇建立。"小蓝帽"承诺：只要交80元入网费，一年中消费者家庭任何家电发生故障，服务人员在24小时内上门维修，只收取零配件成本费用。为了方便用户交纳费用，他们与中国农业银行在武汉市的300多家营业网点联合，为"小蓝帽"开办入网费代收业务。

"小蓝帽"成立后，挂靠武汉市社区服务中心，并请中国人民财产保险股份有限公司湖北分公司提供信誉担保。当时武汉所有7字打头的公交车上都打上了"小蓝帽"的广告。仅一个月的时间，"小蓝帽"会员就发展到近1 000户，每天电话不断，维修人员都忙不过来。此情形若持续，令人感觉前景美好。为了应对日益增加的维修服务，"小蓝帽"买了两辆交通车，在武汉的几大城区设立分站，到1997年5月共有5个维修站、100多名维修人员。然而，形势并不乐观，当加入"小蓝帽"的会员发展到1 000多户时，会员数量停止了上升趋势，尽管采取举办义务维修服务活动、请大学生到居民区上门发传单、派各分站维修人员走街串巷做宣传、拉会员等手段，会员最多时也只有2 000多户，而这2 000多户会员的维修量竟高达80%～90%，而据测算，维修量在30%以下才有利可图。

面对2 000多户会员，却要支出5个维修站、100多名工作人员、2辆交通车、8部电话、3部手机的费用，才建立三四个月的4个分站只能被撤销，仅剩下当初的总部一个维修站。当初"24小时内上门，5天内修好"的承诺很难实现，因此投诉不断。

资料来源：梅建军，孟慧霞. 品味营销——趣闻中的营销智慧[M]. 北京：化学工业出版社. 2015.

经典分析 ①市场调查的问题针对性不强，问题"有没有维修需求"太笼统，忽视了具体问题"是否愿意支付网费与维修成本费"；②忽视竞争者的存在，在20世纪90年代的家电维修市场不只是"小蓝帽"一家的天下，家电生产厂商为应对家电竞争，纷纷提供三包服务；③实施营销策略的操作性欠考虑。从消费心理看，家电维修需求并非必然发生的事情。对于具有偶发特征的产品，很多消费者带有一定的侥幸心理，认为这种小概率事件不会发生在自己身上，这种心理使得先支付入网费的方式难以得到消费者的青睐。

想挑战一下自己吗？扫一扫这里！

任务一　营销环境分析

知识讲堂

经典策划思想

> 市场营销环境是指能够影响企业建立并保持与目标顾客良好关系的能力的各种因素和力量。
> ——[美]菲利普·科特勒

市场营销环境是对企业营销活动产生直接或间接影响的因素或力量，它对企业市场营销活动的影响深刻而持久。企业市场营销环境的内容既广泛又复杂：一方面，不同的因素对企业营销活动的影响和制约不尽相同；另一方面，同样的环境因素对不同的企业所产生的影响也大小不一。因此，企业的任何一项营销活动都是以市场环境分析为前提的。环境是不断变化的，企业生活在环境当中，所以必须时刻关注环境的变化，主动去适应环境。

商业江湖 2-1　　　　　　　　　　　　　　　　　　　　　　　扫一扫，听案例

"铁人"泄密

我国最著名的"泄密照片案"，是 1964 年《中国画报》封面刊出的——大庆油田的"铁人"王进喜头戴大狗皮帽，身穿厚棉袄，顶着鹅毛大雪，握着钻机手柄眺望远方，在他身后是星星点点的高大井架。

日本情报专家据此解开了大庆油田的秘密。他们根据照片上王进喜的衣着判断，只有在北纬 46°～48° 的区域内，冬季才有可能穿这样的衣服，因此推断大庆油田位于齐齐哈尔与哈尔滨之间；通过照片中王进喜所握手柄的架势，推断出油井的直径；从王进喜所站的钻井与背后油田间的距离和井架密度，推断出油田的大致储量和产量。有了如此多的准确情报，日本人迅速设计出适合大庆油田开采用的石油设备。当我国政府向世界各国征求开采大庆油田的设计方案时，日本人一举中标。

资料来源： 叶茂中. 营销的 16 个关键词[M]. 北京：机械工业出版社，2014.

分析　仔细观察、认真分析、准确判断，获取大量信息，才有可能正确进行营销决策。

根据影响的范围和作用方式，市场营销环境可以分为宏观营销环境和微观营销环境。宏观营销环境因素与微观营销环境因素共同构成多因素、多层次、多变的企业市场营销环境。

一、宏观营销环境分析

宏观营销环境又称间接营销环境，是指影响微观营销环境的一系列巨大的社会力量，主要包括人口环境、经济环境、自然环境、科学技术环境、政治与法律环境及社会文化环境等因素。

（一）人口环境

市场营销基础理论认为：市场=人口+购买动机+购买能力。很显然，人口是构成市场的第一要素，市场营销人员所感兴趣的第一个环境因素就是人口。对市场营销人员来讲，认真研究那些想购买东西且有支付能力的人十分重要，他们对企业的市场营销活动会产生深远的影响。

企业市场营销人员必须密切监测人口环境的特性及发展趋势，积极利用人口机会，规避人口威胁，适应人口的变化。一般从人口规模、人口的分布及流动、人口结构等方面来分析人口环境对企业市场营销活动的影响。

人口环境是指人口的规模、密度、地理分布、年龄、性别、家庭、民族、职业及其他有关情况。市场是由有购买愿望且有购买能力的人构成的，人的需求是企业市场营销活动的基础。人口是预测需求量时必须考虑的因素之一。人口越多，市场需求量可能就越大，尤其是日用食品类和日用工业品类，人口增加其需求量必然增加。

1．人口规模

世界人口以爆炸性的速度增长，全世界人口为 60 多亿人，尤其是包括我国在内的发展中国家人口密度大，增长速度快，在消费方面，基本消费品的购买量大。

2．人口的分布及流动

世界人口地理分布极不均匀，仅亚洲的人口总数就远远超过了其他几个洲的人口的总和。我国人口的地理分布也是极不平衡的，如果从黑龙江省的漠河到云南省的腾冲画一条线将我国分为东南和西北两大部分，则东南部的人口数约占总人口数的 94%，而西北部的人口数仅占总人口数的 6%，但西北部的资源却非常丰富。因此，企业应重点开发西部资源、开拓东部市场。随着经济的日益发展，人口在各地区间的流动也逐年增加。

我国人口流动的特点如下：

① 农村人口流入城市。随着农村城市化建设脚步的加快，我国 2019 年城镇常住人口 84 843 万人，占总人口的 60.60%（常住人口城镇化率），比上年末提高 1.02 个百分点；户籍人口城镇化率为 44.38%，比上年末提高 1.01 个百分点。

② 内地人口流向沿海地区。随着经济的发展，内地与沿海地区之间的经济差距逐渐加大，内地想往沿海地区生活的人口增多、人才流动等导致了人口由内地向沿海地区的迁移。

③ 经商、学习、观光旅游等使人口流动加速。

我国人口的流动使当地基本需求量增加，给当地企业带来了较多的市场份额和市场营销机会。

3．人口结构

人口结构主要是指人口的年龄结构、家庭结构和社会结构等内容。不同年龄的消费者对商品的需求不一样。2019 年年末全国大陆总人口 140 005 万人，比上年末增加 467 万人；全年出生人口 1 465 万人，出生率为 10.48‰；死亡人口 998 万人，死亡率为 7.14‰；自然增长率为 3.34‰。其具体构成如表 2.1 所示。我国人口老龄化趋势明显，因此生产老年营养食品、保健品及老年人生活、休闲娱乐等用品的企业将拥有更为广阔的市场发展空间。

表 2.1　2019 年年末人口数及其构成

指　标	年末数/万人	比重/%
全国大陆总人口	140 005	100.0
其中：城镇	84 843	60.6
乡村	55 162	39.4
其中：男性	71 527	51.1
女性	68 478	48.9
其中：0～15 岁（含不满 16 周岁）	24 977	17.8
16～59 岁（含不满 60 周岁）	89 640	64.0
60 周岁及以上	25 388	18.1
其中：65 周岁及以上	17 603	12.6

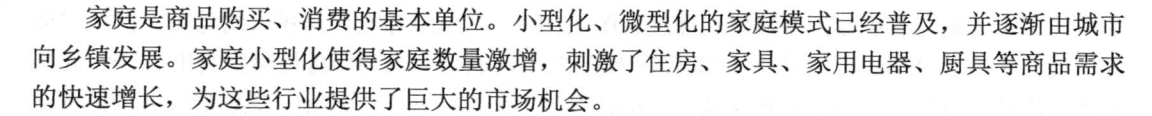

家庭是商品购买、消费的基本单位。小型化、微型化的家庭模式已经普及，并逐渐由城市向乡镇发展。家庭小型化使得家庭数量激增，刺激了住房、家具、家用电器、厨具等商品需求的快速增长，为这些行业提供了巨大的市场机会。

（二）经济环境

市场规模取决于人口数量，更取决于购买力，而经济环境极大地影响着购买力和消费方式。

经济环境是指企业市场营销活动所面临的外部经济条件的总和，包括经济发展水平、地区经济发展、城市化进程和消费者收入与支出状况。

1．经济发展水平

经济增长对消费者的衣、食、住、行方面的开支具有重要影响，因为购买力是市场的重要影响因素之一，所以企业的市场营销活动要受到一个家庭或地区的整个经济发展水平的制约。在不同的经济发展阶段，消费者的收入不同，对商品的需求也不一样，从而影响了企业的经营活动。例如，对富裕地区的消费者市场而言，在营销时企业往往强调商品的款式、性能及特色，注重品质竞争；而在贫困地区，营销强调商品的功能及实用性，更加注重价格竞争。我国 2019 年全年国内生产总值 990 865 亿元，比上年增长 6.1%。其中，第一产业增加值 70 467 亿元，增长 3.1%；第二产业增加值 386 165 亿元，增长 5.7%；第三产业增加值 534 233 亿元，增长 6.9%。第一产业增加值占国内生产总值的比重为 7.1%，第二产业增加值的比重为 39.0%，第三产业增加值的比重为 53.9%。从经济发展水平看，我国依然是世界主力消费市场。

2．地区经济发展

我国的经济发展在各地区间存在着明显的不平衡，在东部、中部、西部三大地带之间，其经济发展水平客观上存在着东高西低的总体趋势。同时，在各地带的不同省市，即使是同一省内的不同地区，经济也呈现着多极化的发展趋势。

3．城市化进程

曾经的二元经济使我国城乡居民之间存在着某种程度的经济和文化上的差别，从而导致了不同的消费行为。例如，城市居民一般受教育机会较多，思想较开放，容易接受新生事物，而农村信息相对闭塞，农民的消费观念较为保守，因此对一些新产品、新技术的接受速度往往是城市居民快于农村居民。2019 年年末，我国常住人口城镇化率已经达到 60.60%，城乡差别在逐渐缩小。

4．消费者收入与支出状况

消费者收入包括消费者个人的工资、红利、租金、退休金、馈赠、补贴等，其形成的消费资料的购买力是社会购买力的重要组成部分。消费者收入结构、支出模式、对储蓄与信贷的态度等都影响着消费者的生活方式和消费行为模式。

（1）消费者收入结构

消费者收入结构主要包括：

① 人均收入。人均收入是一个国家或地区的个人收入总和除以总人口的结果。人均收入的大小可衡量一个国家或地区的市场容量大小和消费者购买力的高低。

② 个人可支配收入。个人可支配收入是指在个人总收入中扣除应缴纳的税款和其他费用的剩余部分。这部分收入由消费者个人支配，主要用于购买生活必需品，是影响消费者购买力和消费支出的决定性因素。个人的可支配收入越高，其购买力越强；反之，则购买力越弱。2015—2019

营销策划实务

年全国居民人均可支配收入及其增长速度如图2.1所示。2019年全国居民人均消费支出21 559元，比上年增长8.6%，扣除价格因素实际增长5.5%。其中，人均服务性消费支出9 886元，比上年增长12.6%，占居民人均消费支出的比重为45.9%。按常住地分，城镇居民人均消费支出28 063元，增长7.5%，扣除价格因素实际增长4.6%；农村居民人均消费支出13 328元，增长9.9%，扣除价格因素实际增长6.5%。全国居民恩格尔系数为28.2%，比上年下降0.2%。其中，城镇为27.6%，农村为30.0%。

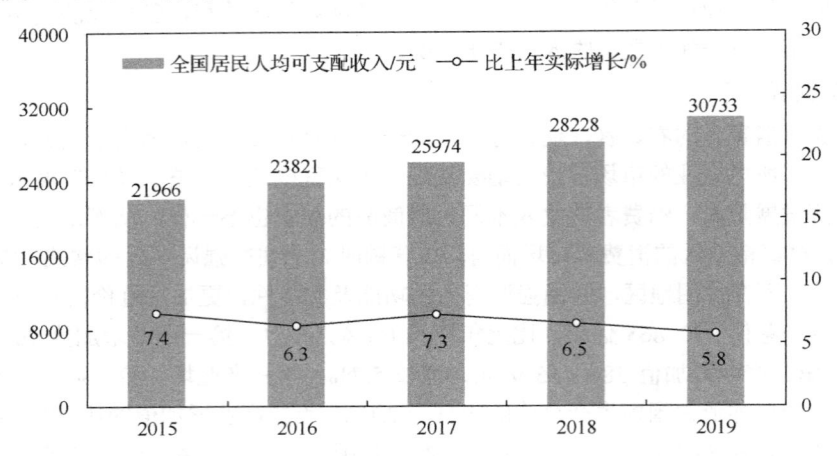

图2.1　2015—2019年全国居民人均可支配收入及其增长速度

③ 个人可任意支配收入。个人可任意支配收入是指在个人可支配收入中扣除购买生活必需品（如食品、服装、水电费等）的支出和固定支出（如房租、保险费、分期付款等）后的收入。消费者可将其自由地用于储蓄、教育、旅游等多个方面，它是影响市场消费需求的有利因素。针对这部分收入，企业可以重点研究与分析，并制订出切实可行的市场营销计划，创造需求，引导消费，积极满足消费者的差异化需求。

④ 货币收入和实际收入。货币收入主要包括：

- 劳动收入，如工资收入、奖金，农民出售农产品所获得的收入，从事兼职工作所获得的工资以外的收入，转让或出售自己的发明专利所获得的收入等。
- 从财政信贷系统获得的收入，如助学金、奖学金、救济金和储蓄利息等。
- 其他方面的来源，如股息收入、亲属的赠予、接受的遗产等。

在通货膨胀、税收增加等因素的影响下，有时货币收入虽然增加了，但实际收入却下降了。在分析消费者平均收入时，还要研究不同社会阶层、不同地区、不同时期的消费者收入。

商业江湖2-2

扫一扫，听案例

银行对支付宝、微信的反击

支付宝、微信在支付领域取得了巨大份额。支付宝的理念是"信用当钱花，全球买、全球卖、全球付、全球运、全球游"，呈现的是无国界、无种族、无宗教的大生态；微信的理念是"人与人、人与货币、人与商户、人与企业、人与服务"，呈现的是撕开门缝，打开万物边界的大连接。

银行无法安静了，于2018年春节突然开始反击，宣战支付宝、微信。40家银行联手用统一的APP"云闪付"，下了一场整整30天的倾盆红包雨——"新春红包雨"，横跨除夕，下到3月份，以对抗支付宝集五福、微信进军线下。这种竞争对中国的金融改革有一定的促进作用。

分析 支付宝与微信"跨界"到金融领域，极大地促进了银行业的改革。这对商家与消费者都是一种利好。

（2）消费者支出模式

消费者支出模式是指消费者各种消费支出的比例关系，也就是消费结构。随着消费者收入的变化，其消费支出模式也会发生相应的变化，继而使一个国家或地区的消费结构发生整体变化。德国统计学家恩斯特·恩格尔根据对德国、法国、比利时等国家的许多家庭收支预算的调查研究，发现了家庭收入和各方面支出变化之间的规律性，并用恩格尔系数表示——恩格尔系数越大，生活水平就越低；反之，恩格尔系数越小，生活水平越高。

根据恩格尔的观点，随着家庭收入的增加，恩格尔系数会下降，而用于服装、交通、娱乐、保健、教育、旅游等方面的支出和储蓄占家庭收入的比重就会上升。

（3）消费者对储蓄和信贷的态度

储蓄和信贷对消费者的购买力也有直接的影响。当收入一定时，消费者的储蓄越多，其现实消费量就越小，但潜在消费量就越大；反之，消费者的储蓄越少，现实消费量就越大，但潜在消费量就越小。一般来说，利率、通胀率、消费观念、收入水平、经济景气度与发展预期等是影响消费的主要因素。不同消费者的储蓄动机是有差异的，这种差异将影响着未来潜在市场的走向，从而影响企业如何选择目标市场。

消费信贷对市场的影响很大。我国为了促进市场经济的发展，正逐步扩大消费信贷的规模和范围。例如，住房、汽车、旅游等方面已开展消费信贷，尤其是住房消费，房屋按揭消费已成为房地产销售的主流方式。

商业江湖 2-3　　　　　　　　　　　　　　　　　　　　　　　扫一扫，听案例

洞察的魅力

在我国改革开放之初，日本电视机厂商发现，虽然中国人可任意支配的收入不多，但历来有储蓄的习惯，且人口众多。于是，他们决定开发中国的黑白电视机市场，不久便大获成功。而当时西欧某国电视机厂商虽然也来中国调查，却认为中国人均收入过低，市场潜力不大，结果丧失了市场机会。

分析 本案例说明，谁能更深入地了解消费者，谁就会拥有更大的市场。

（三）自然环境

自然环境是指影响企业生产经营活动的客观因素，包括土地面积、地形、气候、自然资源及生态等，是企业赖以生存的基本环境。自然环境的变化会给企业造成环境威胁或提供市场机会，如对企业产品的原材料价格、运费及成本等都有影响，所以企业要不断地分析和认识自然环境变化的趋势，生产适销对路的产品。

追根溯源 2-1　　　　　　　　　　　　　　　　　　　　　　　　扫码听书

无人驾驶怕什么

暴雨、降雪和冰雹等恶劣天气被视为阻碍无人驾驶走向市场的最终技术难题，因为在这种环境下，目前市场上传感器的准确性将明显下降。

尤其在下雪天，道路因结冰或积雪导致反射特性发生变化，摄像头无法识别车道线，从而影响实时导航；激光雷达在能见度下降后，系统难以绘制出精准的环境地图，障碍物探测受到影响，安全性大打折扣。

以美国为例，70%的人口生活在降雪地区，传感器感知性能降低，意味着无人驾驶无法进一步商业化运作，将长时间停留在研发阶段。为此，谷歌为其激光传感器加装"雨刮器"，保证不被雨雪遮住视野。而福特的激光雷达技术，正从探测周围路况，转为主攻道路上方的地标，结合已存储的地图信息，从而进行实时导航。但该测试尚未驶入公开道路，仅在密歇根州的场地中进行。

谷歌正在亚利桑那州展开测试，这让无人驾驭掌握了沙尘及极高温环境的道路数据；而华盛顿州的测试，让其获得在大雨中驾驶的经验。此外，Uber也计划于匹兹堡测试极端天气下的无人驾驶技术。

在理论状态下，无人驾驶正日趋成熟，但在诸多变量的综合作用下，显然仍有很长的路要走。

1. 自然资源短缺的影响

我国是一个资源丰富的国家，历来以地大物博著称，许多矿物资源的绝对量位于世界前几位。但我国人口众多，大多数资源的人均占有量很低，如我国水资源总量名列世界第一，人均占有量却仅为世界人均占有量的1/4。我国原料资源短缺，特别是不可再生资源越开采储量越少，对许多企业的发展是一种威胁。因此，企业要提高产品的科技含量，积极开发节能型、环保型产品，才会有自己的发展空间。

2. 环境污染与自然灾害

在发展经济的过程中，伴随着工业化、城市化发展而来的是环境污染。环境污染的严重性已引起了各国政府和社会公众的极大关注，要求保护环境与控制污染的公众呼声越来越高。绿色环保产品、空气净化产品将有更好的市场前景。

对于一个自然灾害发生较频繁的国家或地区，自然灾害的发生会给国家、地区及一些企业的发展带来重大影响和损失。同时，也给医药、建筑、机械等行业带来了巨大商机，对各种医疗防护用品、治疗器械、药品、建筑材料、工程机械等救灾物资及灾后重建用物资的需求极其旺盛。

3. 政府对环境污染及使用自然资源的控制

40多年的改革开放，在发展经济的同时也带来了环境污染、自然资源被破坏等后果，影响了我国经济的可持续发展。为治理环境、保护自然资源，我国政府出台了各项法律和法规，如关、停、并、转污染严重的企业。消费者对环境的保护意识不断加强，许多消费者自觉抵制污染，选择安全、环保的"绿色"商品。在人们的日常生活中常会听到空气指数、穿衣指数、洗车指数等一系列生活指数。例如，北京市气象局除发布常规指数外，还发布了一个新指数——啤酒指数。啤酒指数是指利用天气变化反映饮酒量的一个量化指标，就是把气象和啤酒的销售量之间的关系进行量化，并用等级表示出来，给人们提供一个适宜饮用啤酒的量。相关研究数据显示：人们饮用啤酒的多少与季节的变化有一定关系，与周围的环境温度也有着密切的关系。啤酒指数的级数越高，啤酒的饮用量就越大。根据啤酒的销售量、饮用量和气温的比对，可将啤酒指数分为5个级别，如表2.2所示。

表2.2 啤酒指数

啤酒指数/级	气温/℃	啤酒销售量占历史销售高峰期销售量的比重/%	啤酒饮用量/成
1	3以下	30以下	2~3
2	3~6	30~50	4~5
3	6~10	50~70	4~5
4	10~22	70~90	5~6
5	22以上	90以上	7以上

（四）科学技术环境

科学技术环境是指对企业市场营销活动产生重大影响的科学技术状况。科学技术是人类在长期实践中所积累的经验、知识和技能的总和。科学技术进步日益成为经济发展的决定因素，"科学技术是第一生产力"在世界范围内得到公认。因此，企业在开展市场营销策划时，必须深刻认识到由科学技术的发展所引起的社会生活和消费需求的变化，最大可能地利用市场机会，并且尽量避免科学技术发展给企业造成的威胁。

1. 科学技术的发展趋势

① 科学技术革新的速度加快。从科学技术发展史中可以知道，近几十年人类的发明创造成果远远超过以前几千年的成果总和。科学技术从开发到应用，时间大大缩短。例如，当今的计算机技术平均每18个月就会使原有产品的制造成本下降一半，而且新产品在技术上更加先进。

② 研究和开发费用大幅度增加。当前，世界各国政府或企业纷纷投入大量的资金用于研究与开发。例如，世界知名的华为公司、宝洁公司、雀巢公司、IBM公司、惠普公司等在全球都有专业的研发中心。

③ 科研创新的范围更广。科学技术革新的速度加快，范围也越来越广，给人类带来了无尽的创新机会。目前，最引人注目的科学研究是人类基因工程、固态电子学、机器人和材料科学等。科学家们正在研究治疗癌症、治疗艾滋病、淡化海水等的新技术。

④ 科学技术革新的法规不断增多。科学技术的迅速发展使新产品不断涌现，消费者需要确信这些新产品是安全和健康的，他们要求政府部门在新科学技术商业化之前实施有效的评估。因此，出台的相关法规对新产品的调查更加严格，尤其在食品、药品、汽车、服装、电器和建筑等行业增加了保障安全与健康的法规。

2. 科学技术环境的变化对企业营销策略的影响

① 科学技术加快了产品的升级换代，缩短了产品的生命周期。例如，冰箱从上下两门到上中下三门、左右六门；电饭煲从普通到电脑预约；电视机由黑白到彩色，由普通型到平面直角型、超平型、数码型，再到现在的高清晰背投、等离子和液晶，产品更新的速度越来越快。

② 科学技术的发展促进了新行业的产生。通过科学技术创新，形成了新的技术和产品，使企业迅速打开市场销路，扩大市场份额，获取超额利润。例如，某国的某软件开发公司在操作系统软件开发中始终坚持技术创新，不断运用新技术，使其操作系统软件产品不断升级换代，经过20多年的超常规发展，迅速成为世界级的"软件帝国"。

③ 科学技术有利于增强企业的综合实力。科学技术是推动企业管理变革的积极因素和外在动力。例如，大型超级市场运用条形码技术使货款结算速度迅速提高，卫星定位系统的应用使物流系统更有效率。

④ 科学技术可以改变商业结构和消费者偏好。科学技术的发展与运用催生了新的商业机构。例如，网络购物、电视直销、超级自选市场、专卖店、自动售货机、广告购物、邮购、电话购物等动摇了传统百货商店的主导地位，并且多方位、多层次地满足了不同消费者的个性需求。互联网技术的发展与运用，促进了电子商务的发展。网络营销作为一种新兴的营销方式，日益展现出传统贸易方式无法比拟的优势。例如，海尔的用户可以在海尔网站上设计自己喜欢的冰箱，企业将根据消费者的个性特征制造符合其个性化需求的产品和提供相应的服务。

(五) 政治与法律环境

政治与法律环境是强制和约束企业市场营销活动的各种社会力量的总和。政治与法律是影响企业市场营销活动的重要的宏观环境因素，其变化对企业的经营活动有着非常重大且深远的影响，尤其是开展国际营销的企业更应密切关注目标市场的政治、法律环境及其变化。

1. 政治环境

政治环境是指企业所在国政府的方针政策及与之相关联的政治局势等所构成的影响企业市场营销活动的各种政治因素。政治是经济的集中体现，不同的政治环境会有不同的经济政策，从而影响企业的市场营销活动。政府在经济发展中扮演着两种角色：一是经济活动的管理者；二是经济活动的参与者。

（1）方针和政策

国家通过制定经济与社会发展战略、各种经济政策来改变社会资源的供给，扶持和促进某些行业的发展，并且通过方针、政策对企业的市场营销活动施加影响。例如，通过征收个人所得税、利息税等来调节消费者收入，通过影响消费者的购买力来影响消费者需求，从而间接影响企业市场营销活动。

目前，各国政府采取的对企业市场营销活动有重要影响的政策和干预措施主要有以下几个方面：

① 进口限制。进口限制是指政府采取限制进口的各种措施与制度，如进口配额、许可证制度、外汇管制、关税等。

② 税收政策。税收政策是指政府通过税收方面的政策对企业经营活动施加影响。例如，对某些产品征收特别税或高额税，使这些产品的竞争力减弱，给经营这些产品的企业效益带来一定影响。

③ 价格管制。当一个国家发生了经济问题，如经济危机、通货膨胀等时，政府会对某些重要物资，乃至所有产品采取价格管制措施。

④ 外汇管制。外汇管制是指政府对外汇买卖及一切外汇经营业务所实行的管制。外汇管制往往是对外汇的供需与使用采取限制性措施。

⑤ 国有化政策。国有化政策是指政府由于政治、经济等原因对企业所有权采取的集中措施。例如，为了保护本国工业免受外国势力阻碍，将某些企业收归国有。

（2）政治局势

政治局势是指企业所处的国家或地区的政治稳定状况。

（3）国际关系

国家间的关系必然会影响企业的市场营销活动。国际关系包括企业所在国和市场营销对象国之间的关系。例如，在国外经营的中国企业要受到市场国对于中国外交政策的影响。

2. 法律环境

法律环境是指对企业的市场营销活动构成影响的各种法律法规，包括国家和地方两类。随着经济的发展，各国对企业施加影响的立法也在不断增加，这就将企业市场营销置于一个非常复杂的法律环境当中。因此，对企业来说，开展市场营销活动必须了解并遵守国家或政府颁布的有关法律法规，一方面可以依靠这些法律法规来维护自身的合法权益；另一方面，依据法律法规来进行生产和市场营销活动。特别是开展国际市场营销活动的企业，既要遵守本国的法律法规，也要研究目标市场国的法律法规、国际惯例与准则，研究不透就有受到法律制裁的风险。

例如，我国2015年9月1日正式实施的新修订的《中华人民共和国广告法》规定，不允许10周岁以下儿童做广告代言人，表演、展示性质除外，这对某些食品企业原有的以儿童代言的广告进行了约束。再如，美国和欧盟一些国家制定的《反倾销法》规定，某种外国产品在本国市场的销售价格低于公平价格，并对本国工业带来实质性损害，就会被裁定为倾销成立，要求支付高额的反倾销税。近几年，我国的很多产品在出口美国或欧盟时受挫，如彩电、钢铁等都被裁定为倾销，加收高额关税，从而失去了市场竞争力。

改革开放以来，我国日益重视经济立法与执法，先后颁布了《中华人民共和国公司法》《中华人民共和国经济合同法》《中华人民共和国价格法》《中华人民共和国产品质量法》《中华人民共和国商标法》《中华人民共和国广告法》《中华人民共和国专利法》《中华人民共和国破产法》《中华人民共和国反不正当竞争法》《中华人民共和国环境保护法》《中华人民共和国消费者权益保护法》《中华人民共和国证券法》等法律法规，使得规范市场经济的相关法律越来越完善。法律法规的实施，对企业市场营销活动提出了更高的要求。

追根溯源 2-2

代言有风险，明星须谨慎

2015年9月1日正式实施的新修订的《中华人民共和国广告法》（以下简称新《广告法》）规定，只要明星代言的是虚假广告，将负有连带责任，工商部门可依据新《广告法》没收其违法所得，并处违法所得一倍以上两倍以下的罚款。原国家工商总局广告司司长张国华表示，名人、明星等在代言广告的时候一定要慎重，广告代言人不得为未使用的商品或未接受过的服务做代言。如果代言虚假广告，广告代言人将受到行政处罚，3年内不能再代言广告。按照新《广告法》，不只是工商部门会对其进行查处，如果附带民事责任，那么明星还须承担民事赔偿责任。

（六）社会文化环境

经典策划思想

"文化是一个复合的整体，其中包括知识、信仰、艺术、道德法律、风俗及作为社会成员而获得的其他方面的能力和习惯。" ——[英]爱德华·B.泰勒

社会文化主要是指一个国家或地区的民族特征、价值观念、生活方式、风俗习惯、宗教信仰、伦理道德、教育状况、语言文字等的总和。文化对企业市场营销的影响是多层次、全方位、渗透性的。主体文化是占据支配地位的，起凝聚整个国家和民族的作用，是由千百年的历史所形成的，包括价值观、人生观等；次级文化是在主体文化支配下形成的文化分支，包括种族、地域、宗教等。文化对市场营销的影响是多方面的，对所有市场营销的参与者都有着重大影响。它不仅影响企业的营销组合，而且影响消费者心理、消费习惯等，这些影响多半是通过间接的、潜移默化的方式来进行的。

1. 价值观念

价值观念是指人们对社会生活中各种事物的态度和看法。不同的文化背景下，价值观念差异很大，影响着消费需求和购买行为。对于不同的价值观念，营销策划人员应研究并采取不同的营销策略。例如，在西方发达国家，分期付款、按揭消费被广泛使用，而东方国家则讲求量

入为出、勤俭持家。

2. 教育状况

教育状况不仅影响劳动者的收入水平，而且影响消费者对商品的鉴别力，影响消费者心理、购买的理性程度和消费结构，从而影响企业营销策略的制定和实施。受教育程度不同的人表现出不同的审美观，购买商品的选择原则和方式也不同。一般来说，受教育水平高的地区，消费者对商品的鉴别力强，容易接受广告宣传和接受新产品，购买的理性程度高。

3. 宗教信仰

人类的生存活动充满了对幸福感、安全感的向往和追求。在生产力低下，人们对自然现象和社会现象迷惑不解的时期，这种追求容易带有崇拜的宗教色彩。沿袭下来的宗教色彩逐渐形成一种模式，影响人们的消费行为。

不同的宗教信仰有不同的文化倾向和戒律，从而影响人们认识事物的方式、价值观念和行为准则，影响人们的消费行为，进而带来特殊的市场需求，与企业的市场营销活动有密切的关系。

商业江湖 2-4　　　　　　　　　　　　　　　　　　扫一扫，听案例

阿拉伯国家吃鸡禁忌

欧洲某冻鸡出口商曾向阿拉伯国家出口冻鸡，它把大批优质鸡用机器屠宰好，收拾得干净利落，只是包装时鸡的个别部位稍带点血，就装船运出。当其正盘算下一笔交易时，这批货竟被退了回来。欧洲冻鸡出口商迷惑不解，便亲自去进口国查找原因，才知不是质量有问题，而是加工方法触犯了阿拉伯国家的禁忌，不符合进口国的风俗。阿拉伯国家人民信仰伊斯兰教，规定杀鸡只能用人工，不许用机器；只许男人杀鸡，不许妇女伸手；杀鸡要把鸡血全部洗干净，不许留一点血渍，否则便被认为不吉祥。这样，欧洲冻鸡出口商的冻鸡虽好也仍然难免被退货的厄运。

巴西冻鸡出口商吸取了欧洲出口商的教训，不仅货物质量好，而且特别注意满足国外市场的特殊要求，尤其是充分尊重对方的风俗习惯。巴西冻鸡出口商对阿拉伯国家出口冻鸡，在屠宰场内严格按照阿拉伯国家的加工要求，不用机器、不用妇女，杀鸡后把血渍全部清除干净并精密包装。巴西冻鸡出口商还邀请阿拉伯国家的进口商来参观，获得了其信任，使巴西冻鸡迅速打进了阿拉伯国家的市场。

分析　在市场营销过程中，只有充分尊重消费者的风俗习惯，才有可能取信于消费者。

4. 风俗习惯

风俗习惯是人们在一定的社会物质生产条件下长期形成的，并世代相传，成为约束人们思想、行为的规范。不同的国家、民族有不同的风俗习惯，对消费者的消费嗜好、消费模式、消费行为等具有重要的影响。例如，在我国每年的春节前夕形成生活用品购买的最高峰。此外，在清明节、端午节、中秋节、国庆节前夕，人们对商品的需求也显著增长。随着改革开放的深入，许多人受西方文化影响，风俗习惯正在改变。例如，圣诞节、复活节、情人节等，这些西方的节日在我国也悄然兴起。营销策划人员在了解传统风俗习惯的同时，还要注意传统风俗习惯演变的方向。

追根溯源 2-3　　　　　　　　　　　　　　　　　　扫码听书

尊重风俗习惯

不同的国家、民族对图案、颜色、数字、动植物等都有不同的喜好和使用习惯。例如，西亚地区严禁用六角形的包装；英国忌用大象、山羊做商品装饰图案；中国、日本、美国等国家对熊猫特别喜爱，但一

些阿拉伯人却对熊猫很反感;墨西哥人视黄花为死亡、红花为晦气,而喜爱白花,认为可驱邪;德国人忌用核桃,认为核桃是不祥之物;匈牙利人忌用数字 13;日本人忌用荷花、梅花图案,也忌用绿色,认为不祥;南亚有一些国家忌用狗作为商标;法国人特别厌恶墨绿色,这是基于对第二次世界大战的痛苦回忆。

我国是一个多民族国家,各民族都有自己的风俗习惯。例如,蒙古族喜欢穿蒙袍、住帐篷、饮奶茶、吃牛(羊)肉;朝鲜族喜食泡菜、辣椒,穿色彩鲜艳的衣服,食物上偏重素食,群体感强,男子地位较突出。

5. 审美观

审美观影响人们对产品和服务的看法,营销策划人员需要根据市场营销活动所在地区人们的审美观设计产品、提供服务。审美观的差异体现在人们对产品和服务的要求上,包括表现出对产品实体的色彩、形状、标记、形态和式样等方面的不同爱好。例如,中国人视红色为喜庆,泰国人视黄色为高贵。一般来说,各国消费者对本国国旗颜色的接受程度最高。因此,国旗颜色又称为保险色。

6. 消费时潮

消费时潮是指由于受社会文化等多方面的影响,消费者产生共同的审美观念、生活方式和兴趣爱好,从而导致社会需求一致性的现象。消费时潮在服饰、家用电器及某些保健品方面表现最为突出。消费时潮在时间上有一定的稳定性,但有长有短,有的可能几年,有的则可能是几个月;在空间上有一定的地域性,同一时间内不同地区时潮的商品品种、款式、型号、颜色可能不尽相同。

商业江湖 2-5　　　　　　　　　　　　　　　　　　　　　　　扫一扫,听案例

孤芳自赏吃苦头

某国是化妆品的生产与出口大国,其中有一些化妆品出口到日本。刚进入日本市场时,生产厂家进行了大规模的广告宣传和其他形式的促销活动,但日本人对此无动于衷,使得化妆品的销售量很少,运到日本市场的化妆品大量积压,生产厂家为此十分着急。通过大量的调查研究发现,在某国,人们对于皮肤的颜色有一种十分普遍的观念,即认为皮肤略为深色或稍黑一些是富裕阶层的象征,因为只有生活富裕的人才有足够的时间和金钱去进行各种休闲活动。例如,到海滩去晒太阳是一种比较普通的休闲活动,生活越富裕去海滩晒太阳的机会越多,皮肤也就越黑,所以皮肤晒得越黑的人,说明其社会地位和生活的富裕程度越高。在化妆的时候,人们习惯于使用深色的化妆品,把自己的皮肤化妆成略为深色,以显示自己的地位。生产厂家在生产化妆品的时候,也以色彩略为深一些的化妆品为主大量生产。而日本人的皮肤属于东方人的皮肤类型,崇尚浅色,化妆时不喜欢用深色化妆品,所以日本人对于某国的那种略为深色的化妆品需求量很少。

分析　在进行市场营销时,要充分调研新进入市场的需求,否则就要为之付出代价。

追根溯源 2-4　　　　　　　　　　　　　　　　　　　　　　　扫码听书

南方人与北方人的差异

有人说南方人擅长做生意、会赚钱是因为南方人比北方人聪明、细致。但仔细分析,并不是南方人生来就比北方人聪明、细致,而是由于政治、经济环境不同和历史、地理、人文方面的差异,导致南方人与北方人的生意经不同。

一、历史文化与自然条件的不同

(一)历史文化的差异

南方人比北方人会赚钱在很大程度上是历史文化的差异造成的。追根溯源,可以发现历史上中国南、

营销策划实务

北方对农和商的认识不同：南方人一直重商，因此出现了粤商、闽商，从春秋时期的范蠡到清末的红顶商人胡雪岩，南方人的经商活动一直很活跃；北方人则重农抑商，认为弃农经商是懒惰、投机，是不务正业，这种思想从战国时期的商鞅变法就有了，重农抑商的观念一直占据着北方人的思维。

（二）不同的自然条件

"天无三日晴、地无三尺平、人无三分银"，是对古代南方那种偏僻、荒芜的恶劣自然条件的真实写照，人们的生存是一个严重问题。贫穷赋予了南方人冒险、创新、自力更生的创业精神和特别能吃苦耐劳的工作态度，再加之历代南迁的人群都具有无拘无束、独立思考、敢冒风险和不满足现状的共同特点，形成了他们不循规蹈矩和敢于反叛的性格。社会主义市场经济成为这些"历史基因"发育成长的"温床"。同时，在这张"温床"上，南方人干事业所具有的先发性、开放性、灵活性及善于发现商机、捕捉商机的天资也得到了充分发挥。当有的人还在就姓"社"和姓"资"争论不休的时候，南方人就已经开始埋头苦干，悄悄地发展和壮大了自己的实力，完成了资本的原始积累。

二、一方水土养一方人

"一方水土养一方人"，中国南、北方文化自古就有差异，是因为南、北方不同的自然和历史条件孕育了不同的民俗风情与心态。

以经济发展速度较快的温州为例，温州位于浙江省南面的末端，三面环山、一面向海，不仅远离自古为政治与文化中心的中原腹地，也远离浙江本省的政治文化中心，即省会杭州，甚至在交通的意义上远离其邻近的市县，即使是到邻近市县也要翻山越岭。这种所谓"山高皇帝远"的交通格局使温州处于相对与世隔绝的地理位置，与其他地方相比，温州难以受到外界的影响。

因为地理位置的特殊，使得温州处于相对独立的空间，这为其民营经济的兴起提供了难得的生存与发展空间。

总体来说，南方人多一些社会性，北方人多一些自然性；南方人精明，北方人憨厚；南方人矜持，北方人豪爽。南方人与北方人的性格各有优点和缺点。

二、微观营销环境分析

微观营销环境是指与企业市场营销活动发生直接联系的外部因素。一般来说，企业的微观营销环境包括企业内部环境、市场营销渠道企业、公众、顾客和竞争者。

（一）企业内部环境

企业内部环境是指企业内部组织及非正式组织所构成的整体。企业环境不仅强调组织的正式和非正式结构，而且强调组织成员的协作关系。

1. 企业内各部门间关系

企业的市场营销部门负责主要的市场营销工作，但市场营销部门不是孤立存在的，还面对其他职能部门及高层管理部门。因为企业的资源有限，企业市场营销部门与财务、采购、制造、研究和开发等部门之间既有合作，又有竞争。而市场营销部门和其他部门之间的合作是否顺畅，对市场营销决策的制定与执行有很大的影响。

2. 企业自有资源条件

当市场环境发生变化时，可能会为企业的发展带来市场机会。但是，企业只有具备了能够利用这一市场机会的自身资源条件，才能将这种潜在的、可利用的市场机会转化为企业现实的发展机会。有时因为企业关键性资源的缺乏或不足（如缺乏资金或关键性技术等），所以明明市场环境对企业十分有利，出现了很好的市场机会，也不能及时抓住，从而错失了企业发展的大好机会。因此，市场营销整体策划在完成市场环境、市场机会、竞争对手等分析的基础上，还必须对整体策划实施的资源保障进行分析。一般来说，对企业自有资源分析的内容主要包括企业的人力、财力、物力、资源、技术等几个方面。

3．企业发展战略

企业发展战略是指一个企业范围内的以未来为导向的计划，强调的是企业为达到自己的目标而与竞争环境之间的互动。虽然这一计划并不能详细地说明企业未来在人、财、物上每项内容的具体部署，但为企业未来的管理决策提供了一个基本的框架。另外，企业发展战略反映了企业对于自身应该在哪里、什么时候、有什么目的及与谁如何竞争的认识。

4．企业任务

企业任务是指企业的业务性质是什么，为哪类消费者提供何种服务。例如，家电企业的任务是生产空调还是冰箱。任何一个企业都有特定的任务，明确了企业任务也就明确了企业的活动领域和发展的总方向。企业任务是只"无形的手"，指引着全体员工朝着一个方向前进。为长远发展考虑，每个企业都应当确定自己的任务。一个好的企业任务表述应该具有详略得当、易于下达、激励员工、以顾客为中心、客观实际等特征。

5．企业的业务组合

企业确定业务组合的过程就是选择企业未来发展方向的过程。企业的业务组合既是企业成长的结果，也代表着企业未来的发展方向。业务组合确定以后，企业就明确了应该重点发展哪些业务，应该逐步淘汰哪些业务。

6．企业的业务关系

企业的业务关系就是与合作伙伴的关系，对企业市场营销有着重要影响。分析与供应商、中间商和战略伙伴的合作关系，将帮助营销策划人员决定企业是否需要在下一年改变市场营销计划。与合作伙伴保持良好的业务关系的投入和产出之间的比例是否合理是首要考虑的因素；除此之外，还要考虑供应商、中间商和战略伙伴能否帮助企业增加销售量，能否帮助企业提高或保持产品或服务的质量。

另外，业务关系的变化也是需要关注的另一个重要因素。企业与供应商、中间商和战略伙伴的业务关系会随着时间而发生变化，所以还要考虑企业是否对于某个供应商、中间商或战略伙伴已经形成依赖。

7．产品和服务

在进行营销策划前，首先需要清楚企业所提供的产品组合有何特点，了解企业的产品组合、产品、价格、顾客、产品所处生命周期的阶段、销售与利润趋势，某个产品对企业的总销售额或利润额的贡献率，企业的某个产品的市场寿命是否会延长等现状。

其次，需要清楚企业的产品组合与企业任务和资源是否一致，即企业的产品组合与企业任务中所表述的理念是否一致；为了完成企业任务中所表述的企业目标，是否需要增加企业产品。

8．以前的业绩

企业以前的做法及其结果也昭示出企业内部的优势与劣势。将上一年的业绩指标（如销售额、利润额和其他财务指标）与以前相比，营销策划人员可以观察出企业经营业绩的发展趋势，从而对企业的发展进行整体把握；营销策划人员还要对上一年企业的市场营销活动进行分析，理清哪些市场营销活动效果好，哪些效果差或无效果，并分析其原因。对赢得与保持顾客的策略进行分析，有助于营销策划人员及早认清企业市场营销中存在的问题及已经取得的成绩，也有利于营销策划人员策划出更为有效的客户关系管理活动。

9. 成功的关键要素

在影响企业成功的各要素中，其重要性是有差异的。营销策划人员需要明确哪些是关键因素：一定要了解哪些是对实现企业使命和获取竞争优势起关键作用的要素；必须弄清本行业中好企业与差企业区分的关键要素是什么。明确了这些要素，会使营销策划人员重点关注那些关键要素，制订出有效的市场营销计划。

（二）市场营销渠道企业

任何一个企业经营，都离不开与各类资源的供应者和各类市场营销中介的合作。市场营销渠道企业是各类资源的供应者，是为企业经营提供各种市场营销服务的外部组织，包括物流机构、市场营销服务机构和财务中间机构。

① 物流机构。物流机构是指协助企业承担商品保管、储存、装卸、搬运、分拣与配送的专业物流企业，包括仓储、货运、装卸等机构。其作用在于确保企业市场营销渠道中的物畅其流，为企业的市场营销活动服务，及时、快捷地满足消费者需求，为企业创造时间和空间效益。企业选择物流机构的基本要求是物流企业讲信誉、经营安全、送达准时、配送准确、费用经济、服务配套。

② 市场营销服务机构。市场营销服务机构是指为企业市场营销活动提供专业服务的中介机构，包括市场调研公司、市场营销咨询公司、广告公司、审计事务所及律师事务所等。

③ 财务中间机构。财务中间机构包括银行、信用公司、保险公司和其他协助融资或保障货物的购买与销售风险的公司。在现代经济生活中，企业与金融机构有着密不可分的联系。

与这些企业之间的关系是否协调，对市场营销决策的制定和市场营销方案的实施成败有着重要影响。企业需要在动态的市场环境中与这些市场营销服务机构建立起稳定、有效的协作关系，以保证企业任务与目标的最终完成。

（三）公众

公众是指对一个企业实现其目标的能力有实际的或潜在的兴趣或影响的任何团体。由于企业的市场营销活动必然会影响公众的利益，因此企业的市场营销活动也必将受到政府、媒介、群众团体、地方等公众的关注、监督、影响和制约。企业在公众中具有良好形象是企业的一笔无形资产，不良形象则是企业的一笔巨额负债，所以企业必须采取积极措施，树立良好的企业形象，力求保持与主要公众之间的良好关系。公众具体有以下几种：

① 政府公众。政府公众是指对企业市场营销活动有影响的相关政府机构。例如，市场监督管理、公安等政府职能部门。

② 媒介公众。媒介公众是指使企业与外界发生联系并具有影响力的大众媒体，包括报纸、杂志、广播电台、电视和互联网等。这些组织不仅是企业广告的主要载体，也对企业建立良好声誉、树立良好形象起到举足轻重的作用。

③ 金融公众。金融公众是指影响企业资金融通能力的各种金融机构，包括银行、投资公司、证券公司、保险公司等机构。

④ 群众团体公众。群众团体公众主要包括消费者组织、环境保护组织及其他民间团体。群众团体公众既可能热心地支持企业的某些活动，也可能激烈地反对企业的某些行为。例如，经营"野味"的饭店可能会受到野生动物保护组织的反对，而饭店放弃使用一次性餐具的举动则

会受到环境保护组织的鼓励。这些民间团体的影响力越来越大，是企业不可忽视的力量。

⑤ 地方公众。地方公众是指企业所在地区附近的居民、地方官员和地方群众团体。他们对企业的态度将影响企业的市场营销活动。

⑥ 社区公众。社区公众是指企业所在地附近的居民和组织。社区公众如同企业的"邻居"一般，某些时候会对企业的生产和经营活动产生重要的影响。企业应处理好与社区公众的关系，避免与周围公众发生利益冲突，并且还应注意在社区举办一些公益活动。

⑦ 内部公众。内部公众是指企业内部的管理人员、基层员工等。内部公众对企业市场营销有直接的或间接的影响。例如，企业市场营销人员对待顾客态度粗暴，服务质量差，会引起顾客对企业产品和服务的失望、不信任，给企业带来直接的负面影响。

企业与公众发生的关系称为公众关系。由于公众对企业市场营销活动既可能起到促进作用，也可能起到阻碍作用，所以处理好公众关系是企业市场营销活动得以顺利开展的重要环节之一。在市场营销实践中，企业应制订针对其主要公众的市场营销计划，并采取积极、适当的措施，主动处理好与公众的关系，树立企业的良好形象，促进市场营销活动的顺利开展。

（四）顾客

顾客既是企业产品与服务的直接购买者或使用者的总称，也是目标市场，是企业最重要的环境因素。顾客的需要是影响企业市场营销活动最重要的因素，顾客的需求和偏好是营销策划的出发点和归宿，企业的一切市场营销活动都应以满足顾客的需要为中心。企业要通过营销策划创造顾客价值和提升顾客满意度，使企业得以生存和发展。因此，应按需求的不同对顾客进行分类，形成不同的目标市场，对不同的目标市场恰当地开展有针对性的市场营销活动。

企业面对的顾客可划分为消费者市场、生产者市场、中间商市场、非营利组织市场。

① 消费者市场是购买商品和服务供自己消费的个人与家庭。

② 生产者市场是购买商品和服务投入生产经营活动过程以赚取利润的组织。

③ 中间商市场是为转售牟利而购买商品和服务的组织。

④ 非营利组织市场是为提供公共服务或转赠需要者而购买商品和服务的政府机构与非营利组织。

（五）竞争者

企业不可能独占市场，因为会面临形形色色的竞争者，即使在某一市场上只有一个企业在提供产品或服务，如果考虑到替代产品，企业也会存在广义上的竞争者。企业竞争者的状况将直接影响企业的市场营销活动，企业要成功，就必须在满足顾客需要和欲望方面比竞争者做得更好。企业的市场营销系统总是被一群竞争者包围和影响着，在进行营销策划时，必须识别和战胜竞争者才能在顾客心目中确定其所提供产品的地位，以获得战略优势。

① 从市场方面识别企业的竞争者，即把满足相同顾客需求的其他企业视为竞争者。例如，消费者旅游出行可以选择乘坐火车、飞机、轮船及大巴等交通工具，如果火车票票价上涨，而飞机票实行折扣价，那么选择乘坐飞机的消费者可能就会增加。很明显，企业从市场方面考虑，扩大了现实和潜在竞争者的范围，有助于企业更准确地识别竞争者。

② 从行业方面识别企业的竞争者。行业是指一组提供一种或一类相互替代产品的卖方的集合。例如，生产汽车的企业群就构成了汽车行业，如果宝马的价格上涨，就可能促使消费者转向购买奔驰。不同的行业中，竞争特点和竞争者行为是不同的。决定行业结构的主要因素有竞

争者的数量、企业规模、产品的差异性等。根据这些因素产生了4种行业结构类型,分别是完全竞争、垄断竞争、寡头垄断和完全垄断。

三、营销环境的综合评价

营销环境分析也称机会和威胁分析,是企业战略规划的基础。营销环境分析的目的在于确认有限的有利于企业的市场营销机会和不利于企业的环境威胁。在这里"有限"的含义是指营销环境分析不是要列举出所有可能影响企业市场营销活动的因素,而是要确认那些关键的、值得做出反应的变化因素。

(一)营销环境对企业市场营销活动的影响

① 影响方式。营销环境影响消费者的生活方式、生活标准及对产品的偏好和需要,决定了企业开展市场营销活动的内容。环境因素可以影响消费者对企业市场营销组合的反应,从而影响营销策划方案的制订和实施。

② 影响结果。一个企业所处的环境基本有两种发展趋势:一是环境威胁,二是市场营销机会。

环境威胁是指营销环境中不利于企业市场营销活动的发展趋势,对企业形成挑战,对企业的市场地位构成威胁。

市场营销机会是指对企业市场营销活动富有吸引力的领域,在这些领域企业拥有竞争优势。营销环境带来的机会对不同企业有不同的影响力,企业在每一特定的市场机会中成功的概率取决于其业务实力是否与该行业所需要的成功条件相符合,如企业是否具备实现市场营销目标所必需的资源,企业是否能比竞争者利用同一市场机会获得更大的"差别利益"等。例如,人们对节约水资源的关注,使海尔节水洗衣机获得了强大的竞争优势。

(二)营销环境分析与评价方法

1. 分析影响的工具

复杂多变的营销环境常常给企业的市场营销活动带来许多不确定的因素,直接影响着企业的生产经营。营销环境分析的目的在于积极寻找市场机会并为己所用,同时避免环境威胁。营销环境分析常用的方法为SWOT分析法,它是英文Strength(优势)、Weakness(劣势)、Opportunity(机会)、Threaten(威胁)的缩写。利用这种方法可以从中找出对自己有利的、值得发扬的因素,以及对自己不利的、要避开的事项,发现存在的问题,找出解决办法,并且明确以后的发展方向。

SWOT分析法又称优劣势分析法、态势分析法,优势和劣势分析主要着眼于企业自身的实力及其与竞争者的比较,而机会和威胁分析将注意力放在外部环境的变化及对企业可能产生的影响上。在分析时,应把所有的内部因素(优劣势)集中在一起,然后用外部的力量对这些因素进行评估。

2. 分析步骤

SWOT分析法可以将问题按轻重缓急分类,明确哪些是目前急需解决的问题,哪些是可以稍微拖后一点儿的事情,哪些属于战略目标上的障碍,哪些属于战术上的问题,并将这些研究对象列举出来,依照矩阵形式排列,然后用系统分析的思想,将各种因素相互匹配起来加以分析,从中得出一系列相应的结论,形成企业正确的决策。进行SWOT分析时,主要有以下几个方面的内容。

（1）分析环境因素

① 优势和劣势分析（SW）

优势和劣势分析（SW）主要用来分析内部条件。优势是组织机构的内部因素，具体包括有利的竞争态势，充足的财政来源，良好的企业形象、技术力量、规模经济、产品质量、市场份额、成本优势、广告攻势等。

劣势也是组织机构的内部因素，具体包括设备老化、管理混乱、缺少关键技术、研究开发落后、资金短缺、经营不善、产品积压、竞争力弱等。

② 机会和威胁分析（OT）

机会和威胁分析（OT）主要用来分析外部条件。对企业有利的影响，就是企业的市场机会，即未被满足的市场需求；对企业不利的影响，便是企业面临的环境威胁。机会是组织机构的外部因素，具体包括新产品、新市场、新需求、外国市场壁垒解除、竞争者失误等。

威胁是营销环境中一种不利的发展趋势所形成的挑战，如果不采取果断的市场营销活动，则这种不利趋势将导致公司的市场地位被侵蚀。威胁也是组织机构的外部因素，具体包括新的竞争者、替代产品增多、市场紧缩、行业政策变化、经济衰退、消费者偏好改变、突发事件等。

随着经济、社会、科技等诸多方面的迅速发展，特别是经济全球化进程的加快，全球信息网络的建立和消费需求的多样化，企业所处的营销环境更为开放和动荡。这种变化几乎对所有企业都产生了深刻的影响。正因为如此，营销环境分析成为一种日益重要的企业职能。

（2）构造SWOT矩阵

将调查得出的各种因素根据轻重缓急及影响程度进行排序，构造SWOT矩阵。矩阵中有4类业务：第一，理想业务，即高机会低威胁的业务；第二，冒险业务，即高机会高威胁的业务；第三，成熟业务，即低机会低威胁的业务；第四，困难业务，即低机会高威胁的业务。

在此过程中，将那些对公司发展有直接的、重要的、大量的、迫切的、久远的影响因素优先排列出来，而将那些间接的、次要的、少许的、不急的、短暂的影响因素排列在后面。SWOT矩阵图如图2.2所示。这是一个以外部环境中的机会和威胁为一方，企业内部条件中的优势和劣势为另一方的二维矩阵。在这个矩阵中，有4个象限或4种SWOT组合，分别是优势-机会（SO）组合、优势-威胁（ST）组合、劣势-机会（WO）组合、劣势-威胁（WT）组合。

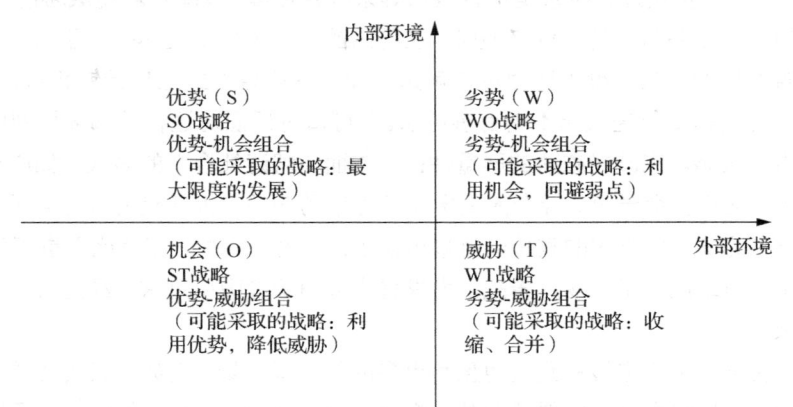

	内部环境	
优势（S） SO战略 优势-机会组合 （可能采取的战略：最大限度的发展）		劣势（W） WO战略 劣势-机会组合 （可能采取的战略：利用机会，回避弱点）
机会（O） ST战略 优势-威胁组合 （可能采取的战略：利用优势，降低威胁）		威胁（T） WT战略 劣势-威胁组合 （可能采取的战略：收缩、合并）

图2.2　SWOT矩阵图

对于每种外部环境与企业内部条件的组合，企业可能采取的一些策略原则如下：

① 优势-机会（SO）组合。这是一种最理想的组合，企业可以凭借自己的优势和资源最大限度地利用外部环境所提供的多种发展机会。

② 优势-威胁（ST）组合。在这种情况下，企业应当发挥优势而降低威胁。对于一个强大的企业来讲，可以制定合适的策略慎重而有限度地利用企业的优势。

③ 劣势-机会（WO）组合。当企业已经识别出外部环境所带来的发展机会，但同时企业本身又存在着限制利用这些机会的劣势时，企业应当通过外在的方式来弥补企业的弱点，最大限度地利用外部环境中的机会。

④ 劣势-威胁（WT）组合。企业应尽量避免处于这种状态。企业一旦处于这样的状态，在制定策略时就要想方设法降低威胁和劣势对企业的影响，以求生存下去。

（3）制订行动计划

完成环境因素分析和 SWOT 矩阵的构造后，应开始制订相应的行动计划。制订计划的基本思路是：发挥优势因素，克服不利因素，利用机会因素，化解威胁因素；考虑过去，立足当前，着眼未来。运用综合分析方法，将各种环境因素相互匹配起来加以组合，得出一系列公司未来发展可选择的对策。

① 对机会的反应。对机会的反应就是评价机会，企业应慎重地评价市场机会的质量。因为这可能是一种需要，但没有市场；或者其可能是一个市场，但没有规模足够的消费者；或者这里可能有规模足够的消费者，但目前不是一个市场。

② 对威胁的反应。一般有 3 种可以选择的对策：

- 反抗。反抗是指试图限制或扭转不利因素的发展。例如，日本的汽车、家电等工业品源源不断地注入美国市场，而美国的农产品却遭到日本贸易保护政策的威胁。美国政府为了对付这一严重威胁，一方面在舆论上提出美国的消费者愿意购买日本优质的汽车、电视、电子产品，为何不让日本的消费者购买便宜的美国产品；另一方面，美国向有关国际组织提起诉讼，要求仲裁。同时提出，如果日本政府不改变农产品贸易政策，美国对日本工业品的进口也要采取相应的措施。结果，扭转了不利的环境因素。

- 减轻。减轻是指通过调整营销组合策略等来改善环境，以减轻环境威胁的严重性。例如，当可口可乐年销售量达 300 亿瓶时，在美国的饮料市场上突然杀出了百事可乐。它不仅在广告费用的增长速度上紧跟可口可乐，而且在广告方式上也针锋相对："百事可乐是年轻人的选择，年轻人无不喝百事可乐。"可口可乐面对这种外部环境威胁，及时调整营销组合策略，来减轻威胁的严重性：一方面，聘请社会上的名人，如心理学家、精神分析家、应用社会学家、社会人类学家等对市场购买行为新趋势进行分析，采用更加灵活的宣传方式，以强大的宣传向百事可乐挑战；另一方面，花费比百事可乐多 50%的广告费用，与之展开了一场广告战，力求将广大消费者吸引过来。经过努力，收到了一定的效果。

- 转移。转移是指决定转移到其他盈利更多的行业或市场。例如，服装公司可以适当减少服装业务，增加食品和饮料等业务，实行多元化经营。又如，英特尔公司原来是生产硬盘的，后转为生产芯片，成了芯片领域的领先厂商。

项目二 商机分析

学习日志

一、我学了

1. _____
2. _____
3. _____

二、我用了

1. _____
2. _____
3. _____

三、测一测（扫二维码答题，已嵌入线上课堂中）

在线测试

（一）单项选择题

1. 我国人口老龄化有两大特点：一是老年人口基数大；二是老年人占总人口相对比例和老年人的绝对数量都在快速上升。这里阐述的是（   ）。

　　A. 微观环境　　　　B. 宏观环境　　　　C. 企业环境　　　　D. 行业环境

2. 我国人口老龄化有两大特点：一是老年人口基数大；二是老年人占总人口相对比例和老年人的绝对数量都在快速上升。保健食品企业从这里可以分析出来的是（   ）。

　　A. 优势　　　　　　B. 机会　　　　　　C. 劣势　　　　　　D. 挑战

3. 市场营销环境是指（   ）。

　　A. 直接或间接影响企业营销活动的外部因素　　　　B. 企业可以控制的因素
　　C. 风俗习惯　　　　　　　　　　　　　　　　　　D. 人力资源

4. 三代同堂、四世同堂的那种大家族式的家庭已越来越少见了，小型化、微型化的家庭模式已经普及，并逐渐由城市向乡镇发展。这说明影响市场营销活动的（   ）发生了变化。

　　A. 经济环境　　　　B. 人口环境　　　　C. 科学技术环境
　　D. 自然环境　　　　E. 社会文化环境

5. 现在旅游的人越来越多了，说明（   ）。

　　A. 人均收入增加　　　　　　　　　　　　B. 个人可支配收入增加
　　C. 个人可任意支配收入增加　　　　　　　D. 货币收入增加

（二）多项选择题

1. 宏观环境包括（   ）。

　　A. 公众　　　　　B. 人口　　　　　C. 经济　　　　　D. 竞争对手

2. 下面属于社会文化环境要素的有（   ）。

　　A. 价值观　　　B. 审美观　　　C. 教育程度　　　D. 职业　　　E. 宗教信仰

3. 下面描述正确的有（   ）。

　　A. 英国忌用大象、山羊做商品装饰图案
　　B. 阿拉伯人喜欢熊猫
　　C. 墨西哥人视黄花为死亡、红花为晦气，而喜爱白花，认为可驱邪

55

营销策划实务

D. 德国人忌用核桃，认为核桃是不祥之物

4. 企业的微观营销环境包括（　　　　）。
   A. 企业自身　　　　B. 营销渠道企业　　　　C. 顾客
   D. 人口　　　　　　E. 竞争者　　　　　　　F. 社会公众

5. 东方人讲求量入为出、勤俭持家。这不属于（　　　　）
   A. 宗教　　　　　　B. 信仰　　　　　　C. 价值观　　　　　　D. 人生观

（三）判断题
1. 环境威胁是指环境中不利于企业市场营销因素的发展趋势。（　　）
2. 市场营销机会是指对企业市场营销活动富有吸引力的领域。（　　）
3. 市场营销机会一定是企业的机会。（　　）
4. 营销环境分析也称机会和威胁分析，是企业战略规划的基础。（　　）
5. 营销策划的对象既可以是企业、产品，也可以是一次活动。（　　）

（四）实务操作题
1. 通过观察同学们的生活方式，分析有哪些商机，其中哪些是你的商业机会。以Word的形式上交，以PPT的形式现场汇报。
2. 请用SWOT分析法剖析一个企业实例。

（五）简答题
1. 价值观是什么？
2. 人口、经济及社会文化对商机有什么影响？

任务二　顾客分析

开篇任务单

知识讲堂

一、潜在顾客与现实顾客

1. 潜在顾客

潜在顾客是针对现实顾客而言的，是指可能成为现实顾客的个人或组织。这类顾客或者有购买兴趣、购买需求，或者有购买欲望、购买能力，但尚未与企业或组织发生交易关系。例如，夏季来临，小刘要给自家的客厅安装一个空调，此前他没有买过空调，对于经营空调的商家或厂家来说，小刘就是潜在顾客。

潜在顾客包含一般潜在顾客和竞争者的顾客两大部分：一般潜在顾客是指已有购买意向却尚未成为任何同类产品生产企业或组织的顾客，以及虽然曾经是某企业的顾客但其在购买决策时，对某品牌的认可度较低的顾客；竞争者的顾客是相对于本企业的顾客而言的，是竞争者所拥有的顾客群体，这类顾客既可以是中间顾客，如代理商、批发商、零售商等，也可以是最终的消费者。

项目二　商机分析

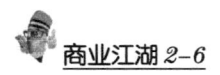

商业江湖2-6　　　　　　　　　　　　　　　　　　　　扫一扫，听案例

"瞄准"顾客

2017年，饱受争议的达·芬奇作品《救世主》在美国纽约佳士得夜场拍卖会上进行了拍卖。拍卖长达19分钟，经过激烈的竞争最终以4.5亿美元成交，其中包含向佳士得支付的5030万美元佣金。虽然关于此次拍卖众说纷纭，但这次拍卖仍创下世界拍卖纪录，《救世主》成为史上最昂贵的艺术品。

众所周知，《救世主》在拍卖前的预估价格为1亿美元，实际成交价格高出预估价格近4倍。是什么原因导致了《救世主》的"身价"暴涨呢？

原来，早在《救世主》拍卖前夕，佳士得拍卖行就联合纽约创意团队Droga5为它办了一场社交媒体的狂欢。这场社交媒体的狂欢助力了《救世主》的"身价"暴涨。

亲眼看到一幅惊世骇俗的世界名画，你会是怎样的反应呢？是震撼到热泪盈眶，还是连连拍手称赞？是伫立沉思，还是欣喜若狂？为了记录下人们看到世界名画时的第一反应，佳士得找来了世界著名人像摄影师纳达夫·卡德偷偷在《救世主》下方安置了一个摄像头，"偷拍"下了在这幅名画前驻足凝视的人们。

经过一系列"偷拍"后，佳士得将影像制作成了4分14秒名为《最后的达·芬奇》的短片。黑色背景、精心的打光、仰拍角度的设置，让视频每一帧画面都像一幅人物肖像，其中不乏一些著名面孔，如摇滚巨星派蒂·史密斯、演员莱昂纳多·迪卡普里奥。对于众多着重记录艺术作品精妙绝伦的短片而言，《最后的达·芬奇》反而将镜头从作品本身移开，对准了欣赏这幅画的人们及他们真实的情感变化。

除此之外，为了让艺术品与社交媒体更好地结合，Droga5还为这次拍卖活动策划了一个社交账号：在Instagram上注册了一个名为@thelastdacinci的账号，头像正是《救世主》形象；发布的内容正是摄像机捕捉到的众多人物肖像，并标注了画面中的人物名字与参观时间。

利用社交媒体发声，展现了这幅作品给人们带来的震撼，更是从侧面介绍了这幅作品，尽可能地规避了作品本身存在的争议。

拍卖过后，宜家也来追热点了。宜家和代理商Acen发布了一张海报，海报内容正与《救世主》相关。在宜家维思伦金色画框中，摆放的正是这幅价值4.5亿美元的《救世主》，而在画框旁边则有显眼的"9.9美元"标记。9.9美元的宜家画框和4.5亿美元的《救世主》也挺配的！

资料来源：张美玉. 这幅世界名画真不让人"省心"[J]. 成功营销，2017(6).

分析　要研究顾客的心理，知道顾客在购买某种产品时关注什么，以便提供让顾客满意的恰当的产品。

商业江湖2-7　　　　　　　　　　　　　　　　　　　　扫一扫，听案例

通用战福特

20世纪20年代中期，亨利·福特和他有名的T型车统治了美国的汽车工业。福特汽车公司早期成功的关键是它只生产一种产品。福特认为如果一种型号能适合所有的人，那么零部件的标准化及批量生产将会使成本和价格降低，从而使顾客满意。那时福特是对的。

随着市场的发展，美国的汽车买主开始有了不同的选择，有人想买娱乐用车，有人想要时髦车，有人希望车内有更大空间。

通用汽车公司总裁艾尔弗雷德·斯隆发现这一现象不久，就招聘了一种新雇员——市场研究人员，让他们研究购买轿车的潜在顾客的真正需要。虽然不能为每位顾客生产出一种特别的车，但通过对市场的研究，通用汽车公司很快设计生产出与市场细分相联系的新产品。例如，通过对低收入的人、收入稍高一点的人、想要更好的车的人、有一定地位的人的仔细调查与分析，了解他们真正的需要，相应生产出了雪佛兰、旁蒂克、别克、凯迪拉克。

- 雪佛兰——为那些刚刚能买得起车的人生产。
- 旁蒂克——为那些收入稍高一点的人生产。
- 别克——为那些想要更好的车的人生产。
- 凯迪拉克——为那些想显示自己地位的人生产。

正是通过对潜在顾客的正确分析，通用汽车比福特汽车更畅销了。

资料来源：郭伟刚. 推销与谈判[M]. 杭州：浙江工商大学出版社，2010.

分析 看清对手所弱、满足客户所需、发挥自己所强是争取潜在顾客的有效市场营销战略。

2．现实顾客

现实顾客是指已经与企业或组织发生一次或多次交易关系的顾客。这类顾客已经实现了需求，或者需求已经得到了满足。这类顾客既有购买需求，又有购买能力——既包括与企业或组织发生一次交易关系的新顾客，也包括发生多次交易关系的老顾客，俗称"回头客"。例如，要买空调的小刘，如果以前在苏宁电器买过长虹空调，则对于苏宁电器及长虹厂家来说是现实顾客。

3．现实顾客与潜在顾客的关系

顾客购买心理、购买行为的复杂多变，以及市场竞争不断加剧，导致了潜在顾客和现实顾客之间的界限变得比较模糊，两者之间也不断转化。

（1）互为条件

潜在顾客与现实顾客是相对而言的，A企业的现实顾客可能是B、C、D等其他企业的潜在顾客，A企业的潜在顾客可能是B、C、D等其他企业的现实顾客。一方面，潜在顾客是现实顾客的前提和条件，没有潜在顾客就没有现实顾客；另一方面，现实顾客是潜在顾客的前提和条件，因为潜在顾客是现实顾客的裂变和演义，没有现实顾客就没有潜在顾客。例如，要买空调的小刘在苏宁电器买过长虹空调，对于苏宁电器及长虹厂家来说是现实顾客，对于其他商家及空调的生产厂家来说则是潜在顾客。如果小刘用过长虹空调后，发现美的有自清洁功能的变频空调出现在苏宁电器，于是为自家客厅购买了美的空调，则对于美的来讲，小刘由潜在顾客变成了现实顾客。

（2）互相影响

当潜在顾客购买了企业或组织所提供的产品或服务后，就成了现实顾客。他会把购买该产品或服务中的所见、所闻、所感有意或无意地借助种种途径，采取种种方式，直接或间接地传达给周围的群体或媒体，从而对潜在顾客的购买心理、购买行为产生影响和制约作用。例如，小刘购买美的空调后，发现美的空调比较省电，就在办公室向同事推荐，他的同事小王也买了与他一样的空调，因此小刘作为美的的现实顾客，影响了美的的潜在顾客；如果小刘发现所购买的美的空调不符合自己最初购买的期望，如不省电、不能自动清洁，则他就会否定自己的这次购买行为，并决定以后暂时不再购买这个企业的产品，这时他就变成了美的的一个潜在顾客。

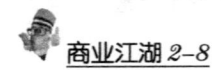

商业江湖 2-8

扫一扫，听案例

满意度与传播

据调查数据显示，100个满意的顾客会为企业或组织带来 25 个顾客；有 1 个顾客投诉，就会有 20 个顾客有同感，只不过他们不愿说罢了；1个满意顾客的传播人数是 6 个，而 1 个不满意顾客的传播人数是 15 个。

分析 市场营销永远需要关注顾客的满意度，需要认真倾听顾客的声音。

（3）互相渗透

一个企业的现实顾客是其他企业的潜在顾客，而其他企业的现实顾客则是这家企业的潜在顾客；一个顾客既可以是一个企业的现实顾客，也可以是另一个企业的潜在顾客或现实顾客；他既可以是一个企业一种品牌的现实顾客，也可以是另一种品牌的潜在顾客或现实顾客；当然，他也可以既是一个企业多种品牌的现实顾客，又是多种品牌的潜在顾客。例如，小王用的是VIVO手机、海尔冰箱、格力空调，经常喝娃哈哈饮料等，小王是经营这些品牌的商家或企业的现实顾客，是其他商家或品牌的潜在顾客。

（4）互相转化

潜在顾客与现实顾客互相依存，在一定的条件下可以互相转化。转化可以分为正转化与负转化，正转化是把潜在顾客转化为现实顾客，这种转化对企业或组织的生存与发展有利；负转化是把现实顾客转化为潜在顾客，这种转化对企业或组织的生存与发展不利。企业只有在巩固现实顾客的基础之上，不断地挖掘与开发潜在顾客资源，实现潜在顾客向现实顾客的正转化，才能使企业长期盈利，获得可持续发展。

4．潜在顾客向现实顾客的转化策略

由于现实顾客和潜在顾客之间的关系存在多种层面、多种情况，因此要将潜在顾客变为现实顾客，就必须针对不同的情况采用不同的方法。一般情况下，需要同时采用多种方法形成合力。

（1）培养忠诚度

培养顾客忠诚度是争夺潜在顾客最基本的方法，是企业或组织顾客满意质量战略的最高追求。企业对此必须高度重视，只有使顾客满意并培养其忠诚才能留住现实顾客。顾客忠诚不仅表现为抵制其他品牌的促销诱惑，再次或大量地购买本企业的产品和服务，而且还表现为主动地向亲朋好友和周围的人推荐本企业的产品或服务。培养顾客忠诚度可以采用多种方法或途径，如提高产品或服务的价值、开展线上线下的系统品牌活动、关注顾客的反馈、及时处理顾客投诉和不满、全方位营造与顾客的关系、加强企业文化建设、提高员工素质等。

追根溯源 2-5
顾客忠诚度

顾客在接受了某企业提供的产品或服务后，对该产品或服务非常满意，在内心达到了偏爱或依赖，甚至达到极为推崇的程度，在日后的消费过程中对该品牌产品的选择毫不犹豫，并且主动推荐给亲友，这就形成了顾客忠诚度。这种忠诚度促使顾客长期重复地购买该品牌或企业的产品，这类顾客就是市场营销活动中所说的具有忠诚度的老顾客。

（2）开辟新市场

开辟新的市场就是将某区域的潜在顾客变为现实顾客。一般来说，可以从横向与纵向两个方向来拓展新市场。横向拓展是向不同地区、不同的人群拓展；向不同地区拓展是指既可以在国内市场的不同区域扩展，也可以向国外其他国家或地区进行拓展；向不同的人群拓展是指在区域不变的情况下，向不同的性别、年龄、民族、职业、文化程度的人群进行拓展。纵向拓展是指向同一目标人群的不同需求进行拓展，即深度挖掘现有市场的潜在需求。例如，由原来的

营销策划实务

水果需求拓展到旅游需求，由原来的服装需求拓展到家居需求等。要开辟新的市场，应具备两个前提条件：一是企业本身有实力；二是该市场有接受本企业产品或服务的条件。通常情况下，开辟新市场是企业的创新之举，需要有长远而慎重的考虑、更多的谋划与费用的预算。进入新市场一旦被潜在顾客认可，就会培养出大批现实顾客，同时会提高企业声誉。

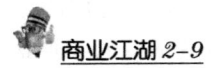

商业江湖 2-9　　　　　　　　　　　　　　　　　　　　　　　　　扫一扫，听案例

敏锐的海尔

20世纪90年代初，家电开始供大于求，产品出现库存。各个厂家为了消化库存拼命降价，甚至降到了成本之下。他们认为只要降价就可能卖出去，就可以占有市场份额。当时的中国家电市场处于高度无序的价格战状态。

在白热化的市场竞争中，海尔另辟蹊径，张瑞敏把海尔的"真诚到永远"真正转化为生产力。海尔在强化质量的同时，把服务提到了企业市场营销战略的高度，打造了中国营销史上的经典——"服务营销"，引领中国企业开始由重视质量、价格转向关注服务。此外，海尔在强化市场营销的同时，更加注重整体治理水平的提升，以及产品的创新与研发。

分析　在市场营销的道路上没有一劳永逸，只有不断创新，才能走出自己持续发展、稳定成长的经营之路。

（3）争取潜在顾客

潜在顾客分一般潜在顾客与竞争者的顾客。对于生产消费品及一般服务型组织，忠诚的顾客总是少数，我们称之为一般潜在顾客，这是潜在顾客中数量最大的，也是组织之间争夺最激烈的。如何赢得这些潜在顾客的青睐，更多地扩大自己的顾客群体，提高市场占有率，需要有一定的转化策略。常用的转化策略主要包括以质量为基础的品牌效应、广告及各种促销手段等。

将竞争者的顾客争取过来，变为自己的顾客，也是争取潜在顾客的重要策略。一般情况下，在中间顾客（如批发商、零售商）这一层次中，顾客往往已被"争取完毕"。这里所说的"完毕"包括两种情况：一是中间商已有自己固定的进货渠道，不愿再增加进货渠道；二是某种产品已经占领了市场，新的品牌要打进去，必须费相当大的力气。在竞争者出现重大失误、经营出现困难等情况下，争取潜在顾客会容易一些，更要主动去争夺。当然这种争夺必须采取合法手段。争取竞争者的顾客的策略主要包括产品的质量、特色、价格与服务等。只有质量高、价格低、服务好才能获得更多的效益，顾客才会自觉自愿地"转向"你的怀抱。一般转化过来的潜在顾客更容易培养起忠诚度，成为企业的长远顾客，从而为企业创造持久的效益。例如，把食用肯德基的顾客争取为永晖熟食的顾客、把购买跳鲤儿童袜的顾客争取为购买易示抗菌儿童袜的顾客等。这些都是顾客追求更健康、更舒适的必然选择。

总之，企业或组织的生存与发展离不开顾客：一是组织的生存依存于现实顾客；二是组织的发展依存于现实与潜在顾客。身处竞争中的企业，尤其是广大中小企业，只有从实际出发、借鉴成功企业的经验，实施顾客满意战略，采取相应策略，抓住关键环节，才能不断地将潜在顾客转化为现实顾客，不断地把市场做大，从而使企业永远立于不败之地。

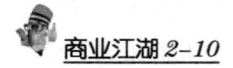

商业江湖 2-10　　　　　　　　　　　　　　　　　　　　　　　　扫一扫，听案例

客户关系维护

大地公司生产的清漆是市场上最好的产品，某个小城镇有家公司经常用大地公司推销员小张送的货，是大地公司的老客户。随着业务的扩展，由于这家公司每次要的货不多，所以小张有些看不起这个小城镇

的客户了。小张逐渐改变了送货方式，除非这家公司的高层领导请吃宵夜或发红包，否则就不送货。久而久之，这家公司的采购负责人觉得小张的这种做法太过分，很生气，但由于长期使用他的产品，对其他公司的产品了解不深，所以又不敢贸然进货。正巧，碧水化工公司的推销员小王来推销公司生产的清漆，他们试用了一下，感觉质量还可以，就决定使用小王推销的产品。小王有了小张的前车之鉴，不论客户要货多少都准时送到，满足客户的要求。

分析 在任何时候都不要以为客户离不开你，应真正为客户着想，以诚相待。只有让客户满意，生意才能持久。

二、顾客消费心理与行为分析

顾客是市场营销的核心对象，顾客购买决策的核心过程是顾客的心理活动。

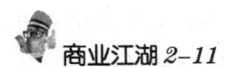

商业江湖 2-11

扫一扫，听案例

"诱人"的产品

在折扣店、超级市场等地方，通常把灯光打得很亮，因为明亮的灯光可以充分展示产品的优势。例如，烧烤食品区会使用暖色调的灯光，鱼肉区会使用冷色调的灯光；在化妆品区，可能会选择柔和的灯光，以便让顾客在镜子中发现更美丽的自己。

研究发现，一家商店的墙面被装饰成蓝色，另一家被装饰成橙色。在灯光明亮时，消费者更愿意在被装饰成蓝色的商店里花钱；当灯光柔和时，消费者更加喜欢在被装饰成橙色的商店里消费。

分析 恰当的色彩与灯光会给顾客以温馨舒适的感受。顾客舒服了，销售就比较容易了。

（一）顾客消费心理分析

1. 消费心理

顾客消费心理是指顾客在购买、使用、消费产品过程中的一系列心理活动。可以将其分为本能性消费心理和社会性消费心理：本能性消费心理是由人的心理因素所引起的消费心理，是人们在自然状态下心理需求的反映和体现；社会性消费心理是由社会经济与消费因素所引起的心理活动的反映。后者是人类特有的以社会因素为基础和载体的具有一定社会意义的心理活动，以人的生理因素为条件。

2. 顾客购买行为的心理过程

顾客购买行为的心理过程包括顾客对产品的认知过程、情绪过程、意志过程及这3个过程的融合、交汇和统一。可以从中总结出一些规律，如顾客消费需求、动机、行为等心理活动的普遍倾向，顾客的需求动态及消费心理趋势等。

3. 顾客的个性心理特征对购买行为的影响和制约

顾客的个性心理特征对购买行为的影响和制约主要包括：顾客气质、性格上的差异并由此而形成的购买心理特征；购买活动中所表现出来的行为原因与结果；顾客对商品的识别、评价、鉴别力及其对购买行为所产生的影响；商品款式、广告方式、促销手段、购物环境、商品价格、营业员与顾客的沟通方式、服务方式与态度等因素对顾客消费心理产生的影响。

营销策划实务

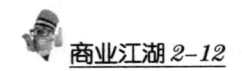

商业江湖 2-12

扫一扫，听案例

察言观色

一对夫妇在北京一家商店选购首饰，太太对一只8万元的翡翠戒指很感兴趣，拿起来又放下，因为价格昂贵而犹豫不决。这时，观察很久的营业员小刘走过来介绍说："某国总统夫人来店时也曾看过这枚戒指，非常喜欢，但由于价格太贵，没有买。"这对夫妇听完后，毅然买下了这只戒指。

分析 营业员通过敏锐的观察，发现顾客确实喜欢戒指，于是利用消费者的消费心理特点，激发了这对顾客"证明自己比那位总统夫人更有钱"的心理，成功实现交易。

（二）影响顾客消费心理的因素

1. 社会环境因素

人具有社会性，其心理与行为受到社会诸多因素的影响与制约。因为每个人都生活在一定的社会环境中，并与其他社会成员、群体和组织发生直接或间接的联系，所以社会环境中的文化、社会阶层、参照群体、家庭等都会影响顾客消费心理，影响他们的购买意图和选择，影响他们的购买行为。

2. 商品因素

商品作为顾客购买的对象，其各种特征将对顾客消费心理产生影响，从而引发消费行为。企业在根据顾客心理研制新产品，对产品进行定位、命名及包装的同时，还要通过商品的特点、名称、商标、包装、品牌策略等方面对顾客的消费心理和行为施加影响。

3. 价格因素

商品价格是商品价值的货币表现。价格的确定、调整和价格总水平的涨落，调节着市场供求和企业的经营活动，同时制约着顾客的消费活动。

（三）典型消费群体的消费心理与行为特征

年龄、性别及经济收入水平是常见的划分消费群体的标准。不同年龄阶段的消费者，由于生理、心理和社会差异的存在，所以有不同的消费特点与购买行为。而同一年龄阶段消费群体成员在接触和互动的过程中，通过心理和行为的相互影响与学习，会形成一些共同的消费观念、态度和行为。

1. 少年儿童消费群体消费心理与行为特征

少年儿童消费群体是指0～14周岁的未成年人，这部分人在总人口中占有较大比例，构成了庞大的市场。

（1）儿童消费群体的心理与行为特征

儿童是指从出生到11岁的人群。根据年龄特征，儿童心理发展分为乳婴期（0～3岁）、幼儿期（3～6岁）、童年期（6～11岁）3个阶段。由于正处于快速的心理和生理发育阶段，缺乏稳定的消费倾向和认识，儿童易受一系列外部环境因素的影响，消费心理和消费行为变化幅度很大。其主要表现为：从纯粹生理性消费需要逐渐发展为带有社会内容的消费需要；从模仿型消费发展为带有个性特点的消费；消费情绪从不稳定发展到比较稳定。

总之，儿童的消费心理主要处于感情支配阶段，购买行为以依赖性为主，但在很大程度上会影响其父母的购买意向。

（2）少年消费群体的心理与行为特征

少年是指 11～14 岁的人群。这个时期是儿童向青年过渡的时期，其生理、心理发展变化大，具有半儿童半成人的特点，是依赖与独立、成熟与幼稚、自觉性和被动性交织在一起的时期。少年消费群体有以下几点的心理与行为特征：

① 喜欢与成年人比，这是少年自我意识发展的显著心理特征。他们在主观上认为自己已经长大成人了，在消费心理与行为上表现出不愿受父母束缚、自主独立地购买所喜爱的商品的倾向。他们的消费需求倾向和购买行为逐渐趋于成熟。

② 独立的消费意识与购买倾向日趋稳定。随着购买活动的经验不断增加，感性经验越来越丰富，对商品的判断、分析、评价能力逐渐增强，购买行为逐渐趋于理性。

③ 消费观念开始受社会群体的影响。少年消费者由于参加集体学习、集体活动，与社会的接触机会增多、范围扩大，受社会影响的程度逐渐上升，受家庭影响的程度逐渐减少。例如，受同学、朋友、老师与明星等的影响较大。

2．青年消费群体的消费心理与行为特征

青年消费群体是指 15～35 周岁的人群，这部分人往往具有较强的独立性和很大的购买潜力，而且他们的购买行为具有较强的扩散性，对其他类型的消费者会产生深刻的影响。青年消费群体在消费心理与行为特征方面，与其他消费群体有许多显著的差异：

（1）追求时尚

青年消费群体的心理特征是感觉敏锐，富于幻想，勇于创新，反映在消费行为中就是对消费时尚反应敏感，喜欢购买新颖时髦的产品，热衷于追赶时代潮流，体现时代特征。

（2）强调个性

青年消费群体处于成长期，未成熟心理与成熟心理并存，自我意识迅速增强，追求个性独立，希望形成完美的个性形象。因此，青年消费群体喜欢表现自己的特殊性，希望购买和使用能反映个性特征的产品。

（3）易冲动购买

与中老年消费群体相比，青年消费群体前期的生活经验还不丰富，对事物的分析和判断能力还没有成熟，容易感情用事，爱冲动。在购买过程中，青年消费群体特别看重商品的外观、品牌、包装、颜色、款式等，容易因此而产生兴趣并迅速购买。因此，在青年消费群体中，购买行为具有明显的冲动性，购买动机易受外部因素影响，且购买能力强，不太考虑价格因素，往往是新产品的第一批购买者。

（4）消费欲望强烈

青年消费群体往往由于经济上刚刚独立，家庭负担较小，因此消费欲望十分强烈。他们一般不喜欢储蓄，也较少制订消费计划，对于信贷消费具有很大的兴趣。

3．中老年消费群体的消费心理与行为特征

按照我国的传统习惯，中年消费群体一般是指 35～60 周岁的人群，老年消费群体则指退休以后的人群。这个群体具有以下几个方面的消费心理与行为特征表现：

（1）理智性强，冲动性小

中老年消费群体生活经验丰富，情绪一般比较平稳，很少会感情用事和冲动购买；喜欢购买用习惯的东西，对新产品常持怀疑态度；购买心理稳定，不易受广告宣传影响；希望购买方便舒适的产品；对销售人员的态度比较敏感；对保健品类的产品较感兴趣。

（2）计划性强，盲目性小

中老年消费群体由于所受教育和生活经历，往往会注重量入为出的理财方式，因此他们在消费行为上表现出很强的计划性；他们也有很强的储蓄欲望，在现实消费方面比较保守，讲求理性购买、经济实用；对能改善家庭生活条件、节省家务劳动时间的产品感兴趣。

4. 女性消费群体的消费心理与行为特征

我国女性占全国人口近一半，在消费过程中20~54岁的女性约占人口总数的21%，在购买中起着特别重要的作用。她们不仅为自己购买所需产品，而且由于在家庭生活中承担了女儿、妻子、母亲等多种角色，因此也是大多数儿童用品、男性用品、老人用品、家庭用品的主要购买者。女性消费群体一般具有以下消费心理与行为特征：

（1）爱美

俗话说"爱美之心，人皆有之"，对于女性消费群体来说，就更是如此。不论是青年女性，还是中老年女性，她们都愿意将自己打扮得美丽一些，充分展现自己的女性魅力。尽管不同年龄层次的女性具有不同的消费心理，但是她们在购买某种产品时，首先想到的就是这种产品能否展现自己的美，能否增加自己的美，能否使自己显得更加年轻和富有魅力；女性消费群体还非常注重产品的外观，将外观与产品的质量、价格当成同样重要的因素来看待，因此在挑选商品时她们会非常注重产品的色彩、式样。

（2）感性

女性消费群体一般具有比较强烈的情感特征。这种心理特征表现在消费中，主要是用情感支配购买动机和购买行为。同时，她们经常受到同伴的影响，喜欢购买与他人一样的产品。

（3）爱炫耀

对于许多女性消费者来说，之所以购买产品，除了满足基本需要之外，还为了显示自己的社会地位，向别人炫耀自己的与众不同。在这种心理的驱使下，她们会追求高档产品，而不注重产品的实用性，只要能显示自己的身份和地位，她们就会乐意购买。

（4）追求实惠

女性消费群体一般在家庭中掌管收入，负责安排全家衣、食、住、行等开销。由于在改革开放以前我国大多数家庭收入水平不高，女性普遍形成了精打细算、勤俭持家的美德。这种美德反映在消费活动中，就是希望所购产品既能最大限度地满足自己的某种需求，又具有物美价廉、经久耐用等特点。

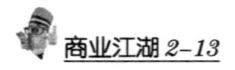

商业江湖2-13 扫一扫，听案例

"数"说女性消费

一项关于年轻女性消费群体的调查显示：58%的年轻女性不后悔自己为一时的心情所付出的代价；30%的年轻女性认为只要能代表自己当时的心情就是值得的；55.7%的年轻女性认为"发了工资、钱袋鼓了"造成的突击消费很正常；54%的年轻女性认为自己在打折驱动下的冲动消费并不让人太过遗憾；22.8%的年轻女性受广告影响买了没用的东西或有不当消费行为。

在后悔程度较高的方面：35.9%的年轻女性回答是受广告影响，31.3%的年轻女性回答是销售人员的推荐而产生的非必需的购买行为，但有38%的年轻女性对此仍坚持说不后悔；56%的年轻女性受打折影响而购买了不需要或不打算买的东西；40.8%的年轻女性因形式多样的店内POP及现场展销而心动并实施购买。调查还显示，在年轻女性消费群体中，"传达打折信息比较多，一般知道哪家店打折多，就有赶快去的冲动"。

分析 没有调查就没有发言权。处于不同家庭生命周期的女性，其消费特点是有差异的，但总体看来，价格信息依然是影响其购买的重要因素。

三、消费者的购买动机

（一）购买动机的含义

购买动机是指为了满足一定的需要而引起人们购买行为的愿望或意念。它既是推动购买活动的内在动力，也是消费者购买行为的出发点。

（二）购买动机的特点

1．内隐性

内隐性是指在购买行为过程中，消费者出于某种原因不愿意让别人知道自己真正的购买动机的心理特点。正如庄子的名言"子非鱼，安知鱼之乐"，消费者的心理不容易把握。可以把消费者的购买动机称为黑箱子，这正是消费者购买动机的内隐性的体现。

2．模糊性

消费者在购买产品时，产生的动机有多种，其中有些是消费者能意识到的，而有些则处于潜意识状态，很多时候连消费者本人都弄不清为什么会购买某产品。

商业江湖 2-14　　　　　　　　　　　　　　　　　　　　扫一扫，听案例

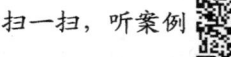

"需要"的翻译

在汽车时代之前，福特向世人调查对交通工具的需求，调查结果是需要一匹跑得更快的马。而一旦科技把汽车造出来，人们就蜂拥着去买车，没有多少人再留恋把马作为交通工具了。现如今，骑马已经成为一种旅游景区的短暂的体验项目了。产品经理岗位是20世纪的产物，目前一般分为两类：一类很善于洞察市场、洞察需求，把市场语言翻译成产品语言；另一类则善于与技术沟通，把产品语言翻译成技术语言。

分析 对消费者需要的洞察是企业产品开发的前提。

3．冲突性

冲突性是指当消费者同时产生两个或多个需要时，众多的购买动机可能会互相冲突，从而产生内心的矛盾。面对同时具有吸引力或排斥力的需要目标而又必须选择其一，或者是两个利弊同时存在而又必须做出选择时，消费者往往遵循趋利避害的原则。常见的冲突有以下几种：

① 趋利冲突。趋利冲突是指发生相互冲突的各种动机都会给消费者带来相应的利益，但由于某些因素的限制而不能同时满足。消费者往往会趋向选择对自己较为有利的那个。

② 避害冲突。避害冲突是指消费者面临既有积极后果，又有消极后果的消费行为，必须选择其中一个时所产生的动机冲突。一般情况下，消费者趋向选择积极后果而极力避免消极后果。

③ 遗憾冲突。遗憾冲突是指消费者面临两个同时具有吸引力和排斥力的需要目标而必须做出选择时所产生的冲突。

（三）消费者购买动机的分类

1. 求实型

求实型购买动机是指消费者以产品或服务的实际使用价值为主要目的的购买动机。拥有求实型购买动机的消费者在购买产品或服务时，通常特别注重产品的质量和实用性，要求产品经久耐用、经济实惠，不会太在意产品的外形包装、款式色彩等，并且在购买时会认真仔细的对比挑选，不太会受广告和促销人员的影响。求实型购买动机与个人的价值观念、消费态度和价格承受能力有一定的关系。例如，老年人选择手机时，注重大屏幕、音质清晰等属性。

2. 求新型

求新型购买动机是指消费者在购买时，追求产品的奇特、新颖、时髦等特点。在购买过程中，拥有求新型购买动机的消费者特别注重产品的款式、造型、包装等是不是符合时尚，有没有与众不同的地方，是不是独一无二的。因此，这类消费者对新品信息的发布非常感兴趣，对于大众还不熟悉的产品情有独钟，表现出较快的信息接受能力。当然，他们也存在凭一时的兴趣而购买的情况。例如，故宫淘宝中的"俏格格娃娃"，拥有求新型购买动机的消费者看了可能会动心。

3. 求美型

求美型购买动机是指消费者以产品的美学价值和艺术欣赏价值为主要目的的购买动机。拥有求美型购买动机的消费者在购买产品时，特别注重产品的外观造型、艺术品位，强调其色彩的搭配、对环境的装饰、对个体的美化、对精神生活的陶冶等方面，而对产品本身的实用性要求不高。

在现实生活中，随着人们生活水平的提高、收入的增加，求美型购买动机将会占据越来越大的比重。同时，随着时间的推移，人们的休闲时间增多，文化欣赏水平提高，将会有越来越多的消费者具有求美型购买动机。例如，收藏龙泉青瓷、青田石雕、龙泉宝剑、有趣玩偶等。

4. 求廉型

求廉型购买动机是指消费者以产品的低价为主要目的的购买动机。拥有求廉型购买动机的消费者在购买产品时，特别在意产品的价格，对式样、花色及质量不太计较，喜欢特价产品。以购买轿车为例，这类消费者以追求车型廉价为主要购买动机，纯粹作为代步工具，而对于车型的时髦、新颖性则关注较少，特别注重经济性。这类消费者对于价格尤为敏感，因此对厂家的降价、经销商的让利等很感兴趣。具备这种购买动机的消费者大多经济收入不高，但也有一些收入较高而生性节俭的人。这类消费者所考虑的车型多数是奥拓、吉利、QQ 等，要求买得实惠，用得经济。

5. 求名型

求名型购买动机是指在消费活动中，因追求名牌或仰慕企业名望而产生的购买动机。因为名牌的建立往往以产品的质量、信誉为后盾，优秀的品牌具有一定的无形价值，所以拥有求名型购买动机的消费者在购买时，对产品的商标、商店的名字特别注意，面对众多的同类产品，直接将注意力转向某品牌，成为品牌的忠诚顾客。例如，国产手机就买华为、小米的；空调就买格力的；冰箱就买海尔的；大米就吃黑龙江五常的；旅游就去丽水（据说"丽水走一走，活到99")；藏品就买丽水龙泉青瓷、宝剑，或者青田的石雕，等等。

6．求便型

求便型购买动机是指消费者在购买过程中，以方便为目的的购买动机或为了减少家务劳动，选择便利性产品的购买动机。其核心是方便购物，节省时间，增加自有空间。

在实际的购买过程中，这类消费者喜欢提供方便的产品，如洗衣机、洗碗机、方便食品、超市净菜等，以减轻家务负担。同时，一些提供方便的服务也逐渐红火，如钟点工、外卖、电话购物等，这些服务逐渐成为城市生活不可缺少的组成部分。

商业江湖 2-15

扫一扫，听案例

方便知多少

① 别让我等——为用户节省时间。例如，滴滴打车、共享单车、钟点工、外卖、电话购物等。

② 别让我想——替用户做决策，节省用户脑细胞。例如，不喜欢动脑筋——有网友说："听说这个世界上有一种人，买了单反，买了微单，买了拍立得，买了数码相机，最后出去玩的时候，用手机拍照。"

③ 别让我（多）花钱——满足用户少花钱，甚至不花钱的愿望。例如，奇虎360推出免费杀毒模式，小米的超高性价比。

④ 别让我烦——让用户心情愉悦。例如，海底捞的"变态服务"。

⑤ 别让我累——减轻用户的劳动负担。例如，机械手、机器人、人工智能、洗衣机、洗碗机、方便食品、超市净菜等。

分析 "方便"催生了许多新的商业机会，谁给消费者带来方便，谁就可能抢占市场先机。

7．偏好型

偏好型购买动机是指消费者由于个人生活习惯或业余爱好等形成对某产品或某企业的偏好而产生的购买动机，如集邮者对邮票，音响发烧友对音响器材，美容师对化妆品等。在这种动机的驱使下，消费者在选择产品时，往往以符合自己的需要为准则，表现出经常性和持续性购买。

追根溯源 2-6

扫码听书

顾客分析

没有顾客，企业就不能生存，市场营销学中的顾客，既包括购买一般用品的消费者，也包括购买原材料等的组织购买者。了解市场营销学中顾客的基本框架，一般按照谁在购买、在哪里购买、在什么时间购买、如何购买、为什么购买、在哪里获得购买信息等一系列程序获得对顾客的印象，以制定精准的营销决策。

（四）购买行为的类型

在不同的购买动机下，消费者会表现出不同的购买行为。

1．习惯型购买

习惯型购买是指根据以往形成的习惯或他人的经验来决定购买行为，表现为长期购买一种型号的产品，购物不易受外界影响。求实型、求便型购买动机的消费者对一些熟悉的产品、日用品的购买一般属于习惯型购买。

2. 理智型购买

理智型购买是指根据自己的经验和学识来识别产品，对产品进行认真的分析、比较和衡量后才做出购买决定。这种类型的购买者不愿意外人介入。对于新产品或价值比较昂贵的产品的购买一般属于理智型购买。

3. 情感型购买

情感型购买是指在购买时因感情因素容易受到某种宣传和广告的吸引，经常以产品是否能符合感官的需要为标准进行购买。这种类型的购买一般在青少年、女性消费群体中比较常见。

4. 冲动型购买

冲动型购买是指消费者被产品的某一方面（如商标、样式、价格等）强烈吸引，迅速做出购买决定。这种类型的购买者不愿意对产品做出反复比较。求廉型、求名型购买动机的消费者比较容易做出这种购买行为，如对打折、降价商品尤其看重，甚至抢购。

5. 经济型购买

经济型购买是指消费者大多是从经济方面考虑是否购买。这种类型的购买者对价格非常敏感，购买高级产品以求好，或者购买低级产品以求廉。

6. 从众型购买

从众型购买的消费者缺乏购买经验，或者随大流，或者奉命购买，并乐于听从别人的意见。例如，日本发生核泄漏事故时，有传言说盐要涨价了，结果消息一出，超市的盐马上被抢购一空；2003年"非典"期间，板蓝根、消毒水曾一度脱销。

学习日志

一、我学了

1. _____
2. _____
3. _____

二、我用了

1. _____
2. _____
3. _____

三、测一测（扫二维码答题，已嵌入线上课堂中）

（一）单项选择题

1. 有一类顾客有购买兴趣、购买需求，或有购买欲望、购买能力，但尚未与企业或组织发生交易关系。这类顾客是（   ）。
   A. 现实顾客　　　B. 潜在顾客　　　C. 忠诚顾客　　　D. 不忠诚顾客

2. 既有购买需求，又有购买能力，且与企业或组织已发生交易关系，这类顾客一定是（   ）。
   A. 现实顾客　　　B. 潜在顾客　　　C. 忠诚顾客　　　D. 不忠诚顾客

3. 喜欢购买用习惯的东西，对新产品常持怀疑态度；购买心理稳定，不易受广告宣传影响；希望购买方便舒适的产品;对销售人员的态度敏感;对保健品类的产品较感兴趣。一般(　　)消费群体具有这个消费特点。

　　A. 少年儿童　　　　B. 青年　　　　　C. 中老年　　　　D. 女性

4. 一家泰国酒吧的主人在门口放了一只大酒桶,很长时间也没有引起关注。后来有一天,酒桶的表面蒙上了一块布,布上面写了"不许偷看"几个字。说来奇怪,过往的行人见此纷纷驻足,非要打开酒桶看个究竟。只见里面是香气扑鼻的陈酒,酒水下面还有一行字:"本店美酒与众不同,请享用。"行人先是会心一笑,然后就闻着酒香走进酒吧了。此案例展示了行人的(　　)购买动机。

　　A. 求实型　　　　B. 求名型　　　　C. 求新型　　　　D. 求廉型

5. 追求产品的奇特、新颖、时髦等特点;在购买过程中特别注重产品的款式、造型、包装等是不是符合时尚,有没有与众不同的地方,是不是独一无二的。这是(　　)购买动机。

　　A. 求实型　　　　B. 求名型　　　　C. 求新型　　　　D. 求廉型

6. 消费者被产品的某一方面(如商标、样式、价格等)所强烈吸引,迅速做出购买决定,而不愿意对产品做出反复比较,属于(　　)购买行为。

　　A. 情感型　　　　B. 冲动型　　　　C. 习惯型　　　　D. 从众型

7. 消费者大多是从经济方面考虑是否购买,特别是对价格非常敏感,购买高级商品以求好,或者购买低级商品以求廉,属于(　　)购买行为。

　　A. 情感型　　　　B. 冲动型　　　　C. 经济型　　　　D. 从众型

8. 根据以往形成的习惯或他人的经验来决定购买行为,表现为长期购买一种型号的产品,购物不易受外界影响,属于(　　)购买行为。

　　A. 情感型　　　　B. 冲动型　　　　C. 经济型　　　　D. 习惯型

9. 在购买时因感情因素容易受到某种宣传和广告的吸引,经常以产品是否能符合感官的需要为标准进行购买,属于(　　)购买行为。

　　A. 情感型　　　　B. 冲动型　　　　C. 经济型　　　　D. 习惯型

(二) 多项选择题

1. 了解消费者结构一般从(　　)因素进行调研与分析。

　　A. 人口构成　　　　　　　　　B. 家庭规模及构成
　　C. 经济增长状况　　　　　　　D. 商品供应状况及价格变化

2. 以下(　　)人口构成因素会影响消费方向。

　　A. 性别　　　　　B. 年龄　　　　　C. 天气
　　D. 文化程度　　　E. 民族　　　　　F. 职业

3. 儿童消费群体的心理与行为特征(0至11岁)具体表现为(　　)。

　　A. 由纯粹生理性需要向带有社会内容的消费需要发展
　　B. 从模仿型消费向带有个性特点的消费发展
　　C. 消费情绪从不稳定发展到比较稳定
　　D. 购买行为趋于理性化

4. 现实与潜在顾客的转化策略有(　　)。

　　A. 培养现实顾客忠诚度　　　　B. 开拓新市场
　　C. 争取潜在顾客　　　　　　　D. 争夺竞争者的顾客

5. 现实顾客与潜在顾客的关系是(　　)。

　　A. 互为前提,互为条件　　　　B. 互相影响,互相制约
　　C. 彼此交叉,相互渗透　　　　D. 互相依存,互相转化

6. 定量分析需求量时，最直接的影响因素是（　　　）。
　　A. 社会文化　　　　B. 政治与法律　　　　C. 货币收入　　　　D. 人口数量
7. 下面属于货币收入的是（　　　）。
　　A. 工资收入　　B. 助学金　　C. 兼职收入　　D. 遗产　　E. 贷款

（三）判断题

1. 在购买时，表现出认真仔细的对比挑选，不太会受广告和促销人员的影响，这是求美型购买动机的表现。（　　）
2. 消费者同时产生两个或多个需要时，众多的购买动机可能会互相冲突，从而产生内心的矛盾，这是购买动机的冲突性特点。（　　）
3. "子非鱼，安知鱼之乐"说的是购买动机的模糊性的特点。（　　）
4. 因为青年消费群体处于成长期，未成熟心理与成熟心理并存，自我意识迅速增强，追求个性独立，所以在购买时会有计划性。（　　）
5. 产品作为消费者购买的对象，其各种特征将对消费者心理活动产生影响，从而引发消费者的消费行为。（　　）

（四）实务操作题

选择一个定位为礼品的品牌，在实证调查的基础上，分析消费者礼品购买动机，归纳出礼品购买决策的影响因素。

（五）简答题

1. 分析店员的心理

甲去买西瓜，花了15.50元，但他没勺。看着旁边出售的5角一个的勺，他跟销售人员说："顺便送一个勺吧。"销售人员没给。

乙去买西瓜，花了15.50元，但他也没勺。看着旁边出售的5角一个的勺，他跟销售人员说："西瓜便宜5角吧。"最后，他用这5角钱买了一个勺。

2. 哪位医生高明？

一个小城有3个牙科诊所，条件都先进，环境都洁净，大夫医术都高明，但应酬的方法不同：

（1）"怕痛？拔牙总是要痛的，这是没办法的事，坏牙不拔掉，以后更痛！"一面说，一面动手拔牙。

（2）"很痛吧，我想您需要稍微忍耐一下，好吗？一会儿就好了。"一面讲，一面拔牙。他的诊室里放了一台电视机，播着一些轻松的节目。

（3）根本不说话，板着脸，病人用手一指，他便不由分说把坏牙拔了。

这3位大夫从来没有拔错过牙。一年后，哪个诊所还存在？

任务三　竞争者分析

知识讲堂

开篇任务单

全面了解现有和潜在竞争者的优势及劣势，以认清企业所面临的机遇与威胁。

项目二 商机分析

> **经典策划思想**
>
> 天之道,利而不害;圣人之道,为而不争。　　——老子

老子说"天之道,利而不害;圣人之道,为而不争",自然的规律是有利于物,而无害于物;圣人的法则是施舍,而不是争夺。天道之中万物各有自己的轨道,如太阳系中行星都有自己的轨道,如果运行到其他轨道上就相撞了,在自己的轨道上运行就利而不害。

我们也应该学习天地万物,在自己的轨道上运行,不到别人的轨道上去,这是不争。而竞争的最高境界就是"不争",走差异化的道路,以回避竞争。

一、竞争者的含义

企业参与市场竞争不仅要了解谁是自己的顾客,还要弄清谁是自己的竞争者。对一个企业来说,竞争者是广泛存在的。一般来说,竞争者可以分为两种,即广义竞争者和狭义竞争者。

① 广义竞争者。企业广义的竞争者是来自多方面的,企业的顾客、供应商等和企业之间都存在着某种意义上的竞争关系。这里所谓的"某种意义"是指当顾客、供应商具有很强的谈判能力时,会分割企业的利润。

② 狭义竞争者。企业狭义的竞争者是指那些与本企业提供的产品或服务相类似,并且所服务的目标顾客也相似的其他企业。这也是通常所说的竞争者的概念。

二、竞争者的类型

我们可以从不同的角度来划分竞争者的类型。

(一)从行业角度划分竞争者

由于竞争者首先存在于本行业之中,企业先要从本行业出发来发现竞争者。提供同类产品或服务的企业,或者提供可相互替代产品的企业,共同构成一个行业。在同一行业内部,如果一种商品的价格变化,就会引起相关产品的需求量的变化。在同一行业内部,企业竞争者可分为以下几种:

① 现有竞争者。现有竞争者是指本行业内现有的与企业生产同样产品的其他厂家,这是企业的直接竞争者。例如,华为手机的直接竞争者是三星、苹果、OPPO、VIVO 等品牌的手机。

② 潜在进入者。当某一行业前景乐观、有利可图时,会引来新的竞争企业,要求重新瓜分市场份额和主要资源。例如,随着触摸屏手机市场的发展壮大,许多白色家电企业开始进军手机市场。

③ 替代品。与某一产品具有相同功能、能满足同一需求的不同性质的其他产品,属于替代品。例如,MP3 可以让人随时随地欣赏流行音乐,而智能手机也能实现这一功能,故智能手机便是 MP3 的替代品。同样,智能手机也替代了照相机的功能。

潜在进入者、替代品厂商、购买者、供应者、产业内现有企业之间的竞争影响着产业竞争的强度及产业利润率。图 2.3 所示为波特五力模型。

营销策划实务

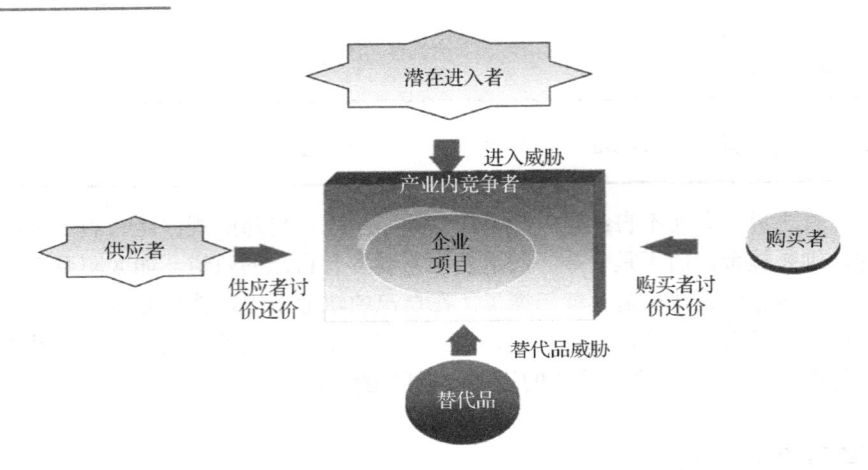

图 2.3　波特五力模型

① 潜在进入者的进入威胁在于减少了市场集中程度，激发了现有企业之间的竞争，并且瓜分了原有的市场份额。

② 替代品作为新技术与社会新需求的产物，对现有产业的"替代"威胁的严重性十分明显。但几种替代品长期共存的情况也很常见，替代品之间的竞争规律仍然是价值高的产品获得竞争优势。

③ 购买者、供应者讨价还价的能力取决于各自的实力，如供应（购买）者的集中程度、产品差异化程度与资产专用性程度、纵向一体化程度及信息掌握程度等。

④ 产业内现有企业之间的竞争即一个产业内的企业为扩大市场占有率而进行的竞争，通常表现为价格竞争、广告战、新产品引进及增进对消费者的服务等方式。

（二）从市场角度划分竞争者

企业还可以从市场角度来发现竞争者。凡是满足相同的市场需要，或者服务于同一目标市场的企业，无论是否属于同一行业，都可能是企业的潜在竞争者。例如，从行业角度来看，电视是电影行业的竞争对手；但从市场角度来看，消费者感兴趣的是满足其对影视作品欣赏的需要，因此能够播放视频的电子设备及网络影视都构成了对电影行业的竞争威胁。

① 愿望竞争者。愿望竞争者是指提供不同产品以满足不同需求的竞争者。消费者的需要是多方面的，但由于预算不足等很难同时满足多样的需要，在某一时刻可能只能满足其中的一个需要。例如，洗衣机制造企业的愿望竞争者就是生产冰箱、电视机、地毯等不同产品的企业，因为如何促使消费者更多地首先购买洗衣机，而不是首先购买其他产品，这就是一种竞争关系。消费者经过慎重考虑做出购买决策，往往是提供不同产品的企业为争取该消费者成为自己的现实顾客而竞争的结果。

② 属类竞争者。属类竞争者是指提供不同产品以满足同一需求的竞争者。属类竞争是决定需要的类型之后的次一级竞争，也称平行竞争。例如，消费者购买体育用品，他要根据年龄、身体状况和爱好选择一种锻炼的方法——购买乒乓球或购买自行车等，这些产品的生产经营者的竞争终将影响消费者的选择。

③ 产品形式竞争者。产品形式竞争者是指提供满足同一需要的产品的各种形式的竞争者。对

于同一产品，其规格、型号不同，性能、质量、价格各异，消费者将在充分搜集信息后做出选择。例如，购买轿车的消费者，要对规格、性能、质量、价格等进行比较后再做出选择——同样是大众的 POLO，是买 1.4L 排量的，还是 1.6L 排量的，这两个不同排量的轿车间也构成竞争。

④ 品牌竞争者。品牌竞争者是指提供满足同一需要的同种形式产品不同品牌的竞争者。例如，购买彩电的消费者可以在同一规格各进口品牌的彩电及国产的长虹、海尔、海信、TCL 等品牌的彩电之间做出选择。

由上述可见，产品形式竞争者和品牌竞争者都是同行业的竞争者。企业必须特别重视同行业的竞争者。在分析同行业的竞争者时，尤其要注意分析供应者密度、产品差异、进入难度三大方面。供应者密度是指同一行业或同类商品经营中供应者的数量，这个数量的多少在市场需求量相对稳定时会直接影响企业的市场份额和竞争程度；产品差异是指同一行业中不同企业生产同类产品的差异程度，进入难度是指某个新企业在试图加入某行业时的难易程度，产品差异越小，进入难度越小，则企业面对的竞争将越激烈。此外，企业还要将平行竞争者分析提高到应有的地位，因为随着科学技术的迅猛发展，许多替代品的出现对企业的冲击十分巨大。

（三）从竞争地位角度划分竞争者

① 市场领导者。市场领导者是指在某一行业的产品市场上占有最大市场份额的企业。例如，茅台集团是白酒市场的领导者。市场领导者通常在产品开发、价格、渠道、促销力量等方面处于主导地位。市场领导者的地位是在竞争中形成的，但不是固定不变的。

② 市场挑战者。市场挑战者是指在行业中处于次要地位（第二、第三甚至更低）的企业。例如，五粮液集团是白酒市场的市场挑战者。市场挑战者往往试图通过主动竞争扩大市场份额，提高市场地位。

③ 市场追随者。市场追随者是指在行业中居于次要地位，并安于次要地位，在战略上追随市场领导者的企业。在现实市场中存在大量的追随者，其最主要的特点是跟随。市场追随者通过观察、学习、借鉴、模仿市场领导者的行为，不断提高自身水平，不断发展壮大。

④ 市场补缺者。市场补缺者多是行业中相对较弱小的一些中小企业，它们专注于市场上被大企业忽略的某些细小部分，在这些小市场上通过专业化经营来获取最大限度的收益，在大企业的夹缝中求得生存和发展。

三、分析竞争者

对企业的主要竞争者进行认真、系统的分析，是市场营销整体策划的必要环节。要确定新的市场营销整体策划方案实施可能会引来哪些主要竞争者，不仅要分析已出现的竞争者，还要分析潜在的竞争者，对本行业中那些具有重大影响的大企业甚至要进行个案分析。对竞争者的分析一般可以从下面几点入手。

（一）分析竞争者的市场目标

在营销策划中分析、判断竞争者的市场目标十分必要。了解竞争者的市场目标对分析市场营销整体策划方案的可行性具有较大的帮助，可以帮助策划人员确定主要竞争者对其现阶段所处的市场地位和经营状况是否满意、对市场环境变化的反应，以及可能采取的长期发展的市场战略和营销策略等。对竞争者的市场目标进行综合分析时，不仅要分析其市场竞争定位（领导者、挑战者、追随者或补缺者）、技术水平、财务及信用目标、企业市场形象等，还应将其市场总目标分解成不同层次的目标进行分析。营销策划必须站在全局的角度，做到知己知彼，才能运筹帷幄，决胜千里。

（二）分析竞争者的自我评估

每个企业都会对自己的市场条件和经营状况进行评估。在营销策划中必须了解主要竞争者的自我评估及其对行业和行业内部的其他企业的评价。例如，要研究竞争者是把自己看作行业的领导者、低成本生产者、技术领先者、资金雄厚者，还是拥有强大的市场营销能力者等。这些自我评估，会直接影响竞争者的市场行为方式和其对市场变化的反应方式。如果把本企业视为低成本生产者，那么一旦有新的竞争者加入，就可能采用降低产品价格的策略反击竞争者。当然，竞争者的自我评估可能是正确的或不正确的。如果不正确，则给进行营销策划的企业提供了新的市场机会；否则相反。因此，发现竞争者自我评估的失误，是进入市场获得成功的因素之一。

（三）分析竞争者的现行市场营销战略

分析竞争者现行的市场营销战略是营销策划的重要环节，尤其要分析竞争者现行的市场营销战略中每一业务领域的关键性营销策略，以及理清各种业务相互协调发展的内在联系。

商业江湖 2-16　　　　　　　　　　　　　　　　　　　扫一扫，听案例

差异营销

老刘数月前在灯塔菜市场租了一个摊位，主营牡蛎。他与市场里其他摊贩一样，都是到温州批发牡蛎。简言之，大家卖的牡蛎其实都一样，售价也相差无几，待客同样热情。很奇怪，老刘的生意却比别人的好，卖出的牡蛎最多。

原来，老刘经营的牡蛎摊很独特：装牡蛎的器具，别人用深色塑料桶，老刘却用透明玻璃瓶；别人都是用杆秤或电子秤计重，老刘却摆出一台精致的天平；别人都用白色小塑料袋给顾客装牡蛎，老刘却用一种塑料小方盒给顾客装牡蛎；别人都是口头给顾客传授几句简单的牡蛎烹饪方法，老刘偏偏印制了几款烹饪牡蛎的菜谱单页，免费送给顾客……老刘说："既然大家卖的牡蛎一模一样，就没有'哪家的牡蛎更好'这一说。这个时候，若想让顾客一次就记住你，就要在其他细节上与众不同。虽然我这样做会增加少许成本，但销量增加后，利润还是很多的。"

分析　竞争的理想境界，就是你做的与别人不一样；你在人群中被人一眼看出；你做的事情令人难忘；你给人留下更美好的印象。

（四）分析竞争者的能力

从判断竞争者对市场变化的适应能力出发，主要是分析竞争者所具有的优势和劣势。

① 分析竞争者的优势、劣势。在策划中要分析竞争者的产品成熟度、市场销售网络覆盖率、市场开拓与营销技能、新产品开发速度、经营成本、财务实力等在行业中的优势和劣势，从而找出对策。

② 分析竞争者的市场竞争能力。营销策划中主要分析竞争者的决策能力、市场成长能力、市场应变能力和可持续发展能力等，针对不同的能力结构设计营销策划方案。

项目二 商机分析

商业江湖2-17

扫一扫，听案例

有的放矢

在营销实践中，与竞争者抗争可以从两处入手。一是与品类内竞争者竞争，如爱玛电动车，其竞争者就是其他品牌的电动车；加多宝的竞争者是其他凉茶。分析清楚品类内的竞争者，其广告策略对竞争者就更加有针对性，如爱玛电动车的广告是"中国电动车真正领导者"，加多宝的广告是"中国每卖10罐凉茶7罐加多宝"。二是与品类外竞争者的竞争，在竞争中可以实施有针对性的广告策略，如"怕上火，喝王老吉"是王老吉针对其他饮料的竞争，而不是在凉茶类里竞争；"滋补国宝，东阿阿胶"是东阿阿胶针对其他滋补品的竞争，而不是在阿胶类里的竞争；"瓜子二手车直卖网，没有中间商赚差价"是针对线下4S店的竞争。

分析 认清竞争者，知己知彼，精准定位后的传播效果才会更加明显。

（五）利用市场信号分析竞争者

一般来说，竞争者的各种市场行为必然会以某种信号在市场上反映出来，其中可能有一些是假象，有一些是警告，还有一些可能表明竞争者已经采取了某种行动措施。密切观察市场信号，学会识别和准确分析、判断市场信号，对了解竞争者的市场目标，分析市场竞争的格局，进而制订可行的营销策划方案具有重要意义。

学习日志

一、我学了

1. _____
2. _____
3. _____

二、我用了

1. _____
2. _____
3. _____

三、测一测（扫二维码答题，已嵌入线上课堂中）

在线测试

（一）单项选择题

1. 从市场营销角度看，老子所说的"天之道，利而不害；圣人之道，为而不争"是竞争的最高境界，是指（　　）。
   A. 竞争一定要你死我活　　　　　B. 竞争可以互相跟随与促进
   C. 走差异化的道路，回避竞争　　D. 没有竞争就没有动力

2. 广义竞争者是（　　）。
   A. 来自多方面的，企业和自己的顾客、供应商之间都存在着某种意义上的竞争关系
   B. 那些与本企业提供的产品或服务相类似，并且所服务的目标顾客也相似的其他企业
   C. 对于资源有限的企业，应当选择迂回竞争战略
   D. 竞争既可以在产品层面展开，也可以在顾客认知层面展开

3. 狭义竞争者是（　　）。
   A. 来自多方面的，企业和自己的顾客、供应商之间都存在着某种意义上的竞争关系
   B. 那些与本企业提供的产品或服务相类似，并且所服务的目标顾客也相似的其他企业
   C. 对于资源丰富的企业，应当选择直面竞争的战略
   D. 在建立认知阶段，竞争应当在顾客认知层面展开
4. 小花要减肥，去了健身房，又去了美容院开了减肥药，也去看了自行车。选择哪一种方式，她依然在纠结。请你比较她的选择范围，这几家店之间的关系是（　　）。
   A. 愿望竞争者　　　B. 属类竞争者　　　C. 产品形式竞争者　　　D. 品牌竞争者
5. 愿望竞争者是指（　　）。
   A. 提供不同产品以满足不同需求的竞争者
   B. 提供满足同一需要的同种形式产品不同品牌的竞争者
   C. 提供满足同一需要的产品的各种形式的竞争者
   D. 提供不同产品以满足同种需求的竞争者

（二）多项选择题
1. 你是某早餐店的老板，你的广义竞争者有（　　）。
   A. 隔壁的沙县小吃　　　　　　　　B. 对面的王家饭庄
   C. 菜市场给你供应蔬菜的刘老板　　D. 来你店就餐的学生
2. 你是某早餐店的老板，你的狭义竞争者有（　　）。
   A. 隔壁的大娘水饺　　　　　　　　B. 对面的东北人家
   C. 菜市场给你供应蔬菜的张老板　　D. 来你店就餐的顾客
3. 下面属于广义竞争者的有（　　）。
   A. 供应商　　　B. 顾客　　　C. 替代品生产企业　　　D. 同业竞争者
4. 企业对来自外界的威胁的反应对策可以有（　　）。
   A. 反应　　　B. 减轻　　　C. 转移　　　D. 无视
5. 竞争者分析的内容有（　　）。
   A. 利用市场信号分析竞争者　　　B. 竞争者的市场目标分析
   C. 竞争者的自我评估分析　　　　D. 竞争者的现行市场营销战略分析
   E. 竞争者的能力分析

（三）判断题
1. 满足同一需要的产品的各种形式之间的竞争是产品形式竞争。（　　）
2. 竞争者的自我评估可能是正确的或不正确的。如果正确，则给进行营销策划的企业提供了新的市场机会。（　　）
3. 发现竞争者自我评估的失误，是策划企业的市场机会。（　　）
4. 密切观察市场信号，学会识别和准确分析、判断市场信号，对了解竞争者的市场目标，分析市场竞争的格局，进而制订可行的营销策划方案具有重要意义。（　　）
5. 同样是大众的POLO，是买1.4L排量的，还是1.6L排量的，这两个不同排量的轿车之间也构成竞争。（　　）

（四）实务操作题
旅游业的外部环境分析，主要内容包括：
（1）2019年度经济环境分析，主要包括购买能力等方面对旅游市场的影响。

（2）2019年度产业政策分析，包括旅游行业的市场准入制度、安全标准等相关法律对旅游行业的影响。

（3）2019年度社会环境分析，包括中国人生活习惯的改变、生活方式的改变等对旅游行业的影响。

提交形式：以小组为单位，进行PPT形式的汇报。

成果要求：内容全面，逻辑性强，精心提炼，排版整齐，PPT精美，思路清晰，汇报流畅。

(五) 简答题

1. 分析竞争者的能力包括哪些内容？
2. 在分析同行业的竞争者时，尤其要注意分析哪些内容？

项目三

营销战略策划

在市场营销理论中，市场细分（Segmentation）、目标市场（Targeting）和市场定位（Positioning）是构成公司市场营销战略的三要素，被称为营销战略的 STP。

市场细分是按不同细分变量把市场划分为不同的消费群体，企业应明确不同的市场细分的方法，准确描述细分市场；目标市场是根据衡量细分市场吸引力的标准，选择一个或几个要进入的市场；市场定位是向每个目标市场的消费者心中树立及传递某企业、产品或品牌的独特形象，从而确立企业的竞争地位。

形象地说，市场营销战略的 STP 相当于吃蛋糕的三步曲：

第一步，分蛋糕。把一个完整的蛋糕，按是否有水果来切分，分成有水果的部分、没水果的部分，这就完成了对蛋糕（市场）的细分。

第二步，选蛋糕。每个人按照自己的爱好来选择蛋糕，喜欢吃水果的就选择水果比较多的那块。这相当于市场营销中对目标市场的选择。

第三步，订蛋糕。喜欢吃有水果的蛋糕，并告诉身边的人有水果是多么好吃、多么有营养，来证明你的选择是最好的。这相当于市场定位。

经典回放

"非常小器"

在广东省中山市有一个全球最大的美甲用品生产基地，它们将大企业不愿做，小企业做不好，让老百姓烦恼的"小不点"指甲钳做成了中国第一、世界第三的"巨无霸"。这就是梁伯强的"非常小器王国"。梁伯强是如何成就"非常小器王国"的呢？

1. 发现商机

1998 年 5 月某天下午，梁伯强在别人送来的一张包东西的旧报纸上，发现了一篇题为《话说指甲钳》的文章。该文章写道，朱镕基总理在中南海会见全国轻工集体企业代表时说："我经常讲轻工是搞小商品的，像这个指甲钳，我们大陆并不是没有，但我没用过好的指甲钳。这是别人送给我的两个。我们的指甲钳两天就剪不动了，这个是台湾地区产的，用起来很灵便，剪后指甲不满地掉，都掉到袋子里去了……你们要下功夫，动脑筋，在这方面大有可为。"朱镕基以小小的指甲钳为例要求轻工企业努力提高产品的质量，开发新产品。这篇《话说指甲钳》的文章使梁伯强意识到指甲钳这个商机。

2. 确认商机

梁伯强通过广告征集将指甲钳定名为"非常小器"。这时市场考察就是当务之急。

第一步，分析产品。他搜集了大量国内外企业生产的指甲钳产品，分析各自的特点。例如，国内产品造型单一，无特色，工艺粗糙，使用费劲，指甲壳乱飞；韩国产品做工精致，贴近大众，非常人性化；日本产品在精细的基础上突出款式的新颖，各种卡通造型让人爱不释手；德国产品相当于高技术产品，产品质量高，价格也高。外国产品的共同特点是精致、耐用、实用。

第二步，国内市场与企业考察。梁伯强从电话号码簿中查到国内有5家企业生产指甲钳，于是他的考察路线是广州—天津—北京—苏州—上海。调查发现，国内企业主要有两类：一是已倒闭的国有企业，如天津的"天"字牌、北京的"京"字牌、广州的555牌、上海的"双箭"牌、苏州的"双菱"牌等；二是广东南海、浙江海宁的个体户，家庭作坊式生产，规模小，设备工艺简陋，产品质量差，外形设计无特色。当时的市场状况是：国产指甲钳处于市场低端，零售价最低只有几角钱，通过义乌等小商品批发市场销售到全国；韩国指甲钳产品777在高级商场销售，完全占据中高档市场。通过对国内市场的考察，梁伯强判断：做高档产品才有前途。

第三步，国外市场与企业考察。考察表明：全球指甲钳年市场规模有50亿～60亿港元，其中韩国供应20亿港元，中国不到20亿港元，韩国基本垄断指甲钳市场。德国"双立人"是世界上最好的指甲钳，但其主导产品是厨房刀具与医疗器械；美国、加拿大厂家自己不生产，以OEM方式委托韩国企业生产；日本只有两家企业生产个人护理系列产品，其金属类产品主要委托韩国企业生产；韩国有5家企业生产指甲钳，分别是"钟"、777、"皇家"、"司柏多"和"润益"。其中，777通过中国香港的公司进入内地市场。

第四步，做出开创利基市场的决策。在充分掌握以上商业情报的基础上，梁伯强受美国吉列剃须刀的启发，做出决策如下：要做全球最大的指甲钳品牌。其主要依据有下面几点。①产品范围狭窄——指甲钳属于其他日用金属制品，是一个小产品。②市场规模适当——全球年销售额50亿～60亿港元，从未有过大企业涉足。而对梁伯强来说，这个规模又足够大，如果占其50%份额，年销售额就可达到30亿港元。③指甲钳生产属于传统的小型金属制造业，技术变革不快，无"革命性"创新，主要创新在外形设计上，研发投资也不大。④全球市场无主导品牌。韩国企业主导全球市场，但这些企业或者不专门做指甲钳，或者企业负责人年迈且无人继承事业。与中国企业相比，韩国企业的成本高，而中国指甲钳生产以个体经营者为主，规模很小。指甲钳生产的历史表明：这是任何大型企业都不会去做的业务，并且是个体户做不好的业务。⑤需求稳定且可增长。指甲钳是日常用品，需求相当稳定；指甲钳又是终端产品，年需求量可通过企业开发新产品来不断扩大。⑥全球通用性强。

3．确定目标市场

经过充分的市场调研，梁伯强决定向韩国企业777取经。为了获得生产指甲钳的核心技术，他成了777的代理商，订购了30万元产品，并不断以经销商的身份去韩国777工厂考察，一年飞20次韩国，终于学来了技术。接着，他们收购了具有悠久历史的法国个人美妆工具生产厂家达尔夫公司。经专家反复论证后，决定投资1 000万元专做富有时尚、休闲文化内涵的个人护理用品指甲钳。在产品设计创新方面设有专业的研发部，并且结盟海外6家研发公司为其设计新产品，在研究借鉴了国外生产工艺的基础上改进传统工艺，尤其是对刃口进行技术创新，将传统的挤压型改为剪切型，从而提高了锋利度。经过11个月攻关，名为"非常小器•圣雅伦"的新一代指甲钳问世了。经国家日用金属制品质量监督检验中心严格检验，各项指标均达到或超过当时称霸国际指甲钳市场的韩国产品，而价格仅是韩国产品的60%。

圣雅伦的母公司聚龙集团还被授权起草中国指甲钳的行业新标准，此标准已于2002年12月正式颁布实施。如今，他们的一个指甲钳里面就有37项专利，指甲钳的正面盖板上还可以做广告。

资料来源：王丽瑛．"非常小器"，成就大器[J]．进出口经理人，2007（7）．

经典分析　在寻找目标市场时，充分的市场调查是关键，准确的商业情报是正确决策的基础。同时，还需要有准确的判断能力，能够用新的角度和方法来审视目标市场，要考虑到目标市场业务与其他业务之间的相关性。如果其他业务对目标市场业务具有支持作用，企业可以把目标市场业务作为核心业务。

想挑战一下自己吗？扫一扫这里！

任务一　市场细分策划

知识讲堂

开篇任务单

一个企业如果在各个方面都能更多更好地为消费者提供价值，将毫无疑问地在市场上占据绝对优势地位。然而几乎没有一个企业可以做到这一点。消费者的需求和欲望千差万别，而且又随着环境因素的变化而变化。对于复杂多变的大市场，无论一个企业的规模有多大、资金实力有多雄厚，都不可能满足市场上全部消费者的所有需求，更何况企业还受到资源、设备、技术等方面的限制。企业如果要求得生存和发展，就需要根据自身的优势条件，选择力所能及的、适合自己经营的目标市场从事生产、营销活动。因此，企业有必要对市场进行细分。

一、市场细分的概念及作用

（一）市场细分的概念

市场细分就是根据消费者明显不同的需求特性，把市场区分为两个或多个消费群体，以便企业选择目标市场。将一个具有近似特征的消费群体，从差异万千的大市场中划分出来作为一个个分市场，这就是市场细分的过程。

同一细分市场上的消费者的需求是相似的，不同细分市场上的消费者对于同一产品或服务的需求也存在差别。

商业江湖 3-1　　　　　　　　　　　　　　　　　　　　　　　　　　　　扫一扫，听案例

女性汽车

有专家预测，随着女性社会地位的提高及都市白领女性的不断涌现，未来10年约有6%的新车将由女性购买。面对汽车市场的这一变化，一些精明的汽车制造商通过捕捉男女间需求的细微差别，设计出了更适合女性驾驶的车型。其具体特征为：后备厢更容易打开；座位更易调整；安全带更舒适。同时，由于与男性比，女性更注意安全，因此还增加了汽车的安全设施，如增设安全气囊和受控门锁等。

分析　与传统的按消费者收入水平细分汽车市场为高、中、低档汽车的做法不同，性别细分为众多汽车制造商提供了一个新的市场发展空间。

（二）市场细分的作用

市场细分对企业的生产、营销起着极其重要的作用，主要体现在以下几个方面。

1. 有利于发现市场机会

市场机会一般存在两种情况：一是为现有产品和服务找到新的或潜在的顾客，启动一个新市场，或者发现现有产品的新功能和新用途，引导人们使用它；二是创造开发、设计生产出具有新功能的产品，以满足人们变化的需求。通过市场细分，企业可以对每个细分市场的现实状

况、购买潜力、满足程度、竞争情况等进行分析对比，了解各个消费群体的需求情况和目前被满足的情况，在被满足水平较低的市场部分就可能存在着最好的市场机会。

2．有利于制定精准的营销战略与策略

按照消费者的需求特点等标准，将整个市场划分为若干细分市场，市场细分后的分市场或子市场比较具体、明确，企业可根据自身情况，确定本企业所要进入的市场及自己的服务对象，即目标市场。然后，企业针对目标市场，制定出可行的市场营销战略和行动计划，集中力量主攻市场。例如，某企业生产的速冻水饺原计划通过超市渠道出售给各个家庭，但随着竞争的加剧，该水饺与大娘水饺、思念水饺等知名品牌比较，只能"甘拜下风"。于是，该企业迅速进行了市场调查，掌握了不同细分市场的需求特点，最终选择了饭店客户，为其提供质优但包装简单的产品，降低了它们的购买成本，从而找到了属于自己的市场。

3．有利于集中有限资源开展竞争

任何一个企业的资本、技术、人力、信息等资源都是有限的。通过市场细分，企业可以集中资源，实现专业化、规模化生产，确立其在细分市场上的竞争地位。另外，通过市场细分，中小企业也可以巧妙地避开实力雄厚的竞争者。中小企业具有财力有限、市场有限、竞争力不足等特点，通过市场细分，采取填补市场的空缺、拾遗补阙等策略，可以发挥自身的优势，找到属于自己的"蓝海"。

市场细分以后，在细分市场上竞争者的优势和劣势就明显地展现出来，企业只要看准市场机会，利用竞争者的弱点，同时有效地发挥本企业的资源优势，就能用较少的资源把竞争者的顾客和潜在顾客变为本企业的顾客，从而提高市场占有率，增强竞争能力。

二、市场细分的标准

（一）消费者市场细分的标准

细分消费者市场所依据的标准很多，可概括为四大类：地理变量、人口变量、心理变量和行为变量。

1．地理变量

企业按照消费者所处的地理位置来细分，可以把市场分为国内市场和国际市场，其中国内市场又可细分为不同地区范围的市场，如城市市场和农村市场。按消费者所处的地理位置、城市规模、城镇、自然环境、气候条件等项目来细分市场既是一种比较传统的市场细分方法，也是相对稳定的市场细分标准，如表 3.1 所示。例如，羽绒服和保暖内衣等产品，在北方省份及江南地区有市场，但在海南、广东等南方省份就基本没有市场。又如，香葱按地理位置可分为杭州市场、上海市场、重庆市场等。

表 3.1　按地理变量细分市场

地理变量	说　明
世界区域	北美、西欧、东欧、中东、亚洲等
国家区域	中国、美国、日本、韩国、英国、德国、印度等
国家强弱	发达国家、中等发达国家、发展中国家
国内地区	东北、华北、华东、华南、中南、西南、西北、沿海、珠三角等

(续表)

地理变量	说　明
国内省份	河北、河南、广西、广东、山东、山西、陕西、浙江、福建等
城市规模（人口）	50万人以下、50～100万人、100～200万人、200～300万人、300万人以上
城镇	直辖市、省会城市、大城市、中等城市、小城市、乡镇和农村
自然环境	高原、山区、丘陵、平原、湖泊、草原
气候条件	干燥、潮湿、温暖、严寒

2. 人口变量

企业也可以对消费者市场按照人口变量进行细分，人口变量具体包括性别、个人生命周期、年龄、家庭生命周期、职业、收入、受教育程度、家庭人口数、宗教信仰、民族等，如表3.2所示。人口变量对于细分最终消费品市场是一个非常重要的标准，因为消费者的欲望、偏好和使用频率与人口变量存在一定的因果关系，而且人口变量更易于测量。例如，服装、化妆品、鞋帽、理发等行业的企业长期以来一直按"性别"细分市场；汽车、旅游等行业的企业一直按"收入"细分市场；按"年龄"可以细分为婴儿产品市场、儿童产品市场、少年产品市场、青年产品市场、老年产品市场等。

表3.2　按人口变量进行市场细分

人口变量	说　明
性别	男性、女性
个人生命周期	婴幼儿、儿童、少年、青年、中年、中老年、老年
年龄	6岁以下、6～12岁、13～19岁、20～34岁、35～49岁、50～64岁、65岁以上 或者婴儿、儿童、少年、青年、成年、老年
家庭生命周期	单身、备婚、新婚、育儿、空巢、寡鳏
职业	工人、农民、干部、公务员、教师、经理、厂长、营销员、业主、个体户等
收入	人均月收入1 000元以下、1 000～2 000元、2 000～3 000元、3 000～5 000元、5 000元以上
受教育程度	小学及以下、中学、大学、研究生等
家庭人口数	1、2人，3、4人，5人以上
宗教信仰	佛教、道教、基督教、天主教、伊斯兰教等
民族	汉、回、朝鲜、蒙古、苗、藏、傣、壮、畲、高山等

3. 心理变量

在居民收入水平和地理位置基本相同的条件下，许多消费者有着不同的消费习惯与特点，这就是消费者的心理因素在起作用。心理因素包括生活方式、个性、购买动机、价值取向，以及对产品和服务方式的感受或偏爱、对产品价格的敏感程度等。例如，某服装公司把女性分为朴素型女性、时髦型女性、男子气质型女性3种类型，分别为她们设计制作不同款式、颜色和质料的服装，这是按生活方式来细分市场。对消费者市场划分的心理变量归纳起来主要包括需求动机、生活方式、感知风险力、消费理念、文化导向、个性特征、心态特征等，如表3.3所示。

表3.3　按心理变量进行市场细分

心理变量	说　明
需求动机	生存需要、安全需要、情感和归属的需要、尊重需要、自我实现需要
生活方式	传统型、保守型、现代型、时髦型等

(续表)

心理变量	说　明
感知风险力	低风险、中等风险、高风险
消费理念	节俭朴素型、铺张浪费型（爱阔气、讲排场）
文化导向	东方文化、欧美文化、日韩文化
个性特征	理智型、冲动型、情绪型、情感型等
心态特征	有抱负、自信、积极、乐观、悲观、内向、外向、善交际等

商业江湖 3-2　　　　　　　　　　　　　　　　　　　　　　扫一扫，听案例

恰当营销

农贸市场的早晨异常热闹与拥挤，奔着"新鲜"起大早的人们前来赶早市。只要多来几次，细心观察，就会发现农贸市场上的营销小窍门——恰当营销。

在原丽水市人民路菜市场，有两个对比鲜明的卖菜摊位。两个摊位都是男老板，其中一个是个子不高的、黑黑的、脖子上戴着个金链子的男人，他经营得大而全，只要是菜场上有的家常菜，他家都有，占地面积是别人的 4 倍。每种菜他都不标价，也不整理，凌乱地摊在地面上（给人的感觉像是要甩货），只要有人问价，他都及时随口答出。收钱、找钱也大方，在 2 角钱以内的零钱都会抹掉，接到顾客说正好的钱款连看都不看，直接扔到钱盒子里，一副大大咧咧的样子。

而另一家的老板，是个子高高的、白白净净的、儒雅的男人。其摊位面积是前者的 1/4，摆着几种家常菜，种类虽不多，但蔬菜整理得清清爽爽、整整齐齐，冲洗得干干净净——玉米都是剥好皮、玉米须摘得干干净净，豆角都按长短排得整整齐齐……不但明码标价，而且价格随行就市（相当于超市的做法）。老板在称菜时从不缺斤短两，一是一、二是二。

但有趣的是，前者摊前总是挤满了人，老板忙碌着，不停地称菜、找钱。而后者的摊前就像他的菜一样清清凉凉。

细思量，农产品营销看似简单，但其中包含着"恰当"营销原则。愿意去菜市场而不是超市买菜的人一般有 3 个特点：喜欢占便宜，喜欢挑挑拣拣，喜欢新鲜。

一、顾客喜欢"占"——销售人员一定要"大方"　　　　　　　　扫一扫，听案例

首先，在称重环节要善于添加。顾客喜欢"占便宜"而不是买便宜。根据人们普遍的"得到比失去舒服"的心理，虽然菜还不是他的，但是你频繁往下拿，他会很难过，所以要善于凑整，不要往下拿。或者事先问清他要买多少钱的，先拿少量放到秤上，再慢慢添加。

其次，在收钱环节要善于抹零。能起早去市场买菜的，多是在时间上比较富裕、喜欢精打细算的顾客，虽然节省的只有几分钱，但也会给他们好心情。

最后，把钱放到盒子里时要显得无所谓。这样给顾客的感觉是老板不计较，在这里买菜不吃亏。

二、顾客喜欢"挑"——在同等价格下，货品一定要全而多

在农贸市场上，货品的销售价格是个比较敏感的因素，往往被一群顾客围住的都是既新鲜又便宜的产品。如果你的货品比别人的新鲜、全面，那么你定价与别人可以相同；如果你的货品不新鲜，品种又不够多，那高定价一定是无人问津了。

另外，在各类货品的数量上一定要充足，这样可以给顾客自由挑选的余地，让挑选的人有一种"我买的一定是最好的"感觉。千万不能给顾客造成一种"是别人挑剩下的"感觉。

三、顾客喜欢"鲜"——货品不要理干净、不要放整齐

货品不要理干净，即土豆要带泥、胡萝卜要带叶子、玉米要有皮……要自然放置，这样给顾客的感觉

是没有经人工过多处理，所以新鲜、自然、原生态，这样卖得更快。如果有需要，可以现场提供剥皮、处理等服务，由此给顾客的感觉是在这里买到的东西放心、新鲜、原汁原味。

恰当营销就是适合顾客口味的就是合适的。在市场营销理论几乎普及的今天，人们对市场营销都有点了解，但如何做到不浪费、有效果的恰当营销，还需要对市场偏好有细心把握。这在不同的区域有不同的特点，因为不同区域的经济发展水平差异导致顾客生活水平、生活质量的差异，所以对产品与服务的需求就有差异。

因此，恰当营销就是不做多余的营销，给顾客空间，不要替顾客做他自己想做的事。有些事，顾客自己做才觉得放心，你就不要提供过度服务，这绝对是费力不讨好的事。总之，考虑顾客需要的营销，才是有效的营销。

分析 摸透顾客心理就能恰当地营销。恰当的营销是让顾客喜欢，让顾客做主，而不是自己想怎么样就怎么样。

4．购买行为变量

企业也可以按照购买行为变量对消费者市场进行市场细分。购买行为变量具体包括购买时机、追求的利益、使用状况、使用频率、品牌忠诚度、购买阶段、消费者对产品的态度等，如表3.4所示。

表 3.4 按购买行为变量进行市场细分

购买行为变量	说　明
购买时机	许多商品有消费季节性，因此企业可以把特定时机的市场需求作为服务目标。例如，旅行社可以专门为某种时机（节假日）提供旅游服务；文具店可在新学期开始前专门为学生准备学习用品；烟花爆竹、月饼、汤圆、保健品等的经营者也应在重大活动及节日来临之前就着手准备，通过广告促销手段，说明某一节日的重要意义，以让众多消费者在节日前购买相应产品。例如，脑白金的"今年过节不收礼，收礼只收脑白金"就在春节前及时提醒要买礼品的人
追求的利益	消费者购买产品所追求的利益往往各有侧重，这可以作为市场细分的依据。运用利益（功能）细分法，首先必须了解消费者购买某种产品所寻求的主要利益（功能）是什么；其次要了解消费者是哪些人；最后要了解市场上的竞争产品各自适合哪些人的利益追求，以及这些人的哪些利益还没有得到满足
使用状况	有些企业按照未使用者、初次使用者、经常使用者和潜在使用者等消费者对某种产品的使用状况来细分市场。企业对不同使用状况的消费者，采取不同的营销策略，促使初次使用者转化为经常使用者，潜在使用者转化为初次使用者
使用频率	有些企业按照不使用者、少量使用者等消费者的使用频率来细分市场
品牌忠诚度	消费者往往对某些品牌的产品（或某些企业的产品）特别信任，是某产品或某企业的忠诚顾客。企业应根据消费者对本企业产品品牌的忠诚程度采取不同的营销策略，争取更多的忠诚顾客。 一类忠诚者：坚定忠诚者，一直习惯购买某一品牌的商品，表现出对此品牌的忠贞不贰；二类忠诚者：弹性忠诚者，忠诚于两三种品牌；三类忠诚者：转移忠诚者，经常从一种原来喜爱的品牌转移到另一种品牌；四类忠诚者：随机者，对任何品牌的产品都不忠诚
购买阶段	消费者对各种产品的购买总是处于不同的阶段。例如，对某些新产品，有人不知、有人已经知道、有人知道得很清楚、有人已经有购买欲望、有人准备马上购买。企业对处于不同阶段的消费者采取不同的市场营销手段，并随购买阶段的变化调整市场营销方案
消费者对产品的态度	消费者对产品的态度可分为喜欢的、不感兴趣的、否定的和敌对的4类。企业对不同的消费者，要用不同的对策。例如，对于喜欢产品的消费者，要加以鼓励，坚定他们的购买信心；对于不感兴趣的消费者，要通过广告等促销手段，使他们了解本企业的产品和服务，培养他们对本企业产品的兴趣；对于持否定态度和敌对态度的消费者，企业要努力消除其敌对态度，通过促销手段逐步培养其对本企业产品的兴趣，把其转化为忠诚顾客

项目三　营销战略策划

商业江湖 3-3

扫一扫，听案例

为什么买

20世纪90年代初，上海的一家大型百货商店推出了一款价格为75万元的天价情侣手表。几个月过去了，该款手表无人问津。半年后的一天，当一位年轻的富商和他的女友光顾此店并决定购买这款情侣手表时，商店的经理十分兴奋。为了表达商店对这对情侣顾客的感谢和尊敬，在请示了相关领导后经理决定对该款情侣手表打8折。结果让这家商店的经理做梦都没有想到的是，那位年轻的富商非常生气，携女友拂袖而去。

分析　经理没有把握好顾客心理，这类顾客想通过高价消费来炫耀自己的特殊身份或地位。

（二）生产者市场细分的标准

上述细分消费者市场的标准也基本上适用于生产者市场的细分。但由于生产者市场的服务对象是企业，因此有不同于消费者市场的特点。生产者市场细分的主要标准有产品的最终用途、客户的地理位置、客户规模及追求利益等。

1. 最终用途

产品的最终用途是生产者市场细分最常用的标准。不同的使用者对产品有不同的需求，如计算机制造商采购产品时最重视的是产品质量和可用性，服务、价格也许并不是要考虑的最主要因素；生产飞机所用轮胎必须达到的标准比农用拖拉机生产商所需的轮胎标准要高很多；豪华汽车生产商比一般汽车生产商需要更优质的轮胎。因此，企业针对不同的客户，要策划不同的营销组合策略，采用不同的营销措施，以满足需求、促进销售。

2. 客户的地理位置

客户的地理位置对于企业合理地组织销售力量、选择适当的渠道及有效地安排货物运输意义重大，并且不同地区的客户对生产资料的要求各有特色。按客户的地理位置来细分市场，使企业把目标市场放在客户集中的地区，有利于节省推销人员往返于不同客户之间的时间，可以更加充分地利用销售力量，同时可以有效地规划运输路线，节省运输费用。例如，江苏的常熟，浙江的杭州、宁波等都是我国重要的服装生产基地，服装面料和辅料生产企业可按照地理位置进行市场细分，派驻营销人员。

3. 客户规模

客户规模主要是指企业规模的大小，具体包括资金的多少和购买力大小。一般来说，大企业数量少，资金雄厚，购买力强，购买集中，每次购买量大但购买次数少；相反，小企业数量多，资金不足，购买力小，购买较分散，每次购买量小但购买次数多。例如，某办公室用品制造商按客户规模，把客户分为大客户与小客户两类——大客户由该公司的全国客户经理负责联系，小客户由外勤推销人员负责联系。

4. 追求利益

在生产者市场，客户在采购商品时所追求的利益往往是不同的：有的客户强调产品价格低廉；有的客户强调售后维修服务；有的客户强调产品的质量。因此，对生产者市场可按客户所追求的利益进行细分。

85

营销策划实务

> **商业江湖 3-4**　　　　　　　　　　　　　　　　　　　　　　　　扫一扫，听案例
>
> **水泥市场细分**
>
> 某企业通过对水泥生产企业的客户调查，曾经将国内水泥市场划分为三大细分市场：
>
> 第一，程序性客户。这部分客户通常是政府部门、国有企业，它们的购买行为多是例行公事，通常会支付全价，并接受低于平均水平的服务。这一市场对水泥生产企业来说无疑是利润很高的细分市场。
>
> 第二，关系性客户。这部分客户通常是企业的长期关系户，有长期的业务往来，只要求提供小额折扣和一般性服务。这是企业的第二大利润细分市场。
>
> 第三，交易性客户。这部分客户通常是企业制度健全的国有或私营建筑企业。它们认为水泥的质量很重要，但对价格和服务更敏感，一般要求约10%的折扣和高于平均水平的服务；对不同水泥生产企业的价格、服务很了解，随时都会转移购买。尽管这一细分市场利润不高，但有利于扩大企业的销售额。
>
> **资料来源**：李强. 市场营销学教程[M]. 大连：东北财经大学出版社，2000.
>
> **分析**　对生产者市场进行细分，有利于发现市场机会，针对不同的需求提供相应的服务。

三、有效市场细分的条件

市场细分有很多方法，但从营销策划实践来看，不是所有的市场细分都有必要。以奶粉市场为例，首先，所经营的产品基本覆盖了一个人从生到死的所有年龄段，如婴儿奶粉、儿童奶粉、学生奶粉、中老年奶粉等；其次，从不同的功能细分出很多单品，如高钙奶粉、脱脂奶粉、低乳糖奶粉、清脂奶粉等；再次，从包装的角度再细分，400 g袋装、800 g袋装、900 g罐装、1 000 g罐装、500 g促销装及方便装、盒装和礼品装等；最后，再细分成高、中、低档等。如此细分，一个奶粉企业少则经营40个以上产品，多则上百个，更有甚者还多品类经营，如豆奶粉、果粉、干吃奶片、传统奶食品等。虽然开发了很多品种，但利润贡献少，难以满足企业生存的需求，于是很多企业亏损甚至倒闭。因此，企业进行市场细分，必须注意细分的实用性和有效性。市场细分不能过于单一也不能过于复杂，成功、有效的市场细分应具备以下条件。

（一）可衡量性

可衡量性是指细分出来的市场不仅有明显的范围，而且能够估量该市场的规模及购买力的大小。也就是说，对细分市场上消费者对产品需求的差异性要能明确加以反映和说明，能清楚界定；细分后的市场范围、容量、潜力等也能加以定量说明。例如，婴儿奶粉所形成的市场具有可衡量性，其中，6～12个月是主市场，1～3岁为次市场。

（二）可进入性

可进入性是指企业可以利用现有条件进入细分市场，并通过努力占有一定的市场份额。各个细分市场的可衡量性是实现一定销售额的保证，同时市场的细分和选择必须匹配企业本身的营销力量和开发能力，以保证企业有能力进入并占有细分市场。例如，某公司发现了7个细分市场，但它的员工只有7位，因此不能为每个细分市场制订单独的市场营销方案。

（三）实效性

实效性是指细分市场应具有一定的规模、有足够多的利润及足够大的发展潜力，能保证企业在相当长的一个时期内经营稳定。这样的细分市场才值得企业经营，值得企业为该市场制定专门的战略、策略并为此投入资源。

项目三　营销战略策划

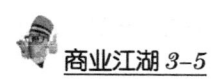

商业江湖 3-5

扫一扫，听案例

错在哪里

8月初的一天，在A市的某报刊及电视上发布了这样一则广告："欢迎高考落榜的同学11日相聚太平洋酒店。"广告连续发布了3天，也拉开了由太平洋酒店主办的"心连心，手拉手——落榜同学相聚说说心里话"活动的序幕。

广告一经发布，就引来了各界关注。新闻媒体、企业纷纷前来问讯，愿意对落榜生给予鼓励和支持。除了报刊广告外，酒店总经理贾先生还在8月10日晚接受了A市新闻电视台晚间黄金节目的现场专访。11日晚的活动更是安排得有声有色：既有心理学方面的专家，也有愿意在落榜生中招工的企业代表，更有酒店贾总经理以落榜生的身份现身说法，鼓励大家自强不息。太平洋酒店还计划从11日起，不定期地举办为落榜生服务的公益活动，并打算从落榜生中优先招收员工。用酒店的话讲就是："献一份爱心、关心给落榜生。"8月11日，这一引起社会各界关注的活动正式开始。但在当天晚上8点整，贾总经理准备宣布活动开始时才发现，偌大的会场内只有4名同学，而即便是这4名同学，也因没看到有人再来，趁人不注意相继溜出了会场。为什么一场出发点良好的公益活动会出现这样的结果？

资料来源：邓镝. 营销策划案例分析[M]. 2版. 北京：机械工业出版社，2014.

分析　本案例的失误在于目标市场——"落榜生"的错误选择。活动策划方没有正确把握落榜生的心理状态：没能"金榜题名"已经很没面子，还要在大庭广众之下被曝光，这对大多数落榜生来说是雪上加霜。因此，如此策划的活动失败是意料之中的。

学习日志

一、我学了

1. _____
2. _____
3. _____

二、我用了

1. _____
2. _____
3. _____

三、测一测（扫二维码答题，已嵌入线上课堂中）

在线测试

（一）单项选择题

1. 根据消费者明显不同的需求特性，把市场区分为两个或多个消费群体，以便企业选择目标市场，将一个具有近似特征的消费群体，从差异万千的大市场中划分出来，作为一个个分市场。这是（　　）。

　　A. 市场定位　　　　B. 市场细分　　　　C. 目标选择　　　　D. 战略制定

2. 香葱市场按地理位置分为杭州市场、上海市场、重庆市场等。这是按（　　）变量在划分市场。

　　A. 人口　　　　　　B. 地理　　　　　　C. 心理　　　　　　D. 行为

3. 某服装公司把女性分为朴素型女性、时髦型女性、男子气质型女性 3 种类型，分别为她们设计制作不同款式、颜色和质料的服装。这是按（　　）变量在划分市场。
  A. 人口　　　　　B. 地理　　　　　C. 心理　　　　　D. 行为
4. 文具店可在新学期开始前专门为学生准备学习用品是（　　）变量的应用。
  A. 人口　　　　　B. 地理　　　　　C. 心理　　　　　D. 行为
5. 生产飞机所用轮胎必须达到的标准比农用拖拉机生产所需的轮胎标准要高很多，豪华汽车生产商比一般汽车生产商需要更优质的轮胎，是（　　）生产者市场细分变量的应用。
  A. 最终用途　　　B. 地理位置　　　C. 客户规模　　　D. 追求利益

（二）多项选择题

1. 被称为市场营销战略的 STP 为（　　）。
  A. 市场调查　　　B. 细分市场　　　C. 产品定位　　　D. 目标市场的选择
2. 生产者市场细分的变量包括（　　）。
  A. 最终用途　　　B. 地理位置　　　C. 客户规模　　　D. 追求利益
3. 有效市场细分的条件有（　　）。
  A. 可衡量性　　　B. 可进入性　　　C. 实效性　　　　D. 可执行性
4. 在消费者市场细分中，属于行为变量的有（　　）。
  A. 购买时机　　　B. 受教育程度　　C. 使用状况
  D. 收入水平　　　E. 品牌忠诚度
5. 下面属于人口变量的有（　　）。
  A. 年龄　　　　　B. 性别　　　　　C. 个性
  D. 宗教信仰　　　E. 生活方式

（三）判断题

1. 对产品价格的敏感程度属于人口变量。（　　）
2. 对产品和服务方式的感受或偏爱属于心理变量。（　　）
3. 把市场分为婴儿产品市场、儿童产品市场、少年产品市场、青年产品市场、老年产品市场等是按个性变量划分的。（　　）
4. 中小企业有财力有限、市场有限、竞争力不足等特点，可以通过市场细分，采取填补市场的空缺、拾遗补阙等策略以发挥自身的优势。（　　）
5. 对于持否定态度和敌对态度的消费者，为节约成本企业可以放弃他们。（　　）

（四）实务操作题

选择一个酒品牌，调查其应用的市场细分的变量是什么，并分析其细分市场的有效性。以 Word 文档及 PPT 演示文稿的形式提交。

（五）简答题

1. 什么是市场细分的过程？
2. 什么是品牌的忠诚度？

项目三 营销战略策划

任务二 目标市场策划

知识讲堂

一、目标市场的概念

所谓目标市场,是指企业准备以相应的产品或服务去满足其现实的或潜在的消费者需求的那一个或几个细分市场。市场细分与目标市场的选择关系密切:市场细分是按不同的消费需求划分消费群体的过程,目标市场是企业选择一个或几个消费群体作为自己市场营销对象的过程;市场细分是选择目标市场的前提,选择目标市场则是市场细分的目的和归宿。

追求利润是每个企业经营的主要目标,而利润取得的前提是企业提供符合消费者需求的产品。为了能够满足消费者的不同需求,企业必须准确地把握不同群体的消费习惯和需求特点,而整个市场上不同消费者的需求趋势和爱好又是不尽相同的,所以无论企业规模有多大,都无法满足所有消费者的全部需求。因此必须把企业的市场营销活动锁定在一定的市场范围内,才能集中使用企业的人、财、物,保证市场营销目标的实现,避免资源浪费。企业必须在市场细分的基础上选择自己的目标市场,制定相应的营销策略。

商业江湖 3-6

正确选择

太原橡胶厂是一家有 1 800 多名职工,以生产汽车、拖拉机轮胎为主的中型企业。前几年,因产品难以销售而处于困境。后来,他们进行市场细分后,根据企业优势选择了省内十大运输公司作为自己的目标市场,生产适合晋煤外运的高吨位汽车载重轮胎,从而打开了销路。随着企业实力的增强,他们又选择了耕、运两用拖拉机制造厂为目标市场。1992 年,太原橡胶厂与香港中策投资有限公司合资经营,成立了双喜轮胎股份有限公司。1993 年,在全国轮胎普遍滞销的情况下,该公司敲开了一汽的大门,为之提供高吨位配套轮胎。正确选择目标市场是太原橡胶厂跨入全国 500 家优秀企业的有效策略之一。

分析 适时、准确选择符合自身条件与能力的目标市场是太原橡胶厂成功的前提。

追根溯源 3-1

目标市场的条件

1. 市场上有一定数量的潜在需求

企业要满足消费者的现实需求,更要满足其潜在需求,因为企业只有进入具有一定需求潜力的市场,才能实现较长时期盈利的目标。

2. 市场上有一定的购买力,即有足够的营业额

购买力是指消费者购买产品或服务的能力,要求消费者具备一定的经济实力。如果潜在市场的消费者没有一定的购买力或购买力很低,就不能成功地转变成现实市场。

89

营销策划实务

3．市场没有被竞争对手完全控制

一般情况下，企业应尽量选择竞争者较少、竞争者实力较弱的市场作为目标市场。如果竞争十分激烈，而且竞争者力量强大，那么企业进入后就会付出高昂的代价，一旦没有后续力量，就有可能被竞争者扼杀。

4．符合企业的目标和能力

企业应当考虑自身的资源和能力是否满足细分市场的经营条件。只有选择那些企业有条件进入，并能够充分发挥自身资源和能力优势的细分市场作为目标市场，才能够立于不败之地。

二、目标市场的选择战略

（一）市场集中化战略

市场集中化战略是指在众多子市场中，企业只选择一个细分市场，并且集中力量生产或经营一种产品提供给这个细分市场，如表 3.5 所示（灰色代表提供的产品）。

表 3.5　市场集中化战略

	市场 1	市场 2	市场 3
产品 1			
产品 2			
产品 3			

① 适用情况：中小企业或企业发展初期一般选择这种战略。

② 优点：通过市场集中化战略能够更加了解细分市场的需要，采用有针对性的产品、价格、渠道和促销策略。正所谓"好钢用在刀刃上"，企业更容易树立良好的声誉，从而在这个市场中建立一个稳固的地位。因此，企业一定要分析清楚自己的特长，在市场范围内通过生产和促销的专业化分工，以获得更多的经济利益。例如，在温州市的一些县和乡镇就有很多专门生产零部件的厂家，有专门给制鞋企业提供鞋帮、鞋带或鞋底的，有专门做纽扣的，有专门做鼠标垫的，也有专门给卖海鲜的提供冰块的，等等，这些企业采用的就是市场集中化战略，即专心做好一件事。

③ 缺点：这种方式隐含着较大的经营风险，如果所服务的细分市场不景气，将给企业带来致命的打击。

商业江湖 3-7

扫一扫，听案例

单一市场

英国一家小油漆公司在成立之初对室内用油漆市场进行了调查。他们访问了许多消费者，了解了他们的不同需求，然后对市场做了如下细分：60%的大市场对各种油漆产品都有潜在需求，但本公司对此无竞争力。40%的市场又细分为 4 个：家庭主妇市场，这个市场消费群体的特点是不懂室内装潢需要什么油漆，但是要求油漆质量好，并且要求油漆商提供设计、油漆效果好；油漆工助手市场，这个市场需要质量较好的油漆，以便替住户进行室内装潢，他们一向从老式金属器具店或木材厂购买油漆；老油漆技工市场，这个市场的特点是他们不购买已经调好的油漆，而是购买颜料和油料，自己调配油漆；对价格敏感的年轻夫妇市场，这一市场的特点是他们收入较低，租赁公寓（单元房）居住，按照英国人的习惯，租赁公寓的住房在一定时间内必须油刷以保护房屋，因此他们购买油漆不求质量好，只要比白粉刷浆的效果稍好就行，但要求价格便宜。

该公司考虑了自己的人力、物力等资源条件，决定选择租赁公寓居住的年轻夫妇这一细分市场作为目标市场，并制定了一系列营销策略。

① 产品策略。只经营单一规格品种的油漆（可根据消费者的偏好，在油漆色彩和包装大小上做适当调整）。

② 渠道策略。把产品分销到目标消费者住宅附近的每个零售店。在市场区域内出现新的零售店时，立即招其来订购本公司的产品。

③ 价格策略。保持单一的低廉价格，没有任何特价，不跟随其他油漆厂家调整价格。

④ 促销策略。宣传内容以"低价""满意的质量"为口号，以适应目标消费群体的需求；定期变换商店布置和广告文本，创造全新形象，并变换使用广告媒体。

由于该公司准确地选择了目标市场、制定了正确的营销策略，因此取得了很大的成功。

分析 只有正确地选择目标市场，才能制定出精准的营销策略，然后集中有限资源在所选市场上发力，从而取得实效。

（二）产品专业化战略

产品专业化战略是指企业生产或经营某种或某类产品，并向所有的细分市场提供这种产品，如表3.6所示（灰色代表提供的产品）。例如，各种图书、杂志、报纸的出版商向青年、中年和老年消费者提供各种读物。

表3.6 产品专业化战略

	市场1	市场2	市场3
产品1			
产品2			
产品3			

① 适用情况：企业新进入某个市场时因公司本身资源条件所限而采用这种战略。

② 优点：产品专业化战略的生产成本、调研、管理、促销费用低；企业向所有细分市场提供同种产品可以分散风险；企业通过这种战略，可以在某个产品方面树立起很高的声誉。例如，红牛饮料在功能性饮料中非常有名气。

③ 缺点：产品专业化战略由于目标过于集中，全部资源和力量都投在一种产品上，如果出现其他的替代品或消费者偏好发生转移，企业将面临巨大的威胁。

（三）选择性专业化战略

选择性专业化战略是指企业有选择地进入多个细分市场，并向这些很少或根本没有任何联系的细分市场分别提供不同类型的产品，如表3.7所示（灰色代表提供的产品）。

表3.7 选择性专业化战略

	市场1	市场2	市场3
产品1			
产品2			
产品3			

① 适用情况：在符合企业的目标和资源条件的情况下，财力雄厚的企业通常选择这种战略。

② 优点：选择性专业化战略能分散企业经营风险，即使其中某个细分市场失去了吸引力，企业还能在其他细分市场中营利。例如，宝洁公司生产飘柔、潘婷、海飞丝等多种品牌的洗发水，每种洗发水所对应的消费群体存在差异，一方面使企业获得了较多的市场份额，另一方面有效地分散了企业的经营风险。

③ 缺点：选择性专业化战略会使企业的规模效益受影响，物流费用、促销费用高。

（四）市场专业化战略

市场专业化战略是指企业专门服务于某一特定消费群体，即向同一细分市场提供各种不同类型的产品，尽力满足它们的各种需求，如表 3.8 所示（灰色代表提供的产品）。

表 3.8　市场专业化战略

	市场 1	市场 2	市场 3
产品 1	■		
产品 2	■		
产品 3	■		

① 适用情况：在符合企业的目标和资源条件的情况下，多数企业通常选择这种战略。

② 优点：采用市场专业化战略，企业专门为某个消费群体服务，能建立良好的声誉。例如，某企业为美容护理院提供一整套产品，从美容产品到美容专用椅子、镊子、发夹都提供；某电器生产企业专以居民厨房为目标市场，生产电饭锅、电子打火灶具、抽油烟机、洗碗机及消毒柜等各类厨房小电器；海澜之家股份有限公司从事海澜之家品牌的男士服装服饰的生产、经营和销售，包括西服、衬衣、家居服、内衣、皮具等系列产品，照顾男士的每种需求。

③ 缺点：当该特定的消费群体突然萎缩或购买力下降时会给企业带来沉重的打击。

（五）全面覆盖战略

全面覆盖战略是指企业生产或经营多种产品满足市场上所有消费群体的需求，以覆盖整个市场，如表 3.9 所示（灰色代表提供的产品）。

表 3.9　全面覆盖战略

	市场 1	市场 2	市场 3
产品 1	■	■	■
产品 2	■	■	■
产品 3	■	■	■

① 适用情况：一般只有实力强大的特大型企业才有能力采取这种战略。例如，美国通用汽车公司就曾提出"为每个钱包设计一款产品"的经营理念，针对消费群体的不同收入状况及不同需求生产出凯迪拉克、别克、雪佛兰 3 个档次的汽车。

② 优点：全面覆盖战略是用各种产品满足所有消费群体的需求。

③ 缺点：采用全面覆盖战略，企业的规模效益会受影响，物流费用、促销费用高。

在具体的市场营销实践中，企业在运用以上 5 种战略时，一般首先进入最有吸引力的细分市场，只有在条件和机会成熟时，才会逐步扩大目标市场范围，进入其他细分市场。例如，某公司首先将一种小汽车推上市场，然后再推出更多型号的汽车，接下来再增加大型汽车，最后推出豪华型汽车。

三、目标市场的营销策略

（一）无差异营销策略

无差异营销策略也称大一统营销策略，是指把整个市场作为企业的目标市场，推出一种产品，实施一种营销组合策略，以满足整体市场的某种共同需要。这种策略只考虑市场需求的共性，而不考虑其差异性。它运用一种产品、一种价格、一种营销方法，依靠大众化的渠道和主题相同的广告，以吸引尽可能多的消费者，并在消费者心目中树立良好的形象。

① 适用条件：这种策略只适用于人们有共同需要、差异性不大的少数产品。

② 优点：生产与营销成本低。因为产品单一，容易保证质量，能大批量生产、储运和销售，易于降低生产成本和销售成本，同时可节约大量调研、开发和广告宣传的费用。例如，美国可口可乐公司从20世纪以来，一直采用无差异营销策略，只生产一种口味、一种配方、一种包装的饮料，甚至连广告词都是统一的"请饮可口可乐"，以此来满足全世界156个国家和地区的需要，赚取了巨额利润。

③ 缺点：不能适应买方市场复杂多变的消费需求，在买方市场条件下竞争激烈。这种策略对多数企业都是不适用的，因为一种产品长期受所有消费者欢迎是不可能的。如果采用这种策略的企业过多，则整体市场竞争就会日趋激烈，给企业带来风险。例如，美国三大汽车公司由于只提供单一的大中型轿车，结果让日本的轿车生产商钻了空子。

商业江湖 3-8

扫一扫，听案例

荣华与肯德基

举世闻名的肯德基在全世界拥有上千家分公司，它用同样的烹饪方法、同样的制作程序、同样的质量标准、同样的服务水平，采取无差异营销策略，生意很红火。1992年，肯德基在上海开业不久，上海荣华鸡快餐店（简称荣华）开业并且把分店开到肯德基对面，形成竞争局面。荣华把用面包做主食改为用蛋炒饭为主食，西式土豆条改成酸辣菜、西葫芦条，更受中国消费者欢迎。

分析 当遇到竞争强手时，无差异营销策略也有其局限性。

（二）差异化营销策略

差异化营销策略是指企业根据各个细分市场中消费者需求的差异性，设计、生产出目标消费者需要的多种产品，去满足不同消费者的需求，并制定相应的营销策略。

① 适用条件：差异化营销策略适合在需求差异性大、竞争激烈的情况下使用。

② 优点：品种多样化，市场敏感度高，机动灵活，能更好地满足各个消费群体的不同需求；企业同时在几个细分市场上占优势，有利于提高企业声誉，树立良好的企业形象，增进消费者对企业及其产品的信任感，从而有利于提高其市场占有率。例如，阿里巴巴集团经营多项业务，另外也从关联公司的业务和服务中取得商业生态系统经营上的支持。

③ 缺点：企业资源分散于各个细分市场，容易失去竞争优势；生产和营销成本较高，因采

营销策划实务

取多种营销组合策略，增加了管理的难度。因此，使用差异化营销策略还要权衡一下究竟差异到什么程度最有利。为了解决这个矛盾，许多企业只经营少量品种，尽量使每个品种的产品都能适应更多消费者的需求。

（三）集中化营销策略

集中化营销策略是指企业在细分后的市场上选择少数几个细分市场作为目标市场，集中企业的市场营销力量进入该市场，在该市场上发挥优势，为该市场开发一种理想而独到的产品，实行专业化的生产和销售，提高市场占有率。采取这种策略的企业，追求的不是在较大的市场上占有较少的份额，而是在较小的市场上占有较多的份额。企业面对若干细分市场时并不希望尽量占有市场的大部分乃至全部，而是集中全力来争取一个或极少数几个细分市场。

① 适用条件：企业对目标市场有较深的了解。这是大部分中小企业应该采用的策略。

② 优点：采用集中化营销策略能集中优势力量，生产适销对路的产品，降低成本，提高企业在细分市场上的占有率，甚至占支配地位，有利于创出名牌。

③ 缺点：因为它的目标市场范围小，如果目标市场的消费者需求和爱好发生变化，企业就可能因应变不及时而陷入困境。

追根溯源 3-2　　　　　　　　　　　　　　　　　　　　　　　扫码听书

营销策略的影响因素

1．产品情况

在选择目标市场营销策略时，要看企业生产经营产品的差异性大小。对于某些差异性很小的产品，所有的消费者具有大体相同的需求特征，这些产品尽管有质量上的差别，但消费者并不过分挑选，竞争焦点一般在价格上，如面粉、食盐、初级矿产品、普通钢材等。对这种产品适合采用无差异营销策略。而对某些差异性大的产品，如服装、鞋帽、化妆品、家用电器等，则适合采用差异化或集中化营销策略。

2．竞争状况

当目标市场中竞争者数量较少、实力较弱时，可选择销售费用和生产成本较低的无差异营销策略；当目标市场中竞争者数量较多、实力较强时，可选择差异化或集中化营销策略。

3．企业资源

企业本身资源情况是企业选择营销策略时必须考虑的因素之一。如果企业本身资源丰富，如拥有大规模的生产能力、广泛的渠道、较高的产品标准化程度、较好的内在品质和品牌信誉等，则可考虑采取无差异营销策略；如果企业本身资源匮乏，实力较弱，则最好选择集中化营销策略。企业初次进入市场时，往往采用集中化营销策略，在积累了一定的成功经验后再采用差异化或无差异营销策略，扩大市场份额。

4．产品生命周期

产品的生命周期包括投入期、成长期、成熟期和衰退期4个阶段。产品所处的生命周期不同，所表现出的产品特点也不同。在投入期及成长初期，消费者刚刚接触这一产品，对它的了解还停留在较粗浅的层次，竞争尚不激烈，可采用无差异营销策略，试探市场需求和消费者需求情况；产品进入成长后期和成熟期时，消费者已经熟悉产品的特性，需求向深层次发展，表现出多样性和不同的个性，市场竞争加剧，应采用差异化营销策略，以开拓新市场；进入衰退期后，由于市场趋于饱和，竞争更为激烈，此时应采取集中化营销策略，集中力量在少量尚有利可图的市场。

商业江湖 3-9　　　　　　　　　　　　　　　　　　　　　　扫一扫，听案例

"阿妈"餐厅

印度有位68岁的女士创办了"阿妈"餐厅。"阿妈"餐厅从2013年开始运营，仅3年时间就扩展到

94

300多家分店。餐厅的店面装修呈淡淡的粉红色,给人一种优雅、亲切和温暖的感受。它的菜品健康、便宜,最贵的菜只卖0.47元,此外还经常施一些热的汤粥给街头的流浪汉。餐厅的厨师和一般员工都是女性。不要以为餐厅菜价便宜,就臆测其分量不足、食物不鲜或服务方面打折扣。餐厅正如它温润慈祥的名字一样,仁爱和善、质朴敦厚,那些滥竽充数、以次充好、自欺欺人的奸商之道在这里无容身之处。餐厅的早餐供应稀饭、汤面及蒸年糕等,中餐是扁豆咖喱饭、柠檬饭或咖喱叶炒饭,晚餐则供应一些烤面包、扁豆汤等。餐厅的饭菜便宜到你不可想象,早餐通常1印度卢比就可解决,合人民币1角钱不到,中餐则统统合人民币0.47元,晚餐算下来也就只有0.29元。菜式好,分量足,服务也不差,人们趋之若鹜,生意特别红火。一些学生及做生意的小摊小贩、上班族等都是餐厅的常客。他们说在"阿妈"餐厅就餐又舒缓又温馨,就像吃自己妈妈亲手做的饭菜一样。由于饭菜便宜,餐厅已经成为贫困人群的最爱。拉克女士是一个富人家的保姆,以前她常吃雇主留下的剩菜剩饭,自感十分不体面,自从有了"阿妈"餐厅后,她的一日三餐都在这里解决。她说:"好吃、能吃饱,又便宜,最主要的是到这里来就餐我会很开心!"来餐厅就餐的还有中产阶级,那先生是一位律师,他工作之余总喜欢在这里用午餐。他说:"这里的食物既风味独特,又物美价廉。我不认为我与其他就餐人有什么区别。'阿妈'餐厅给人的感觉特别美好,极像一位和蔼可亲的阿妈,这就是我来到这里就餐的理由。"

  沙女士是这家餐厅的厨师长,此前她只是一个没有任何社会地位的家庭妇女,自从她3年前来到餐厅担任大厨,就被家人另眼相看。沙女士说:"有工作、拿工资的感觉真好!"顾及平民的消费能力,低到0.47元的各类菜式,粉红色的"阿妈"餐厅带着深深的善意,给了生活在社会底层的人们一份温馨、平等、体面和尊严。

  资料来源: 冯国伟. 0.47元里的温馨和尊严[J]. 智富时代,2017(4).

  分析 "阿妈"餐厅以贫困者、中产阶级、小商小贩等平民为目标市场,提供分量足,能吃好、吃饱,健康、价廉的充满爱意的美味,给来此消费的人们带来温馨、平等、体面和尊严。这就是成功应用市场细分、目标市场选择及市场定位的经典案例。

学习日志

一、我学了

1. _____
2. _____
3. _____

二、我用了

1. _____
2. _____
3. _____

三、测一测(扫二维码答题,已嵌入线上课堂中)

(一)单项选择题

1. 企业想用各种产品满足各种消费群体的需求,属于( )。
  A. 市场集中化战略 B. 产品专业化战略 C. 选择性专业化战略
  D. 市场专业化战略 E. 全面覆盖战略

2. 专门为满足某个消费群体的各种需要而服务,属于(　　)。
   A. 市场集中化战略　B. 产品专业化战略　C. 选择性专业化战略
   D. 市场专业化战略　E. 全面覆盖战略
3. 选择若干个细分市场,其中每个细分市场在客观上都有吸引力,并且符合公司的目标和资源条件,属于(　　)。
   A. 市场集中化战略　B. 产品专业化战略　C. 选择性专业化战略
   D. 市场专业化战略　E. 全面覆盖战略
4. 企业集中生产一种产品,并向各类消费者销售这种产品,属于(　　)。
   A. 市场集中化战略　B. 产品专业化战略　C. 选择性专业化战略
   D. 市场专业化战略　E. 全面覆盖战略
5. 企业选择一个细分市场集中营销,属于(　　)。
   A. 市场集中化战略　B. 产品专业化战略　C. 选择性专业化战略
   D. 市场专业化战略　E. 全面覆盖战略
6. 消费者的爱好突然变化,或者某个强大的竞争者进入同一个细分市场,(　　)战略下的企业会受到严重威胁。
   A. 市场集中化战略　B. 产品专业化战略　C. 选择性专业化战略
   D. 市场专业化战略　E. 全面覆盖战略
7. 企业集中生产一种产品并向各类消费者销售这种产品,这种战略一般是在(　　)之后出现。
   A. 市场集中化战略　B. 产品专业化战略　C. 选择性专业化战略
   D. 市场专业化战略　E. 全面覆盖战略
8. 对于小微型的创业企业来说,(　　)比较适合。
   A. 市场集中化战略　B. 产品专业化战略　C. 选择性专业化战略
   D. 市场专业化战略　E. 全面覆盖战略

(二) 多项选择题

1. 选择目标市场的主要原因有(　　)。
   A. 市场上有一定的购买力　　　B. 企业经营资源的有限性
   C. 企业经营目标的趋利性　　　D. 市场需求的差异性
2. 目标市场必须具备的条件有(　　)。
   A. 差异性　　B. 规模性　　C. 购买力　　D. 可进入性
   E. 与企业目标及能力的吻合性
3. 在选择目标市场策略时,主要应当考虑的因素有(　　)。
   A. 策划人员　　B. 产品情况　　C. 竞争状况
   D. 企业资源　　E. 产品生命周期
4. 在投入期及成长初期,消费者刚刚接触这一产品,对它的了解还停留在较粗浅的层次,竞争尚不激烈,可采用(　　);当产品进入成长后期和成熟期时,消费者已经熟悉产品的特性,需求向深层次发展,市场竞争加剧,应采用(　　)。
   A. 集中化营销战略　B. 差异化营销战略　C. 无差异营销战略　D. 低成本营销战略
5. 使物流费用增高的目标市场选择战略有(　　)。
   A. 市场集中化战略　B. 产品专业化战略　C. 选择性专业化战略
   D. 市场专业化战略　E. 全面覆盖战略

（三）判断题

1. "为每个钱包设计一款产品"的经营理念是市场专业化战略。（ ）
2. 当该特定的消费群体突然萎缩或购买力下降时会给企业带来沉重的打击，这是市场专业化战略的缺点。（ ）
3. 选择性专业化战略的缺点是：规模效益受影响、物流费用、促销费用高。（ ）
4. 市场细分与目标市场的选择关系密切，目标市场是选择市场细分的前提，市场细分则是选择目标市场的目的和归宿。（ ）
5. 企业没有必要细分市场，只要选择自己可以服务的市场、制定一定的营销策略，就可以在市场上取胜。（ ）

（四）实务操作题

通过网络调查，针对你家乡的旅游资源，分析研究谁是你家乡的客户。制作PPT演示文稿，以个人为单位进行汇报，汇报时间控制在5分钟以内。

（五）简答题

1. 什么是市场集中化战略？
2. 什么是差异化营销策略？

任务三　市场定位策划

知识讲堂

一、市场定位的概念

市场定位是企业根据目标市场上同类产品的竞争状况，针对消费者对该产品某些特征或属性的重视程度，为本企业产品塑造强有力的、与众不同的鲜明个性，并将其形象生动地传递给消费者，以吸引更多消费者的活动。

市场定位的实质是通过设计和塑造产品的特点与个性，使本企业与其他企业严格区分开来，让消费者明显感觉和认识到这种差别，使本企业在消费者心目中占有特殊的位置，从而在目标市场上取得竞争优势。例如，"奔驰"尊贵而稳健，"海尔"售后服务周到细致，"劳力士"手表象征成功，"沃尔玛"产品齐全、价格低廉，这些产品在消费者心目中已经拥有了一定的位置，即在消费者心目中形成了一种偏爱。这种留在消费者心目中的鲜明的、有别于其他竞争者的相对的竞争优势就是市场定位。

追根溯源 3-3

"定位"的渊源

市场定位（market positioning）是20世纪70年代由美国学者A.里斯（A.Ries）提出的一个重要的营销概念。定位的英文原词positioning本义更贴近"占位"的意思。定位理论宣扬的定位策略，就是其本义的"占位策略"。所谓占位，是指品牌特征在消费者心目中"占据"一个什么样的印象与位置，而不是指提前"占据"某一部分消费者。但在翻译成中文时，译者却选取了"定位"一词，这就很容易造成"定位消费者"的误解。而"占位"更倾向于做出某种标记，以便显示某物已经归某人所有，因此"占位"也就容易被理解为给品牌特征做特殊的标记，以便使其在消费者头脑里留下印象。这更加符合里斯提出的 positioning 的原意。

二、市场定位的策划要素

关于市场定位，一般要回答 3 个问题：什么样的人会来买这个产品；目标消费者会以什么产品来替代这个产品；这些人为什么要来买这个产品。

（一）目标市场

企业对目标市场的描述与掌握是定位策划的首要因素。对于目标市场，我们的描述要尽量明确、完整，以便明确今后进攻方向。在描述目标消费者时，我们可以把人口统计资料与心理描述一起使用。例如，金利来领带是成功男士使用的；海飞丝洗发水是有头皮屑的人使用的；北京红星二锅头白酒是中国老百姓的酒；江小白的目标市场可以描述为"80后"为主的有个性、喜欢自嘲、具有文艺情结的、习惯使用互联网的主要消费群体。

（二）竞争者

企业要确定自己在消费者心目中属于哪个市场领域、与谁相争，有助于了解自己被消费者放在哪个梯队，以及敌我之间的消长。当然，应尽量避免与市场领导者发生正面冲突，而应采取迂回战术。最好找一个空白位置作为根据地，等根据地稳固后，再去渗透竞争者的位置。例如，娃哈哈儿童可乐提出的"不含咖啡因的可乐"，既打击了对手，又突出了自己的优点。

（三）产品差异

企业要给消费者一个购买理由，即消费者为何非要购买本企业的产品。企业对每种产品都必须提出有力的差异点，以便说服消费者前来购买，这就是购买原因。这个差异点可以是实质的，也可以是心理的。从产品实质上表现出来的差异，如产品的性能、成分、形状、构造等；从消费者心理方面表现出来的差异，如豪华、朴素、典雅、时髦、舒适等；或者通过两方面的共同作用表现出来，如技术先进、物美价廉、服务周到等。如果找不到差异点，那就换一种方式，由企业提出一种具有独特吸引力的主张，只要是某企业率先提出的，就可以作为该企业的一种宝贵资产。例如，海飞丝洗发水的"头屑去无踪"、娃哈哈儿童可乐的"不含咖啡因的可乐"等都是企业率先提出的产品差异点。

三、市场定位的战略

（一）抢占第一

抢占第一也称首席定位，是一种常用的定位战略，就是力争使企业产品或品牌成为行业领导者。这种战略依据的是人们对"第一"印象最深刻的心理规律，如人们往往更容易记住第一个登上月球的人、奥运会赛场上的冠军等。因此，营销策划人员要善于找出自己品牌所拥有的令人信服的某种属性或利益，通过一定的"第一"或"唯一"战略给人们留下深刻的印象。

（二）针锋相对

针锋相对是一种"明知山有虎，偏向虎山行"的市场定位战略。它意味着要与目前市场上占据支配地位的、最强的竞争者"对着干"，以显示企业知难而上、志在必得的决心。这是一种危险的战术。采用针锋相对定位战略的企业一般应具备以下条件：第一，比竞争者更有实力；第二，市场容量足以吸纳产品；第三，拥有的资源能比竞争者生产出更好的产品。

（三）比附定位

比附定位是指通过与竞争品牌的比较来确定自身市场地位的一种定位战略。比附定位的实质是一种借势定位，即借竞争者之势衬托自身的品牌形象，或者说使定位对象与已占有牢固位置的竞争对象发生关联，确立与竞争对象的定位相反或可比的定位。例如，在早期的蒙牛雪糕皮上印着"为民族工业争气，向伊利学习"；乔治巴顿白酒向江小白白酒的挑战——"我花 108 W 让你上头条，只想告诉你，我回来了"。这是与行业内知名企业攀上关系的比较经典的案例。

商业江湖 3-10　　　　　　　　　　　　　　　　　　　　　扫一扫，听案例

蒙牛借势

1999 年初，蒙牛刚成立，资金只有 1000 多万元。当时与在内蒙古乳品市场上的第一品牌伊利相比，蒙牛力量弱小。于是，蒙牛不与伊利直接竞争，而是采取比附定位战略，向伊利借势。

在 2000 年前后，蒙牛提出了"创内蒙古乳业第二品牌"的创意，并用于呼和浩特的户外广告。蒙牛仅用 300 万元，一夜之间就使呼和浩特市区道路两旁冒出一排排的红色路牌广告，上面写着"蒙牛乳业，创内蒙古乳业第二品牌""向伊利学习，为民族工业争气，争创内蒙古乳业第二品牌！"。这让很多人记住了蒙牛，记住了蒙牛是内蒙古乳业的第二品牌。随后，蒙牛还在冰激凌的包装上打出"为民族工业争气，向伊利学习"的字样，有的广告牌上则写着"千里草原腾起伊利、兴发、蒙牛乳业"。蒙牛表面上似乎是为伊利和兴发免费做了广告，实际上是为自己做了广告，默默无闻的蒙牛正好借这两个在内蒙古无人不知的大企业的"势"，出了自己的"名"。

这种比附定位战略使蒙牛受益匪浅：蒙牛的销售额从 1999 年初的 0.44 亿元飙升至 2002 年的 21 亿元，增长了 48.6 倍；此后以 1 947.31% 的成长速度在"中国成长企业百强"中荣登榜首，并连续 3 年创造中国乳业"第一速度"，在中国乳制品企业中的排名由第 1 116 位上升为第 4 位，创造了在诞生 1 000 余天里平均一天超越一个乳品企业的营销奇迹。"蒙牛现象"被称为"西部企业，深圳速度"。

分析　在蒙牛的战略中，定位战略在蒙牛发展过程中起了关键的作用：比附定位战略的运用，使消费者通过伊利知道并记住了蒙牛，记住了蒙牛是内蒙古乳业的第二品牌。

（四）空白定位

空白定位也称空当定位，是指对竞争者、消费者需求及自己产品属性等进行评估与分析后，寻找被众多消费者重视，但尚未被其他企业开发的市场缝隙或空白。企业做出空白定位决策必须符合 3 个条件：第一，产品在技术上是可行的；第二，战略实施在经济上是可行的；第三，

该市场空白有足够的目标消费者。例如，江小白白酒的"'80后'、'90后'的表白"从传播渠道到包装都是采用空白定位战略。

四、市场定位的方法

（一）产品特性定位

产品是满足人们需求的载体，分为有形产品与无形产品。有形产品的特性定位可以是定位本产品应具有的同类产品最基本的功能及其他特性，如原料、质量、性能、外观、材质、配件、定价和资质等方面的特性；或者在图纸或其他的工程技术资料中所描述的零部件或总成品的特点与性能，如尺寸、材质、外观、性能等特性。无形产品的特性定位，可以突出体现在给人的体验、感知和氛围方面。例如，一场电影给人感知上的享受，这类产品的特性体现在它带给人的喜怒哀乐上。又如，"海底捞"的"变态"服务让人印象深刻。

企业可以通过技术创新等使产品具有较为明显的特色或优于其他同类产品的性能，突出强调不同于其他产品的方面。例如，上海一家火锅店定位为"川流不息""与您息息相关"，并以"能吃是福，心动难耐，香好滋味！"来进一步说明该火锅店是好吃的"四川风味"火锅。

（二）产品用途定位

产品用途定位是指通过对产品用途的联想，将企业品牌与特定产品形式或特定产品类型本身有关的利益联系起来。例如，"怕上火就喝加多宝"；海尔推出一款滚筒洗衣机定位于"干洗"衣物；当我们在选择饮料时，既可能想起"有点甜"的农夫山泉，也可能想到从小就耳熟能详的让小朋友"吃饭就是香"的娃哈哈。这些都是产品用途定位的应用。

（三）使用者定位

使用者定位是指根据不同类型的消费者的需求对不同用途或性能的产品进行定位。例如，某品牌汽车把产品定位为医生、艺术家、名流等所用的汽车，其广告一方面提示它的主要使用者是这方面的人士，促请同类消费者中还未使用此产品的人使用；另一方面，则起到传递信息的作用，提示非同类消费者也应当使用这种产品。"金利来，男人的世界"其使用者定位直接明了。

（四）价格定位

价格定位是指根据不同的产品在消费者心目中按价值高低有不同的档次，所采用的"优质高价"或"优质低价"的定位。例如，劳力士手表的几万元的高价定位象征着财富与地位。又如，高质高价的土猪肉、高质平价定位的小米手机等都属于价格定位。

（五）竞争定位

竞争定位是指针对人们心目中已有的竞争产品，设计与之不同的产品定位以与竞争者抗衡，从而确立自己品牌的地位。采用竞争定位战略，可以直接表现自己的品牌与竞争者的关系：既可以表明比竞争者更优秀，也可以表明与竞争者的不相关。例如，OPPO、VIVO虽然有同一个CFO，但是两家公司独立发展——OPPO定位于拍照手机、VIVO定位于音乐手机，都是面向年轻人，市场定位相似，成功占据手机市场的前4位。

（六）文化定位

文化定位是指将某种文化注入企业产品特色之中，使产品具有文化内涵的定位。例如，"李家有女，人称子柒"的李子柒的短视频内容定位为"内容精致，展示直接"。李子柒荣获 2017 年度文化传播人物，获选理由是：她把中国人传统而本真的生活方式呈现出来，让现代都市人找到一种心灵的归属感，也让世界理解了一种生活着的中国文化。

（七）高级俱乐部

高级俱乐部定位是指强调自己是某个具有良好声誉的小集团（如世界 500 强）的成员之一，从而提高自己的地位和形象的定位。例如，美国克莱斯勒汽车公司宣布自己是美国"三大汽车公司之一"，让消费者模糊地认为它们的产品也是最好的 3 个之一，从而收到了良好的效果。

学习日志

一、我学了

1. _____
2. _____
3. _____

二、我用了

1. _____
2. _____
3. _____

三、测一测（扫二维码答题，已嵌入线上课堂中）

在线测试

（一）单项选择题

1. VIVO突出其音乐手机的定位属于（　　）方法的应用。
   A．产品特性定位　　B．使用者定位　　C．价格定位　　D．产品用途定位
2. "金利来，男人的世界"使用的是（　　）方法。
   A．产品特性定位　　B．使用者定位　　C．价格定位　　D．文化定位
3. 定位策划的首要因素是（　　）。
   A．目标市场　　B．产品差异　　C．竞争对手　　D．竞争战略
4. "明知山有虎，偏向虎山行"的市场定位战略是（　　）。
   A．抢占第一　　B．针锋相对　　C．比附定位　　D．空白定位
5. "海澜之家，男人的衣柜"是（　　）。
   A．产品特性定位　　B．使用者定位　　C．价格定位　　D．文化定位

（二）多项选择题

1. 价格定位可以有（　　）。
   A．优质高价　　B．低质高价　　C．优质低价　　D．低质低价
2. 采用针锋相对定位战略的企业一般应具备（　　）的条件。
   A．比竞争对手更有实力　　　　B．善于回避风险

C. 拥有的资源比竞争者生产出更好的产品　　D. 市场容量足以吸纳产品

3. 市场定位的战略有（　　　）。

　　A. 抢占第一　　　　B. 特性定位　　　　C. 比附定位　　　　D. 针锋相对

4. 下面属于市场定位方法的有（　　　）。

　　A. 产品特性定位　　B. 产品用途定位　　C. 空白定位　　　　D. 使用者定位

5. 下面属于使用者定位的有（　　　）。

　　A. "小米为发烧而生"

　　B. 某楼盘定位于专为企业白领精英打造的居住空间

　　C. 克咳牌小儿感冒颗粒创造了一种全新的包装方法，横着剪是吃半包，竖着剪是吃一包

　　D. 德国的"奔驰"代表"豪华、庄重"

（三）判断题

1. 对竞争者、消费者需求及自己产品属性等进行评估与分析后，发现有市场缝隙或空白。这一缝隙或空白有足够的消费者作为一个潜在的区域而存在，并且企业发现自身的产品难以与竞争者正面匹敌，或者发现这一潜在区域比老区域更有潜力。在这种情况下可以采用竞争定位战略。（　　）

2. 根据不同类型的消费者的需求生产不同用途或性能的产品，使之定位于不同的使用者。这是使用者定位。（　　）

3. 劳力士手表几万元的高价定位象征着财富与地位。这是价格定位中低质高价的定位。（　　）

4. 市场定位策划的三要素是目标市场、产品差异及竞争者。（　　）

5. 市场定位的对象是产品，而不是消费者的思想，所以市场定位就是产品定位。（　　）

（四）实务操作题

杨树叶在市场上卖鱼，你用定位思想帮她策划一下，目标是取得更多的收益。策划方案的形式可以是Word文档或PPT演示文稿，需要现场展示。

（五）简答题

1. 举例说明竞争定位。
2. 举例说明文化定位。

任务四　竞争战略和竞争策略策划

知识讲堂

开篇任务单

竞争战略就是一个企业对竞争者所采取进攻或防守的行为。根据迈克尔·波特的竞争战略理论，企业的利润是同行业之间的竞争、行业与替代行业的竞争、供应方与客户的讨价还价及潜在竞争者共同作用的结果。波特指出，企业要获得竞争优势，一般有两条路可选择：一是在行业中生产成本最低；二是在企业的产品和服务上形成经营特色。他进而提出了可供企业选择的3种基本竞争战略，即总成本领先战略、差别化战略、目标集聚战略。

项目三　营销战略策划

一、竞争战略策划

（一）总成本领先战略

总成本领先战略也称低成本战略，是企业通过有效途径降低成本，使全部成本低于竞争者的成本，甚至是同行业中最低的成本，从而获得竞争优势的一种战略。实施总成本领先战略的关键在于，在满足消费者所认为的至关重要的产品质量和服务的前提下，使产品的价格低于竞争者的价格。

企业可通过以下方式实现低成本：

① 实现规模经济。实现规模经济是指增加产量，扩大生产规模，从而降低单位产品的固定成本。

② 强化管理。强化管理是指对生产成本进行严格管控，以降低材料成本和人工费用；以较低的价格取得生产所需的原材料或寻找新的替代材料，以降低生产成本；尽量获得廉价的劳动力，尤其对于劳动密集型行业而言，对劳动力成本的控制具有重要意义。处于低成本地位的企业可以获得高于产业平均水平的利润。

③ 创新生产技术。创新是市场竞争的永恒的法则，提高效率、降低成本的最有效办法就是生产技术创新。创新生产工艺，使用先进的机械设备，可以提高设备利用率、产品合格率、劳动生产率。

④ 做好供应商市场营销。做好供应商市场营销是指与上游供应商，如原材料、能源、零配件厂家建立起长期稳定的亲密合作关系，以便获得廉价、稳定的上游资源，并能影响和控制供应商，对竞争者建立起资源性壁垒。

⑤ 简化产品。简化产品是指将产品或服务中添加的不被消费者需要的附加功能全部取消。

商业江湖 3-11

成本领先——格兰仕

扫一扫，听案例

梁庆德创办的格兰仕位于广东省中山和顺德的交界处容桂镇。

1992 年，在当时国内羽绒制品市场还比较好的时候，梁庆德依然决定寻找新的突破口。经过调查，他选择不被人重视的微波炉作为主攻方向，并将从事羽绒生产十几年的积累全部投入到微波炉项目中。

1996 年，格兰仕选择了产品专业化战略，并成功地占领了中国市场的半壁江山。

2000 年，格兰仕微波炉国内市场占有率达 74%，销售收入达 58 亿元；出口创汇近 2 亿美元，成为中国单项产品出口最大的家电产品。格兰仕微波炉长期占据中国微波炉市场的主导地位，市场占有率达到 3 成。格兰仕的做法总结如下：

① 引进最先进的生产线，确保产品品质一流，样式紧跟国际潮流。格兰仕通过购买先进生产线的方式来降低部分生产成本。

② 利用劳动力的低成本。中国劳动力市场的成本比较低。在格兰仕，员工平均年龄 30 岁以下，每天三班制，24 小时连续开工。员工一天的工作时间相当于法国工人一周的工作时间。

③ 建立稳固的销售和售后服务网络，确保顾客咨询、购买和维修的方便。

④ 努力寻求规模经济以获得成本领先，1995 年至 1998 年其产能总量由 50 万台猛增到 450 万台。

分析　格兰仕的成功发展在于适时采用了正确的竞争战略——总成本领先战略。

（二）差别化战略

差别化战略是指企业向消费者提供的产品或服务与其他竞争者相比独具特色，从而能使企业建立起独特的竞争优势的战略。差别化战略的关键点是取得某种对消费者有价值的独特优势，这种优势竞争对手难以模仿或模仿难度很大。

差别化可通过产品的性能、质量、外观、品牌形象、技术、客户服务、经销网络等许多方面实现。差别化战略可以使企业在行业中赢得超常收益，因为它能建立起对付潜在进入者、替代品、购买者、供应者和现有竞争者5种竞争作用力的防御体系，利用顾客对品牌的忠诚而处于竞争优势地位。

实施差异化战略时应注意以下几点：

1．寻找可以进行补缺的空白市场

第一，中小企业要对空白市场的容量进行预测与调查。其容量要适中，容量太大可以有很高的预期效益，但易招致大企业的围攻；容量太小则预期效益不能实现，难以生存。第二，这一空白市场要有发展潜力。最后，中小企业所选择的空白市场一定要有效、能进入，并可以迅速占领，这样才能提高市场准入的壁垒，抵御大企业的进攻。

2．明确企业自身资源

中小企业一定不要把自己划入大企业之列，否则只能带来形式化的组织系统、工作说明等许多资源浪费。中小企业应利用规模小的特点，迅速、果断地做出各种决策，把自己的有效实力投入到市场上，这样才能极大地提高竞争力，从而适应市场变化。

3．适时决策

企业要按照竞争态势适时做出决策，如果由于努力把市场做大，提高了整个市场效益而招致大企业的全力进攻，就要懂得放弃。要先生存，再图发展。

商业江湖 3-12

扫一扫，听案例

巧开小吃店

小周毕业后在学院街上开了一家小吃店。他考虑到这条街上大专院校云集，光顾餐馆的顾客绝大部分是院校学生，就针对他们的消费水准、消费特征及口味进行了创新。于是，他的小店办得红红火火。其成功的原因是他实施了两项与别的餐馆不同的办法：

第一，家宅庭院式饭店。这样在降低成本的同时营造了幽雅的环境，体现出较高的品位和情趣。院内有四季常青树——果树、葡萄架，其间装饰着各色小彩灯，宽敞整洁的院落让用餐的学生们心旷神怡。花上十四五元便可在此品茶、享用家常饭菜，此举对于金钱不多而又要求高品位的学生们来说颇具吸引力。

第二，自己动手式用餐。来此用餐者可以自己动手烹制菜肴，炒菜师傅临场指导，并酌情合理收费。这项举措吸引了众多学生来此聚餐，或生日宴请，或招待同乡，尤其受到恋人们的青睐。三五成群或成双成对的用餐者，进店后有的麻利地操刀掌勺，有的择菜洗菜，有的洗碗，一通忙乎后在绿荫环绕的庭院内慢慢享用，别有一番情趣。

分析　精准选择目标市场，走差异化道路，既能回避竞争，又能给消费者带来更高的满意度。

（三）目标集聚战略

目标集聚战略是指企业主攻某个特定的消费群体，力争在局部市场取得竞争优势的战略。

由于集中精力于局部市场，需要的投资较少，因此这一战略多为中小企业所采用。

商业江湖 3-13

扫一扫，听案例

不简单的馄饨

馄饨这么平常的小吃，可以在个头大小及馅的种类上下功夫，但能包出 60 种馅的馄饨的也就是王大妈馄饨店了——荠菜、萝卜、海带、咸蛋黄、蛤蜊、鱼、虾……盛馄饨用的是大钵，单单看这钵就有满足感了。馄饨个头特别大而饱满，售价却同邻店相差不多，以 5 元、8 元一碗为主，辅以 10 元、12 元、15 元的，足以满足顾客的不同口味和需要。王大妈馄饨店原来也尝试多元化经营，兼卖客饭，做了半年收益不理想，就一心钻研馄饨的花色了。

王大妈馄饨店目前开了 13 家分店，由配送中心统一采购、统一拌馅、统一制作、统一运送，一天可卖 500 多千克馄饨皮包的馄饨。因为只经营单一种类，店堂面积不超过 100 平方米，投资 3～4 万元，8～10 个月即可收回成本。把一种普通的东西发扬光大，竞争力自然非常大。

分析 把简单的事情研究透就不简单。

实施目标集聚战略要防止来自以下 3 个方面的威胁：

1．以广泛市场为目标的竞争者

以广泛市场为目标的竞争者会将本企业目标细分市场纳入其竞争范围，甚至已经在该目标细分市场中竞争。它可能成为该细分市场潜在的进入者，构成对本企业的威胁。这时企业要在产品及市场营销等方面保持和加大其差异性，产品的差异性越大，目标集聚战略的维持力越强；需求者差异性越大，目标集聚战略的维持力也越强。

2．该行业的其他企业采用目标集聚战略

本行业中其他采用目标集聚战略的企业以更小的细分市场为目标，会对本企业构成威胁。这时本企业要建立模仿的障碍，障碍的高低取决于特定的市场细分结构。另外，目标细分市场的规模也会对本企业造成威胁。如果细分市场较小，那么竞争者可能不感兴趣。但如果是在一个新兴的、利润不断增长的较大的目标细分市场上采用目标集聚战略，就有可能被其他在更为狭窄的目标细分市场上采用此战略的企业剥夺竞争优势。

3．市场结构出现变化

目标集聚战略的风险也非常大。社会政治、经济、法律、文化等环境的变化，以及科技发展与创新等多方面因素，都将促使替代品出现或消费者偏好发生改变，导致市场出现结构性变化。这时目标集聚战略的优势也将随之消失。

二、竞争策略策划

企业进入目标市场与同类企业进行竞争，根据企业在目标市场中的地位，可以确定其为市场领导者、市场挑战者、市场追随者和市场补缺者中的一种角色。市场领导者应拥有 40% 以上的市场份额，在市场上居于领导地位；市场挑战者应拥有 30% 以上的市场份额，为获取更多的市场份额而努力；市场追随者应拥有 20% 以上的市场份额，只图保住目前地位，不希望扰乱市场局面；市场补缺者只掌握约 10% 的市场份额，服务于被大企业所忽略的更小市场。

（一）市场领导者的竞争策略

大部分行业都有一个市场领导者，这家企业在该行业里占有最大的市场份额，它通常在价格变化、新产品引进、渠道覆盖和促销强度上对其他企业起着领导作用。市场领导者要想保持市场统治者的地位，应该继续扩大总市场，获取更多利益；采取有效的行动保护现有市场份额；进一步扩大市场占有率。

1. 扩大总市场

总市场的扩大给市场领导者带来的收益最大。有 3 种方法可以选择：

（1）吸引新顾客

吸引新顾客就是设法吸引那些潜在的购买者，如可以通过广告、宣传等手段让更多的受众认识企业的产品，使潜在的顾客了解这一产品的新性能、新用途。

（2）增加新用途

企业可以通过挖掘与推广产品的新用途来扩大总市场。这种方法不仅可以扩大需求量，还可以使该产品的销售经久不衰。

（3）增加使用频率

通过说服产品使用者增加使用量是扩大市场需求量的有效途径。

2. 保护现有市场份额

企业在努力扩大总市场的同时，要全力保护现有市场份额不受侵犯。处于领先地位的企业必须防备竞争者的挑战，保卫自己的市场。市场领导者必须在创新产品、提高服务水平、完善渠道和降低成本等方面处于该行业的领先地位。

3. 扩大市场占有率

扩大市场占有率是市场领导者提高投资收益率、保持领先地位的一个重要途径。研究表明，市场占有率高于40%的企业的平均投资收益率是市场占有率10%以下的企业的 3 倍，平均来说，市场占有率有10%的差异，则投资收益率将有5%的差异。因此，许多企业致力于提高市场占有率。

市场占有率与收益率不一定总是成正比，只有在以下两种情况下市场占有率与收益率才成正比：一是单位成本随市场占有率的提高而下降；二是当企业为提高市场占有率为顾客提供优质产品时，销售价格的提升超出提高质量支出的成本。

（二）市场挑战者的竞争策略

在行业中处于第二、第三，甚至更低的企业，被称为市场挑战者或市场追随者。有一些居次要地位的企业，实力是相当雄厚的，通过采用市场挑战者的策略，可以使居于次要地位的企业在竞争中保持住自己的地位或争取到更多的利益。一般来说，居于次要地位的企业有两种策略可以选择：一是挑战，即向竞争者挑战，努力争取市场领先地位；二是追随，即安居次要地位，在与竞争者和平共处中得到尽可能多的利益。居次要地位的企业要根据自己的实力和环境带来的机会与风险，权衡利弊后选择挑战或追随。

市场挑战者可以进攻 3 类目标：一是进攻市场领导者。这是一个高风险与高回报共存的策略，进攻前应仔细研究市场领导者在哪些领域提供的产品或服务没有或无法满足消费者的需要，这一空白领域可以作为进攻对象。例如，佳能公司通过开发小型复印机市场夺取了该行业市场领导者施乐公司的大部分市场份额，从而一跃成为市场领导者。二是进攻实力相当者。进攻时要选择那些经营不善或财力拮据的企业，设法夺取它们的市场。三是进攻弱小者。

进攻这类企业风险最小，也最容易奏效，可以通过不断地兼并小企业来扩充自己的实力，扩大市场占有率。

商业江湖 3-14

扫一扫，听案例

成功挑战

这是发生在美国施乐公司（以下简称施乐）和日本佳能公司（以下简称佳能）之间的一场商战。施乐发明了大型复印机以后，为了保护自己的知识产权，申请了500多项专利，这对阻止竞争者起到了巨大作用。

专利是一把双刃剑，申请的专利越多，产品的细节披露就越多，别人模仿起来就越容易。专利到期后，别人就可以免费用了。佳能走访调查了施乐的现实客户，客户对施乐大型复印机有3点不满意：①拥有成本太高，大型复印机需要受过专业训练的技术工人操作，技术工人年薪3万美元，一般这种大型复印机使用寿命为5年，购买需要10万美元，拥有这台复印机仅此两项，就要花费25万美元；②不安全、易泄密，人员晋升、战略、竞争、财务等很多机密文件容易被工作人员看到，老板不乐意；③不方便，大公司中的有些部门为了复印文件要走很远的路。佳能调查了潜在客户不购买的原因：大材小用，企业复印的需求量不大；复印质量太高，没有必要；花费10万美元购买，不值得。美国的企业对固定资产的投资非常慎重，在它们看来固定资产越多越不好。

于是佳能设计了一款小型傻瓜复印机，其特点是：
① 不需要专人操作。
② 可以放在某个房间里边，老板关起门来自己复印，解决了安全问题。
③ 可以在每个楼层或每个部门放一个，满足了方便的需求。
④ 把复印速度降下来，减少了闲置时间。
⑤ 把复印精度降下来，降低了成本。
⑥ 把价格从10万美元降到了3 000～5 000美元，中小企业能承受。

佳能这款小型傻瓜复印机迅速在世界范围内占领了复印机的主流市场，而把原来的施乐大型复印机变成了次要市场，即施乐是高端、专业的复印机机，佳能是大众化、实用的复印机。

分析 发现需求可以从5个方面出发：一是找出竞争者的缺陷；二是找出消费者的困难；三是发现消费者的习惯；四是关注消费者投诉；五是关注市场的限制。

市场挑战者确定好进攻目标后，有5种策略可以选择，即正面进攻、侧翼进攻、包围进攻、迂回进攻和游击进攻。当然，不可能同时运用5种策略，但也很难单靠某一种策略取得成功。通常应设计一套策略组合，即整体策略，借以改善自己的市场地位。

1. 正面进攻

正面进攻就是集中全力向对手的主要市场发动进攻，攻击的目标是对手的强项，而不是弱点。进攻的方式通常有以下两种：

① 降价。降价就是相对于对手提供较低的售价。如果对手没有进行相应的降价，这种方法就是有效的。

② 降低成本，取得低价。降低成本可使产品价格降下来，然后在此基础上展开价格竞争。这是正面进攻的另一种常用方式，需要进攻者在产品研究与开发方面投入大量资金，努力把生产成本降下来。日本丰田公司在美国汽车市场上的成功，就是成功运用了这一策略的结果。

2. 侧翼进攻

侧翼进攻就是集中优势力量攻击对手的弱点——通常采取声东击西的方式，佯攻对手正面，而实际上攻击对手的侧面或背面。进攻的方式通常方式有以下两种：

① 地理位置上的进攻。这是在本国或全球范围内寻找对手力量薄弱、绩效不佳的地区作为进攻区域。

② 细分市场上的进攻。这是努力寻找出市场领导者或其他竞争者没有覆盖的市场需要，并在这一细分市场上开展业务，填补这一市场空白。

侧翼进攻策略符合发现需求并设法满足它的传统市场营销观念，因而侧翼进攻与正面进攻相比，有更多的取胜机会。

3．包围进攻

包围进攻就是同时向对手的前方、后方、侧翼发动进攻，在市场上提供比对手品种更多、质量更佳的产品，迫使对手不得不同时在多个方向上应付挑战。

包围进攻要取得胜利，要求进攻者拥有优于对手的资源，并确信包围计划的完成足以打垮对手。

例如，日本精工公司运用包围进攻的策略在全球市场上取得了成功。它通过提供种类不断变化、款式不断更新的手表，以及能在每个主要手表销售网点销售产品的优势，击溃了对手。仅在美国，该公司就提供了 400 种款式的手表，以致其对手不无羡慕地认为"日本精工公司在款式、时尚、特征、消费者偏好和任何可以刺激消费者方面都击中了目标"。

4．迂回进攻

迂回进攻是一种间接的进攻策略。企业运用这种策略，完全避开了对手的现有市场领域，绕道攻入了较易进入的市场，扩张了自己的实力。迂回进攻有以下 3 种方式：

① 实行产品多元化。发展与现有产品无关联的其他产品。

② 实行市场多元化。使企业现有产品进入新地区的市场。

③ 发展新技术。通过研发新技术推出新产品，迫使对手在自己的优势领域应对竞争。在高新技术行业利用发展新技术来攻击对手是常用方法之一。

5．游击进攻

游击进攻就是在各个不同领域向对手展开小规模的、不连续的攻击，意在消耗对手的实力和扰乱对手的部署，打击其士气。小企业常因无力发动有效的正面进攻或侧翼进攻而选择游击进攻的策略。游击进攻一般可选择 3 种方式：

① 有选择地降价。

② 连续的、短期的促销战。

③ 向对手展开法律行动（起诉、控告等）。

游击进攻虽然适合于财力不足的小企业，但是持续的进攻也会付出很大的代价，因此小企业必须决定是进行少数几次的主要进攻，还是进行一连串的小型攻击。

（三）市场追随者的竞争策略

作为在行业中处于第二、第三，甚至更低地位的企业，在竞争中既可选择挑战策略，也可选择追随策略。市场追随者可采取产品模仿或改进策略来取胜，不与市场领导者正面交锋或取而代之。特别是在那些资本密集、固定成本高和基本需求停滞的行业中，如钢铁和化工工业，各企业常常效仿市场领导者，为客户提供类似的产品，各企业之间也不相互争夺客户，反对获取短期市场份额。事实上，大多数居第二位的企业喜欢追随市场领导者，而不是向市场领导者发起挑战。当然，市场追随者必须选择一种具体的追随策略。一般情况下，市场追随者的追随方式有以下 3 种：

1. 紧密跟随

紧密跟随是指市场追随者在产品、渠道、广告等方面尽可能模仿市场领导者。采用这种方式不从根本上侵犯市场领导者的地位，避免发生直接冲突。

2. 距离跟随

距离跟随是指市场追随者在目标市场、产品创新、价格水平和渠道等主要方面追随市场领导者，但在包装、广告、价格等方面与市场领导者有些差异。采取这种方式，可使市场领导者忽视市场追随者的存在，避开竞争。

3. 选择跟随

选择跟随是指市场跟随者要择优跟随，在跟随的同时还要进行改变和创新。这种跟随者只在某些方面紧跟市场领导者，而在另一些方面则发挥自身的独创性。市场追随者可以改进市场领导者的产品，避免与市场领导者发生正面冲突。

（四）市场补缺者的竞争策略

在现代市场上总是存在着一些被大型及实力雄厚的企业所忽略或无法顾及的市场，这些市场的存在为另一些企业提供了生存发展的机会，称为补缺市场。市场补缺者就是不与主要的企业竞争，只精心服务于补缺市场的企业。市场补缺策略是指通过专业化市场营销来赢得补缺市场的策略。

一般来说，企业可以在以下 6 个方面中找到自己的专业化方向：

1. 纵向专业化

纵向专业化是指企业专门在市场营销链的某个环节上提供产品或服务，如专业的设备搬运公司开展的业务。

2. 地理区域专业化

地理区域专业化是指企业专门在某个地区进行营销活动。

3. 服务专业化

服务专业化是指企业专门为市场提供一项或几项服务，如提供手机银行服务。

4. 产品线专业化

产品线专业化是指企业专门生产一种产品或产品线，如专门生产中央空调用的直燃机。

5. 定制专业化

定制专业化是指企业专门按客户的订单生产产品，如军工企业从事的就是典型的定制专业化生产。

6. 顾客类型专业化

顾客类型专业化是指企业专门为某类顾客服务，如某品牌汽车的服务对象是特定的，即皇室成员、贵族、政府要员或富商，也包括为最终使用者提供产品或服务的专业化，如会计师事务所专门为企业提供财务、会计方面的咨询服务。

商业江湖 3-15

扫一扫，听案例

SWATCH 手表

在日本石英表的全面冲击下，瑞士钟表业出现了萎靡之势。但是，一种名为 SWATCH 的新手表诞生了，

营销策划实务

至今全球销售量已高达两亿只,为股东带来了滚滚财富。SWATCH手表将目标锁定在手表行业的低端细分市场,改变了手表单纯的计时功能,集中全力开发出其作为服装配饰的新功能,使每块手表售价在30美元以下,抓住了年轻消费者的购买心理,并引导消费者可以有第二块、第三块SWATCH手表。

分析 对消费者进行细分,总能找到市场空白。

学习日志

一、我学了

1. _____
2. _____
3. _____

二、我用了

1. _____
2. _____
3. _____

三、测一测(扫二维码答题,已嵌入线上课堂中)

(一)单项选择题

1. 企业通过有效途径降低成本,使企业的全部成本低于对手的成本,甚至是同行业中最低的成本,从而获得竞争优势,这是企业竞争战略中的(　　)。
   A. 目标集聚战略　　B. 差别化战略　　C. 总成本领先战略　　D. 选择化战略

2. 实现规模经济是(　　)的常用方式。
   A. 目标集聚战略　　B. 总成本领先战略　　C. 差别化战略　　D. 选择化战略

3. 企业向消费者提供的产品或服务与其他竞争者相比独具特色,从而使企业建立起独特的竞争优势的战略,是(　　)。
   A. 目标集聚战略　　B. 总成本领先战略　　C. 差别化战略　　D. 选择化战略

4. 企业主攻某个特定的消费群体、某产品系列的一个细分区段或某个地区市场,力争在局部市场取得竞争优势的战略,是(　　)。
   A. 目标集聚战略　　B. 总成本领先战略　　C. 差别化战略　　D. 选择化战略

5. 在行业中处于第二、第三,甚至更低地位的企业被称为(　　)。
   A. 市场领导者　　B. 市场挑战者　　C. 市场追随者　　D. 市场补缺者

(二)多项选择题

1. 竞争战略可以有(　　)。
   A. 目标集聚战略　　B. 总成本领先战略　　C. 差别化战略　　D. 选择化战略

2. 市场领导者的竞争策略可以有(　　)。
   A. 扩大总市场,获得更多利益　　B. 采取有效的行动保护现有市场份额
   C. 进一步扩大市场占有率　　D. 正面进攻

3. 正面进攻策略可以有(　　)。
   A. 降价　　B. 降低成本　　C. 降低质量　　D. 减少数量

4. 扩大总市场、获取更多利益的具体策略有（　　　）。
　　A. 吸引新顾客　　　　　　　　B. 增加新用途
　　C. 降价促销　　　　　　　　　D. 说服顾客更多地使用产品
5. 迂回进攻策略可以有（　　　）。
　　A. 产品多元化　　B. 市场多元化　　C. 开发新技术　　D. 发现产品的新用途

（三）判断题
1. 实行产品多元化是市场挑战者常用的竞争策略。（　）
2. 在市场上提供比对手品种更多、质量更佳的产品，迫使对手不得不同时在多个方向上应付挑战，是包围进攻策略。（　）
3. 有选择地降价，连续的、短期的促销战，向对手展开法律行动（起诉、控告等），都是包围进攻策略。（　）
4. 市场追随者可改进市场领导者的产品，避免与市场领导者发生正面冲突，是紧密跟随策略。（　）
5. 找到自己的专业化方向，是市场补缺者的常用竞争策略。（　）

（四）实务操作题
杨树叶在市场上卖鱼，你应用竞争战略与策略方法帮她策划一下，如何与市场上其他对手进行有效竞争，目标是取得更多的收益。策划方案的形式可以是Word文档或PPT演示文稿，需要现场展示。

（五）简答题
1. 什么是迂回进攻？
2. 什么是正面进攻？

项目四 产品策划

经典回放

"放不下的娃娃"

一天，当父亲将物美价廉的 C 娃娃买下并作为生日礼物送给女儿后，很快就忘了此事。直到有一天晚上，女儿回家对父亲说："C 娃娃需要新衣服。"原来，女儿发现了附在包装盒里的商品供应单，它提醒小主人 C 娃娃应当有自己的一些衣服。

父亲想，让女儿在为娃娃换穿衣服的过程中得到某种锻炼，再花点钱也是值得的。于是又去那家商店，花了 45 美元买回了"C 娃娃系列装"。过了一个星期，女儿又说得到商店的提示，应该让 C 娃娃当"空中小姐"，还说一个女孩在她的同伴中的地位，取决于她的 C 娃娃有多少种身份，并哭诉说她的 C 娃娃在同伴中是最没地位的。于是，父亲为了满足女儿"可怜"的虚荣心，又掏钱买了空姐制服，接着又是护士、舞蹈演员的行头。这下，父亲的钱包里又少了 35 美元。然而事情并没有完。有一天，女儿得到"信息"，说她的 C 娃娃喜欢上了英俊的"小伙子"D，不想让 C 娃娃"失恋"的女儿央求父亲买回 D 娃娃。望着女儿委屈的小脸，父亲又花费 11 美元让 C 娃娃与 D 娃娃成双结对。D 娃娃进门，同样也附有一张商品供应单，提醒小主人别忘了给可爱的 D 娃娃添置衣服、睡袍、电动剃须刀等物品。父亲只好慷慨解囊。

本以为"购娃系列"可以告一段落了。结果，女儿宣布 C 娃娃与 D 娃娃准备"结婚"，父亲只好忍痛破费让女儿为婚礼"大操大办"……

经典分析　系列洋娃娃看似寻常，竟成为让许多父母哭笑不得的吸金娃娃。从系列产品看，新颖独到，有创意，既合情理，又出人意料，使父母为了孩子，不得不一而再，再而三地购买。

想挑战一下自己吗？扫一扫这里！

任务一　产品与产品策划

开篇任务单

知识讲堂

产品策划是制订企业营销战略计划时首先要解决的问题，是制定营销组合策略的基石。企业必须先明确自己要为目标市场提供哪些产品和服务，以及如何提供这些产品和服务。

项目四　产品策划

一、产品组合与产品线策划

（一）产品的概念

随着科学技术的快速发展和社会的不断进步，消费者需求越来越个性化，市场竞争愈加激烈，产品的内涵已从有形物品扩大到服务人员、地点、组织和观念等方面。市场营销学中产品的定义是所有满足消费者需求和欲望的有形及无形产品的组合体，包括实体包装、品牌、价格、售后服务等。

整体产品包括5个基本层次：核心产品、形式产品、期望产品、延伸产品和潜在产品。

1. 核心产品

核心产品又称实质产品，是指产品能向消费者提供的基本利益和效用。这是产品最基本的层次，是满足消费者需要的核心内容。消费者购买某种产品是由于它能满足自己某一方面的需求或欲望。例如，人们买化妆品是要获得美；人们住旅馆是要旅馆提供的住宿服务满足休息与睡眠的需要。

2. 形式产品

形式产品是核心产品借以实现的形式或载体，即向市场提供的产品实体和服务的形象，是看得见、摸得着的。例如，服装的款式、花色、规格、布料等。形式产品一般包含包装、品牌、质量、款式和特色5个要素。对于这5个要素，物质产品都具备，而服务产品也具有部分或全部类似的要素，是呈现在市场上可以为消费者所识别的东西。因此，形式产品是消费者选购商品的直观依据。例如，旅馆提供给消费者的床、浴室、卫生间、毛巾、拖鞋等形式产品。

3. 期望产品

期望产品是指消费者购买某产品时，通常希望和默认的一组属性与条件。例如，消费者在寻找旅馆时期望旅馆提供干净的床、洗漱用品、衣橱、安静的环境等。对于没有偏好的消费者来说，由于大多数企业都准备了一种期望产品能够满足该类消费者的最低期望，所以获得该类产品的便利性成为选择这一产品的重要考虑因素。

4. 延伸产品

延伸产品也叫附加产品，是指消费者购买产品时所获得的全部附加利益和服务。对于延伸产品，也可以理解为提供超过消费者期望的服务和利益，以区别于竞争者的产品。通过延伸产品，可以使消费者惊奇和高兴，甚至由此而对该产品形成忠诚度。延伸产品通常包括产品相关的知识介绍、维修、使用技术培训、融资、送货、信贷、安装服务及各种保证。例如，旅馆为消费者提供的电视机、网络接口、方便快捷的结账、美味的晚餐、在消费者过生日时送上的鲜花、礼貌热情的服务人员等；服装商店帮消费者设计形象，根据消费者的身材、气质、购买力等情况，指导消费者购买合适的服饰。

5. 潜在产品

潜在产品是指最终可能实现的、与现有产品相关的，并且在未来可能提供给消费者的增值性产品。潜在产品是产品可能的演变趋势和前景。例如，软件的升级产品。

产品整体概念体现了以消费者需求为中心的市场营销观念。只有充分认识产品整体概念，才能做出有针对性的营销策划方案，真正满足消费者的需求。

（二）产品组合与产品线的含义

产品组合是指企业生产经营的全部产品的有机结合，包括宽度、长度、深度和关联度4个基本要素。产品组合的宽度是指公司经营的产品大类（也叫产品线）的多少，即拥有产品线的数量，产品线多则为宽，否则为窄；产品组合的长度是指企业所有的产品线中产品项目的总数；产品组合的深度是指产品线中每一产品品牌含有多少产品品目；产品组合的关联度是指各条产品线在最终用途、生产条件、渠道或其他方面相互关联的程度。

以娃哈哈集团的主要产品组合为例（见表4.1），娃哈哈产品组合的宽度为7，即公司有7条不同的产品线或7个产品大类；产品组合的长度为22，即产品组合中的产品项目总数为22，其平均长度为3.1（项目总数22除以产品线数7）；产品组合的深度，即每一产品项目有多少个品种，假设AD钙奶有5种配方、2种包装规格，那么产品组合的深度就是10；除童装外，娃哈哈的各条产品线具有较高的关联度。

表4.1　娃哈哈的产品组合（主要产品）

产品项目		产品组合的宽度（7条产品线）						
		一 饮用水类	二 乳品类	三 茶饮料类	四 碳酸饮料类	五 罐头食品类	六 果汁类	七 服装类
产品组合的长度（平均长度3.1）		1. 纯净水	1. AD钙奶	1. 冰红茶	1. 非常可乐	1. 营养八宝粥	1. 10%果汁	童装
		2. 矿物质水	2. VE钙奶	2. 低糖绿茶	2. 非常甜橙	2. 无糖八宝粥	2. 40%鲜橙汁	
		3. 矿泉水	3. 乐酸乳	3. 非常柠檬	3. 百合绿豆羹	3. 100%苹果汁	3. 加汽果汁	
			4. 纯牛奶		4. 启力			
			5. 果汁奶					
合计	22	3	5	3	4	3	3	1
产品组合的关联度		除童装外产品组合的关联度较高						

（三）产品线策划

产品线策划主要是指对产品线的长度及一条产品线所包括的产品品目的数量进行调整。如果加上一个产品品目能增加利润，则说明原来的产品线太短；如果去掉某个产品品目能增加利润，则说明这条产品线太长。产品线策划主要分为以下两类：

1. 增加产品线的长度

第一，产品线延伸。产品线延伸是指如果企业的产品线原来处于高端市场，发现低端市场成长很快，对企业有吸引力，或者为了对竞争者在高端市场发起的进攻做出回应，则企业的产品线可以向下延伸；如果企业的产品线原来处于低端市场，高端市场发展快或利润高，对企业很有吸引力，则可以向高端市场延伸，提高产品的档次。此外，企业也可以双向延伸产品线，由终端市场同时向高端和低端市场延伸。

第二，产品线填充。产品线填充是指企业在现有的产品线上增加新的产品品目。例如，一条电视机产品线现有14、18、21、25、29和31英寸的6个品目，现在加进16英寸这个品目。其主要目的有：增加利润；让消费者有更大的选择空间；满足中间商的需要；有效利用过剩的生产能力；想成为产品线完整的企业；填补市场空白，以阻止竞争者进入。

2．缩短产品线的长度

缩短产品线会使整条产品线的总利润上升，这是因为削减了利润占比很小的产品品目可以节约成本，集中优势发展利润占比较大的产品。一般是削减两类产品：一是利润很低或不盈利的产品；二是竞争力弱的产品。

（四）产品组合策划

企业在产品线策划的基础上要进行产品组合策划，以使企业的所有业务组合更合理。在进行产品组合策划时常用的工具是波士顿矩阵，如图 4.1 所示。根据这个矩阵，企业的业务可以根据相对市场份额和市场增长率分为 4 类：如果某项业务是处于低增长的行业，企业的这项业务的市场占有率又低于竞争对手，则这类业务称为瘦狗类业务；以此类推，其他 3 类业务是问题类、明星类和现金牛类业务。企业可以根据业务类型分配资源，将不具备竞争优势或没有发展前景的瘦狗类业务进行剥离，把资源用于发展明星类业务；将处在高速发展但不具备竞争优势的问题类业务有选择地进行处理，选择最有潜力的问题类业务加以发展；对有明显竞争优势但不具备发展空间的现金牛类业务，企业分配适当的资源维持现状，不再大量追加投资，把节约出来的现金流投向明星类业务。

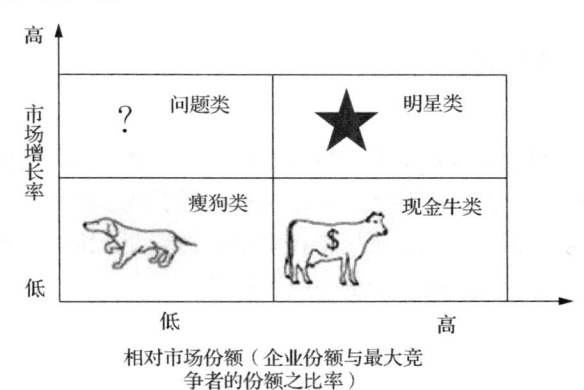

图 4.1　波士顿矩阵

二、新产品开发策划

（一）新产品开发的创意技法

在激烈的市场竞争中，企业开发出与众不同的新产品是在竞争中生存与发展的法宝。新产品的开发是从创意开始的。创意技法是从创造技法中学过来的。在产品开发中，创意的常用技法主要有 3 种，即奥斯本设问法、和田十二法和 5W2H 分析法。奥斯本设问法就是根据需要解决的问题或创造的对象列出有关问题，一个一个地核对、讨论，从中找到解决问题的方法或创造的设想；和田十二法具体体现为 12 个方面的创意方法：加一加、减一减、扩一扩、缩一缩、搬一搬、代一代、学一学、改一改、联一联、反一反、定一定；5W2H 分析法就是从为什么要如此做、做什么、准备什么、从什么地方着手、什么时候开始、怎么实施、达到什么样的水平 7 个方面进行创意，从而开发新的产品或产生新的灵感。

营销策划实务

商业江湖 4-1

扫一扫，听案例

换位的美好

男人要刮胡子，女人要用香水；女人绝少刮胡子，男人多不用香水。如果有人想向女人推销刮胡刀、向男人推销香水，就难免会被认为是异想天开。然而，美国有的企业就这样做了，并且获得了成功。

向女人推销刮胡刀的是美国的吉列公司。1901年它的创始人金·C.吉列发明了世界上第一副安全刮胡刀片和刀架，由于用它刮胡子舒适方便，产品迅速风靡全球。到1920年，世界上已经有约2 000万名男人用上了吉列安全刮胡刀。然而吉列公司不满足已有的成绩，仍不断寻找新的销售市场。经过一年的周密调查后发现，新市场就是女人。原来美国有几千万名成年女性经常要刮除腿毛和腋毛，女人们一年在这方面的花费达7 500万美元，远超过6 300万美元的花在眉笔和眼影上的钱。为了更好地满足女人的这一特殊需要，吉列公司为她们精心设计了专用的"刮胡刀"。其刀头部分与男用刮胡刀并无差别，只是刀架选用了色彩鲜艳的塑料，握柄由直线形改为弧形以利于妇女使用，并在上面印了一朵美丽的雏菊。在推销这一新产品时，吉列公司还根据女人的心理特征选择了"不伤玉腿"作为广告主题，突出了新产品的安全性。新型雏菊刮毛刀一上市，立即成为畅销产品，吉列公司收益颇丰。

分析 反其道而行之，常常会获得意想不到的效果。

（二）新产品的概念和类型

1．新产品的概念

在市场营销观念中，只要是在产品整体概念中的任何一个部分有所创新和改变，能够给消费者带来新的利益和满足的产品都视为新产品，包括因科学技术在某一领域的重大发现，在功能或形态上比老产品有明显改进，或者采用新技术原理、新设计构想，从而显著提高产品性能或扩大使用功能的产品，甚至从原有市场进入新市场的产品。

2．新产品的类型

（1）全新产品

全新产品是指应用新原理、新技术、新材料、新工艺、新结构，制造出的具有全新功能、能满足消费者新需求的产品。

（2）改进型产品

改进型产品是指在原有产品的基础上采用或部分采用新技术、新材料、新工艺研制出来的，使产品在结构、品质、功能、款式、花色及包装上具有新的特点和新的突破的产品。改进型产品有利于提高原有产品的质量或使产品多样化，满足消费者对产品更高的要求或满足不同消费者的不同需求。其具体包括4种情况：现有产品的改进（良），如黑白电视→CRT彩电→等离子电视→背投电视→智能电视；现有产品的系列化，如某国一旦有一部电影热映，就很快会出版小说（精装本、简装本）、连环画，并开发各种玩具、各种服装等；老产品的改良与恢复功能，如2000多年前的《论语》被重新出版、21世纪初再次流行唐装；现有产品中找出新的功能，如尼龙→尼龙带→降落伞→尼龙袜→地毯→衬衣。

（3）模仿型产品

模仿型产品是指企业对国内外市场上已有的产品进行模仿制造而形成的新产品。

（4）形成系列产品

形成系列产品是指在现有产品大类中开发出新的品种、花色、规格等，与原有产品形成系列，扩大产品的目标市场。

（5）降低成本型产品

降低成本型产品是指企业通过科学技术手段降低原有产品的成本，但保持原有功能不变的产品。

（6）重新定位型产品

重新定位型产品是指企业的老产品进入新的市场，而被该市场称为新产品。

（三）新产品开发策略

开发新产品可以从购买专利与自主研发中进行选择。新产品开发策略根据新产品的竞争领域、开发目标及措施的不同可以归纳为以下几种典型策略。

1. 冒险策略

冒险策略是具有高风险性的新产品开发策略，通常在企业面临巨大的市场压力时采用。企业采用自主开发、联合开发或技术引进的方式，调动其所有资源投入新产品开发，期望风险越大，回报越大。通过实施该策略，企业希望在技术上有较大突破，成为首创。其新产品开发目标是成为该新产品市场的领先者，迅速提高市场占有率。通常情况下，具有领先的技术、巨大的资金实力、强有力的市场营销运作能力的大企业适合采用该策略，中小企业不适合采用。

2. 进取策略

采用进取策略开发新产品的风险比冒险策略小，但创新程度比较高。一般在产品的最终用途和技术方面实施创新与改进。例如，对现有产品的用途、功能、工艺、营销策略等进行改进，形成改进型新产品、降低成本型新产品、重新定位型新产品等。企业往往以一定的资源进行新产品自主开发，不会因此而影响企业现有的生产状况。

3. 紧跟策略

紧跟策略是指企业紧跟本行业实力强大的竞争者，迅速仿制竞争者已成功上市的新产品，来维持或提高市场占有率。许多中小企业在发展之初常采用这种策略。紧跟策略形成的产品的创新程度不高，多为模仿型产品。其开发方式多为自主开发或委托开发。相对而言，紧跟策略的研究开发费用较小，但市场营销风险相对要大。

4. 防御策略

防御策略是指为了保持企业现有的市场地位、维持企业的生存而采取的新产品开发策略。实施这种策略通常采用模仿型产品开发模式。通常情况下，成熟产业或夕阳产业中的中小企业常采用此策略。

（四）新产品开发过程

一个新产品的开发主要经历8个阶段。

1. 产生创意

企业通常可以从企业内部、外部寻找新产品创意的来源。寻求创意的主要方法有：第一，产品属性列举法，将现有产品属性一一列出，寻求改良这种产品的方法；第二，强行关系法，列出多个不同的产品或物品，然后考虑它们彼此之间的关系，从中联想更多的创意；第三，痛点调查法，调查消费者使用某种产品时出现的问题或值得改进的地方，然后整理意见转化为创意；第四，头脑风暴法，邀请各领域的专家进行座谈，集思广益，以发现新的创意。

2．筛选创意

产生多种创意之后，应采用适当的评价系统及科学的评价方法对各种创意进行分析比较，选出最佳创意。在此过程中，力求做到除去亏损最大和必定亏损的新产品构思，选出潜在盈利大的新产品创意。

3．概念测试与试制

概念测试是指企业从消费者的角度对产品创意进行详尽描述及创意具体化，描述新产品的性能、具体用途、形状、优点、价格、提供给消费者的利益等。同时，将筛选出的创意发展为更具体、明确的产品概念，将其设计转变成真正的产品。试制一般包括样品试制和小批量试制。

4．策略制定

在对新产品的营销策划中，具体策略的制定包括目标市场描述、短期销售与市场占有率、长期销售与市场占有率、价格策略、促销计划等。

5．商业分析

此阶段是估计新产品的销售量、成本和利润等财务情况，判断该产品是否满足企业开发的目标。

6．产品开发

此阶段主要解决产品构思能否转化为在技术上和商业上可行的产品问题——通过对新产品的设计、试制、测试和鉴定来完成。新产品的设计就是写出技术任务书，并画出设计图纸，根据图纸生产出样品。

7．市场试销

这一阶段是将正式产品投放到有代表性的小范围市场上进行试销，以检查该产品的市场效果，根据试销销售额是否达到预期目标来决定是否大批量生产。通过试销，为新产品的改进、营销策略的完善提供依据。但并非所有的新产品都要经过试销，要根据新产品的特点来决定：如果市场呈现高试用率和高再购率，则表明该产品可以继续开发下去；如果市场呈现高试用率和低再购率，则表明该产品需要改进或放弃；如果市场呈现低试用率和高再购率，则表明该产品很有前途；如果试用率和再购率都很低，则表明该产品应当放弃。

8．商品化

新产品试销成功后，就可以正式批量生产，全面推向市场了。企业在此阶段应做好以下几方面的规划：

① 推出时机。推出时机是指在何时将产品推入市场最适宜。针对竞争者而言，可以做3种选择：首先进入、平行进入和后期进入。

② 向谁推出。向谁推出是指企业把渠道和促销目标面向最理想的消费者，利用他们带动其他消费者。

③ 如何推出。如何推出是指企业如何推出新产品，必须制订详细的上市计划，如营销组合

策略、营销预算、营销活动的组织和控制等。

推广新产品可以采用以下几种策略：

① 市场导向策略。市场导向策略是指促销活动的重点应是向消费者宣传和介绍产品的用途、性能、质量。其主要手段可采用网络新闻、媒体广告等，引导和说服消费者购买新产品。

② 技术领先策略。技术领先策略是指科技含量较高的新产品在推入市场时，应着重展示产品的技术含量。

③ 竞争性模仿策略。竞争性模仿策略是指新产品进入市场时，可以模仿成功品牌的外形、色彩、营销策略等。

④ 综合策略。综合策略是指新产品在投入市场时，可将市场导向、技术领先、竞争性模仿等策略结合起来使用。

追根溯源 4-1

扫码听书

新产品接受过程的采用者类型

① 创新采用者。创新采用者只占全部潜在采用者的 2.5%，是最先采用新产品的一小部分消费群体。一般来说，创新采用者极富冒险精神，其收入水平、社会地位和受教育程度均较高，通常是交际广泛且信息灵通的年轻人。企业市场营销人员在向市场推出新产品时，应把促销手段和传播工具集中于创新采用者身上，如果他们采用的效果较好，就会大加宣传，从而影响到后面的使用者。

② 早期采用者。早期采用者是第二类采用创新产品的群体，占全部潜在采用者的 13.5%。这类采用者大多是某个群体中具有很高威信的人，他们常常去搜集有关新产品的各种信息资料，从而成为某些领域里的舆论领袖。这类采用者多在产品介绍期和成长期购买新产品，并对后面的采用者影响较大，所以他们对新产品扩散有决定性影响。

③ 早期大众。早期大众的采用时间较平均采用时间要早，占全部潜在采用者的 34%。这类采用者通常受过一定教育；有较好的工作环境和固定收入，购买时会深思熟虑、态度谨慎，决策时间一般较长；他们对舆论领袖的消费行为有较强的模仿心理，虽然也希望在一般人之前接受新产品，但却是在经过早期采用者认可后才购买。由于该类采用者与其后的晚期大众占全部潜在采用者的 64%，因此研究其消费心理和消费习惯对于加速新产品扩散有着重要意义。

④ 晚期大众。晚期大众的采用时间较平均采用时间稍晚，占全部潜在采用者的 34%。这类采用者的基本特征是多疑，从不主动采用或接受新产品，直到多数人都采用且反映良好时才行动。他们的信息多来自周围的同事或朋友，很少借助宣传媒体，其受教育程度和收入状况相对较低。显然，对这类采用者进行市场扩散是极为困难的。

⑤ 落后采用者。这类采用者是采用新产品的落伍者，占全部潜在采用者的 16%。他们思想保守，拘泥于传统的消费行为模式。他们与其他的落后采用者关系密切，极少借助宣传媒体，其社会地位和收入水平最低。因此，他们在产品进入成熟期后期乃至进入衰退期时才会采用。

三、产品生命周期各阶段的营销策划

产品生命周期又称产品寿命周期，是指一种产品从试制成功后推向市场到被市场淘汰为止所经历的全部时间过程。产品生命周期各阶段的特征如图 4.2 所示。

产品生命周期的各阶段呈现出来的特点不同，企业在各阶段的市场营销目标也就不同。因此，企业应根据这些特点进行相应的营销策划，如表 4.2 所示。在产品生命周期各阶段进行

营销策划实务

营销策划时,总的目标是缩短产品介绍期,使新产品快速被市场接受;延长成长期,使产品保持畅销;推迟衰退期,以免产品过早被市场淘汰。

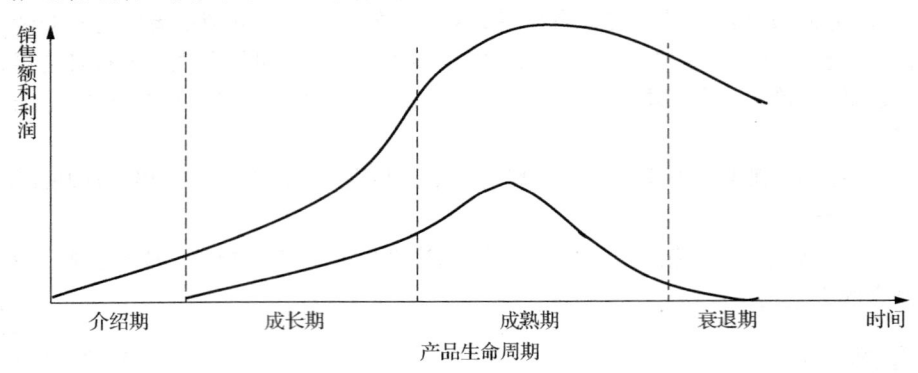

图 4.2 产品生命周期各阶段的特征

表 4.2 产品生命周期各阶段的营销策划

策划目标和策略	介绍期	成长期	成熟期	衰退期
策划目标	开拓市场,创造知名度,提高试用率	市场份额最大化	保护市场份额,争取利润最大化	削减支出,榨取品牌价值
产品策划	提供基本产品	提高产品质量,增加新产品的功能、特色、样式,进行产品线扩展	改进产品,使品牌和样式多样化,包括质量改进、特色改进、样式改进	逐步淘汰疲软的产品品目或产品线
定价策划	采用以消费者感知价值为导向的定价	渗透定价	抗衡或击败竞争者的价格	降价
渠道策划	采用选择性渠道	进入新的细分市场,采用密集型渠道,扩大覆盖面	建立更密集的渠道,从广度和深度上拓展市场	采用选择性渠道,逐步淘汰无利润的销售网点
广告策划	告知广告。在早期使用者和经销商中建立产品知名度	产品利益诉求广告。激发兴趣,在大众市场建立知名度,树立品牌形象	品牌形象诉求广告。强调品牌利益,强调与其他品牌的差异性	减少到维持绝对忠诚者需求的水平
营业推广策划	大力促销,吸引试用	减少促销	加大鼓励品牌转换	维持一定水平

(一)介绍期

在产品刚推向市场的介绍期,营销策划的目标是开拓市场,提升产品和品牌的知名度,提高目标顾客的试用率,为此,在产品策划方面,一般只推出最基本的产品,产品的特色不多,花色品种也不多;在定价策划方面,由于消费者往往会根据产品的价格去判断新产品的质量和性能,因此要定较高的价格,通过价格去传递有关产品质量和档次的信息;在渠道策划方面,一般采用选择性渠道,强调所选择的渠道能指向早期采用者,因为早期采用者往往是舆论的领导者,他们对其他消费群体具有很强的影响力;在广告策划方面,新产品上市之初,广告要有一定的声势,可以采用告知广告,以便在早期采用者和经销商中建立产品知名度;在营业推广策划方面,要大力促销,吸引试用。

(二)成长期

在成长期,营销策划的目标是市场份额的最大化。这一方面是为了迅速抢占市场;另一方面，也最大限度地不给新进入者留太多的市场空白，市场占有率往往也是一种市场壁垒。为此，在产品策划方面，进入成长期之后，经过了一段时间的摸索，企业在技术方面有了更多的积累，于是可以在提高产品质量的同时，增加产品的功能、特色、样式，扩展产品线的长度；在定价策划方面，可以采用渗透定价，这一方面是为了迅速占领市场，为新进入者设置最低规模壁垒，另一方面也是通过产量的急剧扩张迅速降低产品成本；在渠道策划方面，可以采用密集型渠道，扩大渠道覆盖面，迅速占领各主要渠道，并巩固与渠道的关系，为新进入者设置渠道壁垒；在广告策划方面，由于大部分消费者已经听说过这种产品，所以要由原来的告知广告逐步转向产品利益诉求广告，在继续提高产品和品牌知名度与美誉度的同时，激发消费者的购买欲望，树立品牌形象；在营业推广策划方面，由于在成长期市场销售量迅速上升，企业可以减少促销。

（三）成熟期

在成熟期，营销策划的目标是保护市场份额，争取利润最大化，在争取早日收回成本的同时，把利润投向一些新业务。为此，在产品策划方面，企业可以改进产品，对产品进行更新换代，使品牌和样式多样化，包括质量改进、特色改进和样式改进；在定价策划方面，由于成熟期的价格是维持市场份额、应对竞争者的重要手段，所以产品定价在考虑产品的消费者感知价值的同时，为了竞争的需要，可以采用竞争导向的定价方法，抗衡或击败竞争者；在渠道策划方面，为了充分利用市场机会，企业一方面可以建立更密集的渠道，从广度和深度上拓展市场，另一方面，也可以在成熟期的后期考虑从那些不盈利的渠道中撤出，把资源和力量充实到重要渠道上，以加强重要渠道上的竞争优势；在广告策划方面，采用品牌形象诉求广告，强调品牌利益和本品牌与其他品牌的差异性；在营业推广策划方面，应加大促销力度，以保留老顾客和吸引竞争者的顾客，同时也鼓励顾客购买本企业的新产品。

（四）衰退期

在衰退期，营销策划的目标是削减支出，榨取品牌价值，将现金流投向企业的新业务。为此，在产品策划方面，企业要对产品线上的各个品目进行梳理，逐步淘汰销售疲软的产品、品目或产品线；在定价策划方面，价格是衰退期竞争的主要手段，因此企业可以采用降价以保护和维持市场份额，避免过早被竞争者挤出市场；在渠道策划方面，应采用选择性渠道，逐步淘汰无利润的销售网点，并将收回的资源投向盈利渠道或全新产品的销售上；在广告策划方面，由于该阶段的顾客对各个企业的同类产品都已非常了解，因此广告的作用非常有限，应将其减少到维持绝对忠诚者需求的水平；在营业推广策划方面，到了衰退期，顾客对价格非常敏感，因此企业可以维持一定的促销力度，以避免产品的大量积压。

产品生命周期理论对市场营销活动具有十分重要的启发意义，给营销策划人员提供了具体的指导。但是在进行营销策划时，应结合企业自身和市场的实际情况灵活运用，不能盲目照抄照搬。

学习日志

一、我学了

1. _____
2. _____
3. _____

营销策划实务

二、我用了

1. _____
2. _____
3. _____

三、测一测（扫二维码答题，已嵌入线上课堂中）

（一）单项选择题

1. （　　）是制订企业营销战略计划时首先要解决的问题，是制定营销组合策略的基石。
   A. 价格策划　　　　B. 渠道策划　　　　C. 产品策划　　　　D. 促销策划

2. （　　）是消费者购买某种产品时所追求的利益，是消费者真正要买的东西，因而在产品整体概念中也是最基本、最主要的部分。
   A. 实质产品　　　　B. 有形产品　　　　C. 附加产品　　　　D. 延伸产品

3. （　　）是核心产品借以实现的形式或载体，即向市场提供的产品实体和服务的形象。
   A. 实质产品　　　　B. 有形产品　　　　C. 附加产品　　　　D. 延伸产品

4. （　　）是指企业经营的产品大类有多少，即拥有几条产品线。
   A. 长度　　　　　　B. 宽度　　　　　　C. 深度　　　　　　D. 关联度

5. （　　）是指企业所有的产品线中产品项目的总数。
   A. 长度　　　　　　B. 宽度　　　　　　C. 深度　　　　　　D. 关联度

6. 人们买化妆品是想要美丽，这是整体产品的（　　）层次。
   A. 核心产品　　　　B. 形式产品　　　　C. 附加产品
   D. 期望产品　　　　E. 潜在产品

7. 人们住旅馆是想要休息与睡眠，这是整体产品的（　　）层次。
   A. 核心产品　　　　B. 形式产品　　　　C. 附加产品
   D. 期望产品　　　　E. 潜在产品

8. 旅馆提供给消费者的床、浴室、卫生间、毛巾、拖鞋等是整体产品的（　　）层次。
   A. 核心产品　　　　B. 形式产品　　　　C. 附加产品
   D. 期望产品　　　　E. 潜在产品

9. 消费者在寻找旅馆时希望旅馆提供干净的床、洗漱用品、衣橱、安静的环境等是整体产品的（　　）层次。
   A. 核心产品　　　　B. 形式产品　　　　C. 附加产品
   D. 期望产品　　　　E. 潜在产品

10. 旅馆为消费者提供的电视机、网络接口、方便快捷的结账、美味的晚餐、在消费者过生日时送上的鲜花礼貌热情的服务人员等是整体产品的（　　）层次。
    A. 核心产品　　　　B. 形式产品　　　　C. 附加产品
    D. 期望产品　　　　E. 潜在产品

（二）多项选择题

1. 产品组合是企业生产经营的全部产品的有机结合，包括（　　）。
   A. 长度　　　　　　B. 宽度　　　　　　C. 深度　　　　　　D. 关联度

2. 产品组合的关联度是指各条产品线在（　　）方面的相互关联程度。
   A. 最终用途　　　　B. 生产条件　　　　C. 渠道　　　　　　D. 价格

3. 产品整体概念包括（　　　）。
   A. 开发产品　　　B. 核心产品　　　C. 有形产品　　　D. 附加产品
4. 在应用奥斯本设问法改进产品时，下面属于能否代用范畴的项目有（　　　）。
   A. 纸杯　　　　　B. 一次性杯　　　C. 可伸缩杯
   D. 可食纸杯　　　E. 塑料杯
5. 下面属于逆向思维在产品开发中应用的是（　　　）。
   A. 把铅笔和橡皮组合在一起成为带橡皮的铅笔
   B. 相传有一个国王去乡间旅游，因道路坎坷扎伤了脚。国王一怒之下下令，将所有的道路都铺上牛皮。用牛皮铺路太浪费，一个商人想到，为什么不用牛皮包脚呢？于是，皮鞋诞生了
   C. 当很多餐馆习惯于招徕消费者到店中就餐时，精明的饭店老板想，为什么不能把食物送到消费者家里去呢？于是，外卖就出现了
   D. 把几种部件组合在一起变成组合机床

（三）判断题
1. 产品线越多，产品组合越宽。　　　　　　　　　　　　　　　　　　　　　　　（　）
2. 服装商店为消费者设计形象，根据消费者的身材、气质、购买力等情况指导消费者购买合适的服饰，对于服装店来说，提供的是附加产品。　　　　　　　　　　　（　）
3. 服装的款式、花色、规格、布料等看得见、摸得着的东西是核心产品。　　　（　）
4. 产品组合的关联度越高，企业就越容易节约市场营销成本。　　　　　　　　（　）
5. 奥斯本设问法就是对任何事物都多做几个假设。　　　　　　　　　　　　　　（　）

（四）实务操作题
从你熟悉的产品中选出一种，使用创意技法对产品进行改造，目标是取得经济效益与社会效益。策划方案的形式可以是 Word 文档或 PPT 演示文稿，需要现场展示改造思路，并说明其可行性与经济性。

（五）简答题
1. 奥斯本设问法的基本做法是什么？
2. 什么是仿一仿？

任务二　品牌策划

知识讲堂

企业的产品线安排好后就要考虑给产品命名的问题，即品牌策划。进行品牌策划首先要正确、全面地认识品牌，其次要考虑品牌名称、品牌归属和品牌战略等问题。

追根溯源 4-2

自 20 世纪以来，随着传播技术的发展，品牌开始逐步走向成熟。在品牌理论的萌芽阶段，广告公司从广告经纪人逐渐向品牌服务的咨询公司转变。同时，品牌传播的形式开始多样化，如欧美流行的报纸广告、杂志广告、广播广告、电视广告、霓虹灯广告、路牌广告、购物点广告、邮递广

告以及空中广告等。创意在品牌策划中被广泛使用,随着品牌由职能部门管理的新管理方式出现,以及品牌经理制和品牌管理系统的相继产生,品牌实践开始繁荣起来,品牌日益成为提升企业竞争力的主要源泉之一。

一、品牌的概念

追根溯源 4-3

扫码听书

品牌的由来

品牌的英文单词 brand,源于古挪威文 brandr,意思是"烧灼",人们用这种方式来标记家畜等需要与他人区别的私有财产。中世纪的欧洲,手工艺人用打烙印的方法在自己的手工艺品上烙下标记,以便消费者识别产品的产地和生产者。这就产生了最初的商标,并以此为消费者提供担保,同时为生产者提供法律保护。16 世纪早期,蒸馏威士忌酒的生产商将威士忌装入烙有生产者名字的木桶中,以防不法商人偷梁换柱。到了 1835 年,苏格兰的酿酒者使用了 Old Smuggler 这一品牌,以维护采用特殊蒸馏程序酿制的酒的质量声誉。

在《牛津大辞典》里,品牌被解释为"用来证明所有权,作为质量的标志或其他用途",即用以区别和证明品质。随着时间的推移、商业竞争格局及零售业形态的不断变化,品牌的含义越来越丰富,甚至发展成为一个独立的研究领域——品牌学。

品牌是一个名称、名词、符号或设计,或者是它们的组合,其目的是识别某个销售者或某群销售者的产品或服务,并使之同竞争者的产品和服务区别开来。品牌是通过以上这些要素及一系列市场活动而表现出来的结果,是一种形象认知度、感觉、品质认知,以及通过这些而表现出来的顾客忠诚度。品牌是企业极具价值的无形资产。

因此,企业在进行品牌策划之前,应当对品牌概念有正确的认识。产品可以买卖,品牌也可以买卖,消费者买一个产品,获得的是产品的利益,而消费者买了拥有品牌价值的东西,就会获得品牌价值的利益。

商业江湖 4-2

扫一扫,听案例

VIVO 的品牌内涵

VIVO 手机是专为年轻、时尚的城市主流群体打造的拥有卓越外观、专业级音质享受、极致影像乐趣、惊喜和愉悦体验的智能产品。VIVO 是步步高旗下的智能手机品牌。VIVO 源于古拉丁语,在公元元年前后 600 年的时间里,为表达对恺撒、屋大维等英雄的崇敬,古罗马元老院前聚集的公民情不自禁地在抛撒鲜花之时发出了"帷幄尔"的欢呼声,并出现对应的形容词 VIVO。近代,由于意大利歌剧艺术的兴盛,人们感到一般词汇已经无法表达对威尔第、普契尼等人作品的赞美,因此 VIVO 被引入使用,这又赋予了 VIVO 艺术出众的现场感和活跃感的含义。

VIVO 以乐趣、专业、声望为核心价值观。

① 乐趣。乐趣不仅是活在当下的畅快体验,更是一种能在分享中被放大和在自我实现中被延续的力量。

② 专业。专业是一种持续专注的态度,有创新意识地全情投入、关注细节、精益求精和用户体验至上的态度让 VIVO 快速成长,不断进步。

③ 声望。声望源于自我努力之后获得的差异化的行业地位。它意味着被消费者认可、欣赏,从而具有改变世界的影响力。

分析 品牌就像人一样,有内涵才更有魅力。VIVO 以乐趣、专业与声望为内涵,因而更加吸引目标人群。

品牌的价值由品牌知名度、品牌美誉度和品牌忠诚度构成：忠诚度是品牌价值的核心，知名度和美誉度是品牌价值的外延。品牌知名度是指消费者在想到某一类别的产品时，在脑海中想起或辨识某一品牌的程度，品牌知名度是品牌美誉度的基础和前提，没有良好的品牌知名度，就没有良好的品牌形象；品牌美誉度是指消费者对企业的满意程度，反映了品牌在消费者心目中的价值水平；品牌忠诚度是指消费者对该品牌的依赖程度，表现为消费者对某一品牌持续关心、持续购买的情感与行为。

二、品牌名称策划

（一）品牌名称策略

企业在为不同品类、规格、质量的产品选择品牌名称时，有4种品牌名称策略可以选择。

1. 统一品牌策略

统一品牌策略是指企业生产的所有产品都采用统一品牌的策略。采用统一品牌策略的好处是可以节约费用、老产品带动新产品、相互促进销售：当新产品推出时，可以节省品牌的设计费、广告费；已有品牌在市场上有良好的口碑时，可以带动新产品迅速进入市场；在统一品牌下，各种产品能相互促进，扩大销售。采用统一品牌策略存在"一荣俱荣，一损俱损"的不足，一个产品的失败会使其他产品或企业的声誉受到影响。例如，海尔的冰箱、彩电、空调、电脑、手机、医药等均使用同一品牌。

商业江湖4-3

扫一扫，听案例

传奇老字号：六必居的来历

六必居酱园始于明朝嘉靖九年（公元1530年），是京城历史最悠久、最负盛名的老字号。创立六必居字号的兄弟三人赵存仁、赵存义、赵存礼，原是山西临汾西社村人。他们的生意传说不一，有人说是酿酒卖酒，所以最初六必居的酱菜是装在酒坛子里的，也有人说他们专卖柴米油盐酱醋。

赵氏兄弟三人中，大哥赵存仁是大掌柜，主事的人。出身贫寒的他深知艰苦创业和勤俭持家的重要性，充分表现出了经营天分。在经营过程中，赵存仁意识到一个响亮名字号很重要，创业要从创品牌开始。商人给店铺起名和人们为孩子起名一样，图吉利、叫得响。六必居的掌柜为什么给自己的店铺叫"六必居"呢？

关于六必居的来历有3种传说。第一说为：六必居最初开业时由六人入股合开，委托当时书法很不错的严嵩题匾。严嵩提笔便写了"六心居"这3个字。但转念一想，六心岂能合作，便在"心"上加了一撇，便成了今日的"六必居"。第二说为：六必居刚开始是酿酒的，而酿酒中有"黍稻必齐，曲种必实，湛之必洁，陶瓷必良，火候必得，水泉必香"，故称之"六必居"。第三说为：百姓"开门七件事：柴、米、油、盐、酱、醋、茶"，赵氏兄弟的小店铺因为不卖茶而经营"柴米油盐酱醋"，就起名六必居。

因为六必居创立的年代过于久远，直到今天也没有人能举出历史佐证来说明哪个传说是对的。但被百姓相传最广的故事，莫过于六必居的匾额为严嵩所写。严嵩的书法结构匀称、苍劲有力。六必居的赵存仁很懂得经营管理，又由于六必居所处的地理位置好，所以买卖开张后，生意很兴隆。后来扩了门面，由原来的两间小店堂，前面扩为四间门面，后边又增设宽阔的后厂。买卖越做越大，但是店外的牌匾太小，不像样子，想弄块好匾，请一位书法好的人写。

关于严嵩给六必居写匾有种种传说，最普遍的是，在严嵩没做官以前，闲居在北京，时常来六必居喝酒，与六必居的掌柜和伙计都很熟。店里听说他写得一笔好字，掌柜求他写了此匾。当时严嵩还是个小人物，所以没落款。

其实，六必居到底是建于明朝嘉靖年间还是清朝康熙年间，始终存在争议。但无可否认的是，自从被传是大书法家严嵩手书的"六必居"黑地金字大匾挂出后，原来无名的小酱园身价倍增，六必居的名声很快传遍北京城，来买东西的人越来越多。由于酱菜卖得快，以后就专营酱菜了。

在经营管理上，六必居也有一套办法。六必居几百年的经营经验，有一条是：任何人不准超支或长支店内资金，对外经营也不欠债。六必居还规定，店内不用三爷（少爷、姑爷和舅爷），前店柜台人多是山西临汾、襄汾县人。六必居店堂里悬挂的"六必居"金字大匾，见证了这个老字号几百年的历史。围绕着严嵩写匾的故事，使六必居的历史蒙上了浓厚的传奇色彩，若干年来为了保护这块匾又产生了很多离奇的故事，也让它数次遭受劫难，仍保存完好，现已成为稀世珍品。

分析 一个品牌发展成一个名牌，其背后往往都有一个动人的故事。六必居这个老字号因为有不同版本的传说，所以更增加了品牌吸引力。

2．个别品牌策略

个别品牌策略是指企业对生产的各种产品采用不同品牌名称的策略。这种策略的主要好处是企业的声誉不会因为个别产品的失败而受到影响，也不会因一种产品的失败而影响其他产品的销售。企业可以对每个产品的品牌进行分别定位，以获得不同的细分市场。个别品牌策略的不足是企业的资源投入分散，对企业的品牌管理能力要求高。目前，这种方法在美容用品、洗涤用品等行业中运用得较为普遍。例如，上海家用化学用品公司分别推出了"露美庄臣""清妃""白领丽人""雅霜""男宝""伯龙""尤维""友谊""六神""高夫"等许多品牌，以期占有不同的细分市场。

商业江湖 4—4

漳平水仙茶的品牌推广

郑文海是漳平水仙茶界鼎鼎有名的人物。30多年间，他获得了"制作之王""销售之王""宣传之王"等诸多美誉。但他最喜欢的，还是被茶农们称为"宣传之王"。"酒香不怕巷子深"，郑文海对品牌宣传一直情有独钟，他在漳平市区的茶叶门店装修得气势恢宏、庄重典雅，透着浓浓的水仙茶文化气息。

为扩大漳平水仙茶的知名度，郑文海利用一切可能的机会宣传水仙茶品牌。在他的争取下，漳平水仙茶成为2016年中国电影百花奖、金鸡奖的唯一指定用茶。几百名当红影视界人士品尝漳平水仙茶的"仙韵"，提升了品牌知名度。

区域品牌的宣传推广，仅靠民间的"茶王"和龙头茶企还远远不够。为形成合力，漳平市政府采取多种形式加大品牌推介力度：创新开展茶王赛、茶艺表演赛、包装物设计大赛、摄影大赛等多种赛事；创新在北京、福州、龙岩等地举办专场品牌推介会；创新建立水仙茶博物馆、水仙茶文化主题公园、水仙茶文化教育馆等。

各种茶业展会是展示公共品牌的好平台。漳平市政府部门持续组织、鼓励茶叶龙头企业参加全国性茶业展会，以扩大品牌知名度。仅2018年，就相继组团参加北京、杭州、广州等多个茶博会，以及中国国际农产品交易会等综合性展会。注册了"水仙王子""水仙公主"两个公共品牌，专供优质水仙茶使用。

品牌的推介必须借助形式多样的茶事活动。在政府部门的引导下，漳平市连续8年开展了一系列品牌推介活动，如举办了内容丰富的"开采节"，创作了《咏水仙茶》《水仙茗茶天外香》等一批水仙茶歌，拍摄了水仙茶专题宣传片，组织了水仙茶摄影赛等。随着茶事影响力的扩大，"漳平水仙茶传统制作技艺"被确认为第五批省级非物质文化遗产代表性项目。

"漳平水仙茶"在商标注册前，品牌、包装等都比较零乱，在政府、茶企、茶农多方努力和配合下，自 2008 被国家工商总局认定为地理标志产品后，"漳平水仙茶"先后被认定为市知名商标、省著名商标、中国驰名商标。2015 年，经中国茶叶区域品牌价值评估课题组评估，其公用品牌价值达 8.66 亿元。

分析 品牌推广是一项系统工程，其基础是产品质量过硬。好的产品除了要有好的名字，还要配合一系列的营销推广活动，使消费者认识到品牌价值，进而吸引消费者购买。

3. 分类品牌策略

分类品牌策略是指对企业的各类产品分别命名，每类产品使用一个品牌的策略。对于多元化企业或当企业生产的产品类别差异化明显时，适合采用分类品牌策略。例如，企业既生产食品又生产化肥，既生产化妆品又生产农药，如果使用同一品牌，则消费者会难以接受。例如，海尔集团在销售家用电器，如冰箱、彩电、洗衣机、空调等产品时使用的是"海尔"品牌，而其产品线延伸至保健品行业时，用的却是"采力"品牌，目的也是保持海尔在消费者心目中一贯的主体形象。

4. 企业名称加个别品牌名称策略

企业名称加个别品牌名称策略是指在每个产品品牌名称前冠以企业名称的策略。企业名称使产品统一化，而产品品牌体现新产品的个性化。这种策略既有利于企业用已经建立起的好声誉带动新产品的销售，使各类产品的销售相互促进，从而节省广告费、促销费，又保持各个品牌的独立性。

商业江湖 4-5

扫一扫，听案例

海尔的品牌策略

海尔将集团品牌划分为企业品牌（产品总商标）、行销品牌（产品行销商标）、产品品牌（产品类别名称）3 个层次。以家电的长线产品考虑，将各类家电产品统一以"Haier海尔"总商标统筹，即产品总商标；结合各产品特征，策划确定出产品主题词，以该主题词为中心，根据品种、型号扩充，演绎出一系列行销商标，如冰箱的王子系列。这就最大限度地发挥了海尔品牌的连带影响力，从而大大降低了广告宣传中的传播成本，使海尔的形象得到了强化。

分析 海尔将集团品牌划分为企业品牌（产品总商标）、行销品牌（产品行销商标）、产品品牌（产品类别名称）3 个层次，这样既节省广告费、促销费，又保持了各个品牌的独立性。

综上所述，企业进行品牌名称设计既可以使企业易于管理存货，吸引更多品牌的忠诚者，也有助于企业细分市场，树立良好的企业形象。但是，产品品牌化也使企业增加了成本和费用，企业需要权衡之后做出正确的品牌决策。

（二）品牌命名的影响因素

在不同的市场环境下，企业品牌命名模式会有所不同，例如，中国、日本、韩国等东亚国家的企业更多地选择企业品牌模式，而以美国为代表的西方国家企业更多地选择独立品牌模式。即使在同一市场环境中，企业品牌结构模式也会有所不同。因此，企业需要从消费者、市场、自身条件等多方面来考虑品牌命名的问题。

1. 消费者

首先，品牌命名时要明确消费者对产品功能的重视程度。一般而言，消费者在购买时越重视产品的功能属性，那么使用统一品牌或企业名称加个别品牌名称这种企业品牌模式就越合适。

这样命名可以强化安全、可依赖的形象，因为来自大企业的产品质量更好，更具有可信赖感，使用时感觉更安全。品牌不仅是产品的标志，更是产品质量、性能、满足消费者需求的可靠程度的综合体现，良好的品牌往往能给人留下特别的印象。其次，品牌命名要考虑消费者对品牌文化的理解。品牌实际上是产品人格化的过程，反映企业和消费者之间的联系，不仅对产品，而且对企业、对公众都是有意义的。因此，在品牌命名时要考虑消费者的文化背景、认知习惯等因素。

2．外部环境

品牌命名时对市场等外部环境的权衡十分必要。首先，要考虑市场结构的同质化程度。在同质化程度较高的市场，企业品牌模式更为适宜；而在差异化较大的市场，则使用个别品牌或分类品牌等独立品牌模式更适宜；其次，要考虑技术状况，使用个别品牌的公司，更容易适应快速变化的技术环境，高频率和连续不断地推出新产品。

3．企业本身

首先，品牌命名方式有时也会受到企业的历史和传统的影响。其次，企业的组织结构也会影响品牌的命名。一般来说，企业品牌模式会被集权化程度较高的企业采用，这更便于企业的品牌管理集中化。再次，企业理念也是影响品牌命名的重要因素。一个企业越重视向消费者及整个外部环境传递企业理念和文化，就越有可能使用企业品牌作为传播载体之一。最后，企业战略决定品牌命名。企业总体战略目标、竞争战略、品牌战略和产品宽度都将影响到品牌命名的决策。

扫码听书

追根溯源 4-4

克·特劳特和艾尔·里斯在《品牌定位：精神式》一书中写道："要想成功，第一步就要预测消费者对品牌的理解，在其思想上进行定位，通过与众不同的方式，让他们心悦诚服地感受到你所给予的其他人给不了的顾客价值，这被称之为竞争优势。"也就是说，企业以消费者、外部环境和企业自身为主要维度，以行业、市场等要素为辅助维度，从产品、价格、渠道、包装、服务、广告促销等方面寻找差异点，塑造品牌核心价值、品牌个性和品牌形象，才能在目标消费者心中抢占阵地。因此，应该重视品牌定位，同时也要知晓品牌定位并不容易，需要考虑很多因素。

（三）品牌命名与设计的原则

1．品牌命名的原则

线上课堂

品牌命名应当符合以下原则，即提示产品，利于销售；新颖独特，富有个性；响亮简洁，易读易记；寓意美好，塑造形象；合规合法，易于接受；留有空间，便于发展。

① 提示产品，利于销售。品牌名称最好与品牌产品的某些特点、定位相联系、相协调。

② 新颖独特，富有个性。品牌名称首先要能引起人们的注意，进而才能发挥其他的作用。独特、与众不同的品牌名称更容易从众多企业名称、产品名称中凸显出来。

③ 响亮简洁，易读易记。品牌名称不仅用来看，还必须用来读、用来写、用来记，所以品牌名称应该"五好"，即好认、好看、好听、好记、好读。

④ 寓意美好，塑造形象。品牌名称作为与消费者沟通的工具，要有美感，要能引起消费者

美好的联想，这样才能让消费者产生好感，才会喜欢这个品牌。

⑤ 合规合法，易于接受。品牌名称要尊重道德、法律、民俗民风。

⑥ 留有空间，便于发展。由于企业会不断发展，生产经营的产品种类、范围会经常发生变化，所以品牌名称一定要有前瞻性和适用范围，为以后的发展预留空间。

2．品牌设计的原则

在品牌设计过程中，一般应遵循以下几条基本原则。

（1）简洁醒目，清晰可辨

来自心理学家的一项调查分析结果表明，在人们接受的外界信息中，83%依靠眼睛，11%借助听觉，3.5%依赖触摸，其余的源于味觉和嗅觉。由此，为了便于消费者认知和记忆，品牌设计的首要原则就是简洁醒目、清晰可辨，使品牌能在一瞬间吸引消费者的注意。不宜将呆板、缺乏特色感的符号、颜色、图案作为品牌标志。

（2）新颖别致，暗示属性

品牌设计应力求构思新颖、造型美观，有鲜明的特点，与竞争品牌有明显的区别。

（3）符合传统民俗，为公众喜闻乐见

因为各国历史文化传统不同，语言文字不同，风俗习惯不同，价值观念不同，审美情趣不同，所以对于一个品牌的认知和联想也不同。因此，品牌标志要特别注意各地区、各民族的风俗习惯、心理特征和思维模式，要避开某些隐喻及不妥之处。尤其是出口产品的品牌更要注意，应针对目标市场的特点专门命名和设计，以免产生歧义。例如，我国的白象牌电池出口到欧洲国家备受冷落，其主要原因是欧洲人认为大象是呆头呆脑的象征，并且英文 White Elephant（白象）是指无用而累赘的东西，谁愿意购买无用而累赘的东西呢？我国的芳芳牌化妆品在英语国家也受到冷落，因为芳芳的汉语拼音是 fāng fāng，而 fang 的英文是指毒蛇的牙，毒牙之类的东西怎能用于健康肌肤、美化容颜呢？

品牌的图案、颜色也要考虑各地的风俗和爱好，不同的国家、地区对图案、颜色有不同的偏好和禁忌。例如，红色三角在捷克被视为有毒的标记；绿色三角在土耳其用来表示免费赠送；绿色是马来西亚人的忌讳，他们把绿色作为病患的象征。因此，品牌设计要了解特定文化下所形成的风俗、偏好与禁忌，否则将在营销中铸成大错。

二、品牌归属策划

关于品牌归属策划，企业通常有两种选择：一种是使用制造商自己的品牌；另一种是生产者把产品卖给中间商，由中间商为产品确定一个品牌，即经销商品牌。一直以来，制造商品牌在市场上唱主角，因为产品的设计、质量、特色都是由制造商决定的。近年来，经销商品牌开始日益增多。

企业使用制造商品牌还是经销商品牌，需要权衡利弊。在制造商具有良好的市场声誉，拥有较大市场份额的条件下，大多使用制造商品牌。相反，在制造商资金实力薄弱，或者在市场上的商誉远远不及中间商的情况下，则适宜采用经销商品牌。尤其是新进入市场的中小企业，无力用自己的品牌将产品推向市场，而中间商在这一市场领域中拥有良好的品牌信誉和完善的销售体系，在这种情况下利用经销商品牌往往是有利的。更适合使用经销商品牌的情形有：

① 消费者要求不高。消费者对品牌要求不高的产品可以使用经销商品牌，如手纸、毛巾、拖鞋等。

② 技术含量不高。对于技术含量不高的产品，中间商比较容易控制产品的质量。

③ 对保存要求高。对新鲜度要求高、保质期短的产品，中间商可以利用自有品牌直接从厂家进货，具有渠道短、时效快的优点。

④ 对包装要求不高。

另外，特许品牌在市场上逐步产生并发展了起来，这种品牌方式就是制造商通过许可证的形式获得其他制造商的商标使用权。例如，一些享有盛誉的制造商把自己的商标租借给其他制造商使用，收取一定的特许使用费。

品牌对产品的促销固然有重要意义，但并不是所有产品都必须使用品牌。有些产品消费者在购买中不需要选择，就不必使用品牌，如大豆、小麦、铁矿石、原油等未加工的原料产品及电力、自来水等。

三、品牌战略策划

品牌战略通常有 5 种，即产品线扩展战略、品牌延伸战略、多品牌战略、新品牌战略、合作品牌战略。

① 产品线扩展战略。产品线扩展战略是指企业现有的产品线使用同一品牌，当对现有产品进行局部改进而形成该产品线的新产品时，仍使用原有的品牌。例如，增加新的功能、包装、式样和风格等。产品线扩展战略实施的目的一般是利用过剩的生产能力，满足新的消费需要，填补市场的空白，对抗竞争者推出的新产品，得到更多的货架位置等。产品线扩展战略的优势是：第一，扩展产品的存活率高于新产品，通常新产品的失败率为 80%～90%；第二，通过满足不同细分市场的需求，提高市场竞争能力。产品线扩展战略的不足是淡化了品牌原有的个性和形象，增加了消费者认识和选择的难度。

② 品牌延伸战略。品牌延伸战略是指企业将某一知名品牌或某一具有市场影响力的成功品牌扩展到一个新产品类别，以借助现有成功品牌推出新产品的战略。例如，海尔利用品牌优势，将品牌从电冰箱延伸至洗衣机、微波炉、热水器、电脑、手机等众多产品。

③ 多品牌战略。在相同产品类别中引进多个品牌的战略称为多品牌战略。企业之所以采用多品牌战略，一方面是出于培育市场的需要，多个品牌一同出现是支持一个整体性市场所必需的；另一方面，多个品牌使企业最大限度地覆盖市场，多品牌提供了一种灵活性，有助于限制竞争者的扩张，使竞争者感到在每个细分市场上的现有品牌都是进入的障碍。但同时也有诸多局限：一方面，随着企业在同一产品线上品牌的增多，各品牌之间会相互侵蚀对方的市场；另一方面，多品牌战略成本较大，企业培育每个品牌都需要巨额的宣传推广费用。

④ 新品牌战略。新品牌战略是指为新产品设计新品牌。例如，春兰集团以生产空调著名，当它决定开发摩托车时，采用"春兰"这个比较女性化的名称就不太合适了，于是采用了新的品牌名称"春兰豹"。

⑤ 合作品牌战略。合作品牌是指两个或更多的品牌在一个产品上联合起来，以强化整体的形象或消费者的购买意愿的战略。合作品牌的形式通常有 3 种：第一种是中间产品合作品牌，如富豪汽车使用米其林轮胎，并在广告中说明；第二种形式是同一企业合作品牌，如摩托罗拉公司的一款手机使用的是"摩托罗拉掌中宝"，掌中宝也是公司注册的一个商标；第三种形式是合资合作品牌，如日立的一种灯泡使用"日立"和 GE 联合品牌。

项目四　产品策划

学习日志

一、我学了

1. _____
2. _____
3. _____

二、我用了

1. _____
2. _____
3. _____

三、测一测（扫二维码答题，已嵌入线上课堂中）

（一）单项选择题

1. 新产品推出时，可以节省品牌的设计费、广告费的品牌名称策略是（　　）策略。
   A. 个别品牌　　　　B. 分类品牌　　　　C. 统一品牌　　　　D. 企业名称加个别品牌名称
2. 多元化企业或当企业生产的产品类别差异化明显时，更适合采用的品牌名称策略是（　　）策略。
   A. 个别品牌　　　　B. 统一品牌　　　　C. 分类品牌　　　　D. 企业名称加个别品牌名称
3. 不会因为个别产品的失败而影响企业的声誉与其他产品的销售，可以采用（　　）策略。
   A. 个别品牌　　　　B. 分类品牌　　　　C. 统一品牌　　　　D. 企业名称加个别品牌名称
4. 品牌不仅是产品的标志，更是产品质量、性能、满足消费者需求的可靠程度的综合体现。良好的品牌往往能给人留下特别的印象。这是说的品牌影响因素中的（　　）。
   A. 市场　　　　　　B. 企业自身　　　　C. 消费者　　　　　D. 政府
5. 在人们接受的外界信息中，83%依靠眼睛，11%借助听觉，3.5%依赖触摸，其余的源于味觉和嗅觉。这说明（　　）原则在品牌设计中的重要作用。
   A. 新颖别致，暗示属性　　　　　　　　B. 简洁醒目，清晰可辨
   C. 符合传统民俗　　　　　　　　　　　D. 为公众喜闻乐见

（二）多项选择题

1. 更适宜使用经销商品牌的有（　　）。
   A. 消费者对品牌要求不高的产品　　　　B. 技术含量不高的产品
   C. 对新鲜度要求高、保质期短的产品　　D. 不需要包装或简易包装的产品
2. 品牌命名违背了"符合传统民俗，为公众喜闻乐见"原则的有（　　）。
   A. 出口到欧洲国家的产品用"白象"命名　　B. 出口到英语国家的化妆品用Fang Fang命名
   C. 华为的品牌　　　　　　　　　　　　　D. 联想的品牌
3. 符合品牌"响亮简洁，易读易记"原则的有（　　）。
   A. 好认　　　　B. 好看　　　　C. 好听　　　　D. 好记　　　　E. 好读
4. 品牌命名的影响因素包括（　　）。
   A. 消费者　　　B. 外部环境　　C. 公司自身　　D. 职工的家庭
5. 品牌名称策略包括（　　）策略。
   A. 统一品牌　　B. 个别品牌　　C. 分类品牌　　D. 企业名称加个别品牌名称

131

营销策划实务

(三) 判断题

1. 既有利于利用企业已建立起来的声誉带动新产品的销售，使企业各类产品相互促进、节省广告促销费，又可使各品牌保持相对的独立性的品牌名称策略是企业名称加个别品牌名称策略。（ ）

2. 市场结构的同质化程度对于企业品牌命名方式的选择具有较大的影响，在同质化程度较高的市场，使用个别品牌或分类品牌等独立品牌模式更为适宜；在异质化、差异化较大的市场，企业品牌模式更适宜。（ ）

3. 一般集权化程度较高的企业中，企业品牌模式经常被采用。（ ）

4. 来自心理学家的一项调查分析结果表明，在人们接受的外界信息中，83%依靠眼睛，11%借助听觉，3.5%依赖触摸，其余的源于味觉和嗅觉。这是品牌设计要简洁醒目、清晰可辨的内在机理。（ ）

5. 虽然各国历史文化传统不同，语言文字不同，风俗习惯不同，价值观念不同，审美情趣不同，但是对于一个品牌的认知和联想是相同的。（ ）

6. 企业将某一知名品牌或某一具有市场影响力的成功品牌扩展到一个新产品类别，以借助现有成功品牌推出新产品的过程，是产品线扩展战略的应用。（ ）

(四) 实务操作题

请你为家乡的农产品命名：选择一种最难推广的产品，可以是蔬菜、水果或粮食，然后设计出推广文案。目标是吸引人气、促进销售。以 Word 文档的形式提交。

(五) 简答题

1. 品牌设计的原则有哪些？
2. 品牌命名的原则有哪些？

任务三　包装策划

知识讲堂

人们喜欢漂亮、有趣的包装，如可能会由于包装得漂亮、有趣而购买一盒糖果。

好的包装设计是企业创造利润的重要手段之一，因此包装策划是产品策划的一个重要内容。产品包装一般包括：首要包装，即产品的直接包装，如牙膏皮、啤酒瓶等；次要包装，即保护首要包装的包装物，如装有一定数量牙膏的纸盒或纸板箱；装运包装，即为了便于储运、识别某些产品而设计的外包装。商品在生产、储运、销售和使用过程中，都需要通过包装来保护产品、传达信息、美化形象，以方便生产、管理与使用。

追根溯源 4-5

包装是产品的最后推销员

随着产品的同质化日益严重，如何才能更加吸引消费者是企业高度重视的营销难题。杜邦定律指出，约63%的消费者是根据产品的包装和装潢做购买决策的。正因如此，现在的市场经济被称为注意力经济，即只有吸引到消费者的注意，品牌才能被接受，产品才能被购买。包装是影响消费者购买决策的重要因素，一个经验丰富的经销商一看新产品的包装，就能判断出其市场前景。因此，企业必须利用包装来完成自己的产品推广和品牌树立工作。

一、包装的作用

在产品极为丰富的今天，包装在市场营销中的作用越来越重要，包装所产生的差异及由此而表现出的品牌特征是吸引消费者的主导因素。包装能够利用颜色、造型、材料等元素同时表现出产品、品牌等企业的内涵和信息，突出产品与消费者的利益共同点，对消费者的感观形成直接冲击，进而影响到消费者对产品和企业的印象，达到吸引消费者的目的，从而提升产品的销售。策划好产品包装，对企业可起到如下作用。

（一）保护产品

良好的包装可以保护产品，使产品在生产、储存、销售等过程中，或者在消费者保存产品期间不致损坏、变质、散落。

商业江湖 4-6　　　　　　　　　　　　　　　　　　　扫一扫，听案例

延长产品寿命的包装

某饼干公司创新生产了一种具有保鲜装置的包装（纸板、内部纸包扎、外部纸包扎），使饼干的货架寿命长于饼干盒、饼干箱和饼干桶。

某食品公司开发了听装混合乳酪，从而延长了乳酪的货架寿命，并为公司赢得了声誉。目前，该公司正在试验杀菌小袋。它是用金属混合塑料制成的容器，是罐头的换代产品。

分析　靠包装延长产品的寿命，这是包装的重要作用。

（二）促进销售

包装是产品的最后一个"推销员"，特别是在实行消费者自我服务的情况下，更需要利用产品包装来向广大消费者宣传介绍产品——美好的包装更能吸引消费者的注意力。

商业江湖 4-7　　　　　　　　　　　　　　　　　　　扫一扫，听案例

亭亭玉立的少女引发的创意

1898 年，鲁特玻璃公司一位年轻的工人亚历山大·山姆森根据女友穿着裙子的形象设计出一个玻璃瓶。其瓶型的中下部是扭纹型的，如同少女所穿的条纹裙子。由于瓶子的结构是中大下小，当它盛装饮料时，给人的感觉是分量很多的。采用山姆森设计的玻璃瓶作为可口可乐的包装以后，可口可乐的销量飞速增长，在两年的时间内翻了一倍。600 万美元的投入，为这个可口可乐公司带来了数亿美元的回报。

分析　"人要衣装，佛要金装"，产品好也要靠包装，有很多产品因其美丽的包装让人爱不释手。因此，包装就像无声的推销员。

（三）增加价值

随着收入水平和生活水平的提高，消费者对美的要求越来越高，一般愿意为包装所带来的方便、美感和可靠性等买单。因此，良好的包装不仅可以促进销售，而且可以提高产品附加价值。

二、包装设计原则

企业在包装设计时，应考虑以下几点：

① 与价值相当。包装应与商品的价值或质量相适应，简单地说就是要适度包装，避免"一等产品，三等包装"或"三等产品，一等包装"，既不能"买椟还珠"，也不能"稻草包珍珠"。

追根溯源 4-6

扫码听书

买椟还珠

楚人有卖其珠于郑者，为木兰之柜，薰以桂椒，缀以珠玉，饰以玫瑰，辑以翡翠。郑人买其椟而还其珠。此可谓善卖椟矣，未可谓善鬻珠也。

——战国·韩非子《韩非子·外储说左上》

② 表现独特。包装应能显示产品的特点或独特风格，对于以外形和色彩表现其特点的产品，如服装、装饰品、食品等，包装应向消费者直接显示产品本身，以便于其选购。

③ 方便应用。包装应方便消费者购买、携带和使用，这就要求包装有不同的规格和分量，适应不同消费者的需要。例如，袋装的某品牌辣椒酱改成牙膏式包装就方便了消费者在旅行时享用。

商业江湖 4-8

扫一扫，听案例

包装之王——易拉罐

易拉罐被广泛运用于各类产品的包装，啤酒、饮料、罐头目前大多都用易拉罐包装。全世界每年大约生产的铝制易拉罐已经超过 2 000 亿个。目前，易拉罐已经成为市场上应用范围最广，消费者使用最多、最频繁的包装容器，是名副其实的包装容器之王。易拉罐消费量的快速增长，使制造易拉罐的铝材消费量也有大幅增长，目前制作易拉罐的铝材已经占到世界各类铝材总用量的15%。

分析 从本案例可以看出，方便是包装设计时应重点考虑的原则。

④ 取信于人。包装上的文字说明应实事求是，如产品成分、性能、使用方法、数量、有效期限等要符合实际，以增强消费者对产品的信任。

⑤ 凸显美感。包装应给人以美感，所以设计时要考虑消费者的审美习惯，使消费者能从包装中获得美的享受，并产生购买欲望。

商业江湖 4-9

扫一扫，听案例

像药瓶的香水瓶

当香水创作师恩尼斯·鲍将他发明的多款香水呈现在香奈尔夫人面前让她选择时，香奈尔夫人毫不犹豫地选出了第五款，即现在誉满全球的香奈尔 5 号香水。然而，除了那独特的香味以外，真正让香奈尔 5 号香水成为"香水贵族中的贵族"的却是那个看起来不像香水瓶，反而像药瓶的创意包装。香奈尔 5 号以其宝石切割般形态的瓶盖、透明水晶的方形瓶身造型、简单明了的线条，刷新了人们的审美观，并迅速"俘获"了消费者。从此，香奈尔 5 号香水在全世界畅销 80 多年，至今仍然长盛不衰。

有专家评论：香水作为一种奢侈品，最能体现其价值和品位的就是包装。"香水的包装本身不但是艺术品，也是其最大的价值所在。包装的成本甚至可以占到整件商品价值的80%。香奈尔 5 号的成功，依靠的就是它独特的、颠覆性的创意包装。"

分析 香奈尔 5 号的成功包装说明在包装设计时要善于创新。

⑥ 符合规范。包装上的文字、图案、色彩等不能与目标市场的风俗习惯、宗教信仰相冲突。

📖 追根溯源 4-7

包装设计的理念

扫码听书

1. 安全理念

确保产品和消费者的安全是包装设计最根本的出发点。在设计产品包装时，应当根据产品的属性来考虑储藏、运输、展销、携带及使用等方面的安全保护措施，不同的产品可能需要不同的包装材料。目前，可供选用的材料包括金属、玻璃、陶瓷、塑料、卡纸等。在选择包装材料时，既要保证材料的抗震、抗压、抗拉、抗挤、抗磨性能，还要注意产品的防晒、防潮、防腐、防漏、防燃问题，确保产品在任何情况下都完好无损。

2. 促销理念

促进产品销售是包装设计最重要的功能理念。过去人们购买产品主要依靠售货员的推销和介绍，而现在自选成为人们购买产品的最普遍途径。在消费者购物过程中，产品包装自然而然地充当了无声的广告或无声的推销员。如果产品包装设计能够吸引广大消费者的视线并充分激发其购买欲望，那么该包装设计才真正体现了促销理念。

3. 生产理念

包装设计在确保造型优美的同时，必须考虑该设计能否实现精确、快速、批量生产，能否利于工人快速、准确地加工、成型、装物和封合。在设计产品包装时，应当根据产品的属性、使用价值和消费群体等选择适当的包装材料，力求形式与内容的统一，并充分考虑节省生产加工时间，以加快产品流通速度。

4. 人性化理念

优秀的包装设计必须适应产品的储藏、运输、展销及消费者的携带与开启等。为此，在设计产品包装时必须使盒型结构的比例合理、严谨、造型精美，重点突出盒型的形态与材质美、对比与协调美、节奏与韵律美，力求达到盒型结构功能齐全、外形精美，从而适合生产、销售乃至使用。常见的产品包装结构主要有手提式、悬挂式、开放式、开窗式、封闭式或几种形式的组合等。

5. 艺术理念

优秀的包装设计还应当具有艺术性。包装是直接美化产品的一门艺术。包装精美、艺术欣赏价值高的产品更容易从一大堆产品中"跳跃出来"，给人以美的享受，从而赢得消费者的青睐。

6. 环保理念

现在，环保已经成为世界大多数国家的共识。在生态环境保护潮流下，只有不污染环境、不损害人体健康的产品包装设计才可能成为消费者最终的选择。特别是在食品包装方面，更应当注重绿色包装。

7. 视觉传达理念

视觉传达的本质在于简单明了，过多的修饰内容只会造成互相干扰，使包装主题难以突出，不仅影响视觉冲击力，而且还可能误导消费者。根据视觉传达规律，在设计产品包装过程中，应当尽量去除无谓的视觉元素，注重强化视觉主题，从而找出最具有创造性和表现力的视觉传达方式。

三、包装设计策略

良好包装只有与恰当的包装策略结合起来才能发挥应有的作用。可供企业选择的包装策略有：

① 相似包装策略。相似包装策略是指企业生产的各种产品在包装上采用相似的图案、颜色，体现共同的特征。这种策略的优点在于能节约设计和印刷成本，树立企业形象，有利于新产品

的推销。但有时也会因为个别产品质量下降而影响到其他产品的销路。

② 差异包装策略。差异包装策略是指企业的各种产品都有自己独特的包装,在设计上采用不同的风格、色调和材料。这种策略能够避免由于某一产品营销失败而影响其他产品的声誉,但会增加包装设计费用和新产品促销费用。

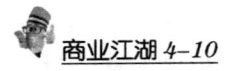

商业江湖 4-10　　　　　　　　　　　　　　　　　　　　　扫一扫,听案例

神秘的包装

古汉养生精的产品配方源自西汉马王堆出生的《养生方》,其包装尽显皇家风范,设计师以红、黄、橙、绛渐变色作为基础色调,上部以波浪形图案体现马王堆造型,以里面4条印有金龙图腾的六边形图案作为产品的核心记忆点,中间是隶书体的药品名称字样,图、字、印相映成趣,包装总体神秘感强,体现了千年古方的皇家风范,大幅提升了产品档次。同时,通过对传统元素的真实表达、产品理念的现代演绎,最大限度地体现了产品差异化。

分析　古汉养生精的包装设计充分表现了千年古方的皇家风范,与产品的档次相适应。

③ 相关包装策略。相关包装策略是指将多种相关产品配套放在同一包装物内出售。例如,系列化妆品包装、节日礼品盒包装等。这种相关包装既可以方便消费者购买和使用,也有利于企业推销产品,特别是推销新产品时,可将其与老产品组合出售,创造条件使消费者接受、试用。

④ 复用包装策略。复用包装策略是指包装内产品用过之后,包装物本身还可以做其他用途。例如,糖果包装盒设计成手提包形状,糖果吃完后包装盒还可以作为手提包。复用包装策略的目的是通过给消费者额外利益而扩大产品销售。

⑤ 分等级包装策略。分等级包装策略是指对同种产品采用不同等级的包装,以适应不同的购买力水平。例如,送礼产品和自用产品采用不同档次的包装。对于礼品,可以分为不同档次的包装:高档礼品包装精致些,表示产品使用者的身份;中低档礼品包装简略些,以减少产品成本。

⑥ 附赠品包装策略。附赠品包装策略是指在包装物中附赠一些物品,从而引起消费者的购买兴趣,有时还能使消费者产生重复购买的意愿。这一策略对儿童特别有效。例如,把某种儿童喜欢的玩具的零部件放到儿童食品的包装袋内,儿童会重复购买该食品来集齐零部件以形成一个玩具。

商业江湖 4-11　　　　　　　　　　　　　　　　　　　　　扫一扫,听案例

项链的诱惑

我国出口的芭蕾珍珠膏在每个包装盒内附赠珍珠别针一枚,消费者购至50盒,即可串成珍珠项链。这使得该珍珠膏在国际市场上十分畅销。

分析　在芭蕾珍珠膏的包装盒内附赠珍珠,这是附赠品包装策略的应用。这种策略会对消费者形成极强的吸引力。

⑦ 改变包装策略。当某种产品销路不畅或长期使用一种包装时,企业可以改变包装设计、包装材料,使用新的包装。这可以使消费者产生新鲜感,从而扩大产品销售。

项目四　产品策划

学习日志

一、我学了

1. _____
2. _____
3. _____

二、我用了

1. _____
2. _____
3. _____

三、测一测（扫二维码答题，已嵌入线上课堂中）

（一）单项选择题

1. 在消费者消费前不致损坏、变质、散落是包装的（　　）作用。
　　A. 保护　　　　　　B. 促销　　　　　　C. 增值　　　　　　D. 设计
2. 消费者一般愿意为良好包装带来的方便、美感和可靠性等多付钱是包装的（　　）作用。
　　A. 保护　　　　　　B. 促销　　　　　　C. 增值　　　　　　D. 设计
3. 好的包装可以吸引消费者的注意力，起到推销员的作用是包装的（　　）作用。
　　A. 保护　　　　　　B. 促销　　　　　　C. 增值　　　　　　D. 设计
4. 在包装上采用相似的图案、颜色，体现共同的特征。这种策略的优点在于能节约设计和印刷成本，树立企业形象，有利于新产品的推销。这是（　　）。
　　A. 差异包装策略　　B. 相似包装策略　　C. 相关包装策略　　D. 复用包装策略
　　E. 分等级包装策略　F. 附赠品包装策略
5. 将多种相关产品配套放在同一包装物内出售是（　　）。
　　A. 差异包装策略　　B. 相似包装策略　　C. 相关包装策略　　D. 复用包装策略
　　E. 分等级包装策略　F. 附赠品包装策略
6. 在包装上或包装内附赠奖券或实物，以吸引消费者购买是（　　）。
　　A. 差异包装策略　　B. 相似包装策略　　C. 相关包装策略　　D. 复用包装策略
　　E. 分等级包装策略　F. 附赠品包装策略

（二）多项选择题

1. 包装设计的原则为（　　）。
　　A. 适度　　　　B. 突出产品特点　　C. 方便　　　　D. 美感　　E. 可信
2. 包装的策略有（　　）。
　　A. 差异包装策略　　B. 相似包装策略　　C. 相关包装策略　　D. 复用包装策略
　　E. 分等级包装策略　F. 附赠品包装策略
3. 包装设计的理念有（　　）。
　　A. 安全　　　　B. 促销　　　　C. 艺术　　　　D. 环保
　　E. 生产　　　　F. 人性化　　　G. 视觉传达
4. 包装设计时要符合目标市场的偏好，如（　　）。
　　A. 文字　　　　B. 图案　　　　C. 色彩

D. 宗教信仰　　　　E. 风俗习惯
5. 违背了包装设计的适应性原则的有（　　）。
   A. 一等产品，三等包装　　　　B. 三等产品，一等包装
   C. 买椟还珠　　　　　　　　　D. 稻草包珍珠，大材小用

(三) 判断题

1. 只要产品质量好，包装无所谓。（　）
2. 良好的包装不仅可以促进销售，而且可以提高产品附加价值。（　）
3. 包装是商品的无声推销员。（　）
4. 相似包装策略能够避免由于某一产品推销失败而影响其他产品的声誉，但会增加包装设计费用和新产品促销费用。（　）
5. 糖果包装盒设计成手提包形状，吃完糖果后包装盒可以作为手提包是相关包装策略的应用。（　）

(四) 实务操作题

选择你熟悉的一种产品，调查一下它的包装现状，为它重新设计一个外包装，并说明你这样设计的原因。

(五) 简答题

1. 包装设计时需要考虑哪些因素？
2. 包装策略有哪些？

项目五

价格策划

经典回放

1折销售

随着"双11""双12""6.18""5.20"等网购节日的兴起,人们逐渐形成了打折狂购的消费习惯。因为趁着打折的时候购买,感觉能得到实惠。一般打7、8折很常见。但是,日本有个服装店竟然首创"1折"销售。他们的1折销售是如此实施的:首先定出打折销售的时间,然后按照不同的时间打出不同的折扣,第一天打9折,第二天打8折,第三、四天打7折,第五、六天打6折,第七、八天打5折,第九、十天打4折,第十一、十二天打3折,第十三、十四天打2折,最后两天打1折。

看起来好像是最后两天买东西最优惠,但是事实如下:

第一天前来的客人并不多,来的人也只是看看就离开了。从第三天开始有一群一群的客人光临,第五天打6折时客人就像洪水般涌来开始抢购,以后就连日客人爆满,没等到打1折,产品就全部售完了。商家运用独特的创意进行定价,把自己的商品在打5、6折时就全部推销出去了。

经典分析 1折销售是一种价格策略,更是一种心理战术。

想挑战一下自己吗?扫一扫这里!

任务一 影响价格策划的因素

知识讲堂

开篇任务单

一、价格策划概念

价格策划并非简单的价格制定,而是企业为了实现一定的市场营销目标,协调处理各种价格关系的活动。它是在一定环境条件下为了配合特定的市场营销目标,协调营销组合策略的各相关方面的设想、选择,并在实施过程中不断修正价格战略和策略的全过程。

在营销组合策略中,价格既是最直接、最灵活,也是最能给企业带来利润的一个因素——是决定企业经营活动市场效果的重要因素。价格策划一直对企业经营成败有着决定性影响,因此掌握价格策划的方法和策略,首先要从理解价格的构成开始。

追根溯源 5-1

价格的构成

价格构成也称价格组成，是构成价格的各个要素及其在价格中的有机组成状况。价格构成包括生产成本、流通费用、利润、税金 4 个要素。其公式为：

价格构成＝生产成本＋流通费用＋利润＋税金

生产成本和流通费用构成产品生产与销售中损耗费用的总和，即成本。这是产品价格的最低界限，是产品生产经营活动得以正常进行的必要条件。低于成本的销售，卖得越多，亏得越多。

税金和利润是构成产品价格中盈利的两个部分：税金是国家通过税法，按照一定标准，强制地向产品的生产经营者征收的预算缴款；利润是产品价格减去生产成本、流通费用和税金后的余额。按照产品生产经营的流通环节，可以分为生产利润和商业利润。

产品价格的构成主要包括生产成本、流通费用（具体包括管理费用、推广费用、经销商费用等）、税金、利润 4 个部分，但不同行业、不同类型的产品之间，各部分成本在价格中所占的比例会有所不同，如表 5.1 所示。

表 5.1　生活中常见产品的价格构成　　　　　　　　　　　　　　　％

产品	生产成本	管理和推广费用	经销商费用	税金	利润
兰蔻精华肌底液	6	52	25	5	12
矿泉水	12	14.7	59	1	13.3
体育彩票	45	4	20	1	30
飞天茅台	3.2	8.3	33	6.4	49.1
进口红酒	25.6	8.1	9	50	7.3

二、价格策划影响因素

一般而言，企业价格策划要经历 6 个步骤，分别是选择定价目标、测定需求的价格弹性、估算成本、分析市场竞争情况、选择适当的定价方法和选定最后价格。这一策划过程主要受 5 个因素的影响，包括企业定价目标、市场供求关系、产品成本、市场竞争及其他因素。

（一）企业定价目标

企业在策划价格时，首先要明确定价目标。定价目标是整个价格策划的灵魂。常见的定价目标有利润导向、销售导向、竞争导向和稳定导向 4 种形式，如表 5.2 所示。

表 5.2　企业定价目标

定价目标	价格方向	具体说明
利润导向	高价或低价	在利润导向定价目标下，企业需要权衡单位毛利和销量之间的关系，选择最可能获得利润最大化的价格。在实际操作中，主要有 3 种形式：争取最大利润、确保目标利润、获取较高的投资报酬率
销售导向	低价	采用销售导向定价目标的企业，通常以销售额增长或以提高市场占有率为目标。一般是在竞争异常激烈的情况下，或者产品刚刚上市，企业对产品的长远发展抱有很高期望的情况下采用
竞争导向	低价	以竞争导向为定价目标，主要是提高竞争者进入市场的门槛，有的企业会制定较低的价格以排斥竞争；而有的企业则随行就市，避免过低的价格刺激竞争者
稳定导向	市场价	稳定导向定价目标是指当企业拥有一个较为固定的市场时，会希望价格趋于稳定。为了防止价格竞争导致两败俱伤，竞争的双方或多方也会达成一个协议价格，力求稳定

在选择不同的定价目标时，应该考虑到企业的实力、企业所处的阶段和发展战略，并灵活变通，随时根据自身发展和环境变化对定价目标做出调整。

📖 **追根溯源 5-2**

扫码听书

高价与低价

新产品上市如何定价，在市场营销实践中有许多值得借鉴的经验。但基本规律是：高价上市，先难后易；低价上市，先易后难。而高价打败低价是市场的常态，低价打败高价则是个案。其原因如下：

① 消费者对产品的价格认同有两个概念：一是价格本身，即价格高低，这种认同不产生购买行为；二是价格与价值的关联，即产品是否值这个价格，这是价格与价值的差异。

低价本身只产生第一种认同，不产生第二种，第二种认同在消费体验和市场推广之后才会产生。产生消费体验的前提是有人购买，而购买的前提是要主动做市场推广，否则就会淹没在其他同质化产品中。市场推广的费用来自企业产品的利润。

② 能给自己争取向消费者介绍的机会。高价格往往能带来一定的神秘感，当消费者想了解它为什么这么贵的时候，企业就有机会介绍自己的新产品了。

③ 消费者不是喜欢便宜，而是喜欢占便宜。为新产品制定一个较高的价格，为后期的"高开低走"留有充分的余地，能让消费者享受更多的"优惠"。如果一开始就制定低价，就很难再有回旋的余地了。

④ 能够识别优质顾客。如果消费者是因为低价才购买企业的产品，那么这样的消费者一定不是企业的忠实顾客。假如其他品牌打出了更低的价格，就很容易转向其他品牌。为了争夺回这群劣质顾客，企业又需要跟竞争者进行价格战，就不得不进一步降低利润空间，这显然不划算。

分析　资本的特点就是追逐利益，如果有条件定高价的话，企业多会选择高价。所谓的薄利多销，并不一定就是低价。另外，企业进行价格策划时，不是首先考虑定高价还是定低价，而是需要先明确自己的目标及市场营销环境，在综合分析各种因素的基础上做出定价策略。

（二）市场供求关系

在进行产品价格策划时，除考虑企业定价目标外，还要考虑产品的市场供求关系。一般来说，当产品的市场需求大于供给时，企业应当定高价；当产品的市场需求小于供给时，企业应当定低价。反之，价格变动也会影响市场需求总量，从而影响销售量。因此，企业制定价格必须了解价格变动对市场需求的影响程度。反映这种影响程度的指标是价格需求弹性系数。

所谓价格需求弹性系数，是指由于价格的相对变动而引起的需求相对变动的程度。它通常可以表示为：

$$价格需求弹性系数 = 需求量变动百分比 \div 价格变动百分比$$

通常情况下，某种产品的价格升高，其需求量就会减少。因此，制定产品价格时必须考虑产品的价格需求弹性因素。一般来说，缺乏弹性的产品适合稳定价格或适当提价，如粮食、食盐、煤气等生活必需品都属于此类；富有弹性的产品适合适当降价以扩大销量，如大部分耐用消费品、服装、家电等都属于此类。

（三）产品成本

产品成本是指企业为了生产产品而发生的各种耗费，具体指一定时期为生产一定数量产品而发生的成本总额。从市场营销的角度考虑，产品成本不仅包括企业在生产和管理中发生的各种耗费，还包括产品流通过程中发生的各项管理费用和销售费用等。

营销策划实务

成本对于企业定价是一个非常关键的因素。企业产品定价以成本为最低界限，产品价格只有高于成本企业才能补偿生产上的耗费，从而获得一定盈利。企业在定价时，不应将成本孤立地对待，而应同产量、销量、资金周转等因素综合起来考虑。成本因素还要与影响价格的其他因素结合起来考虑。

追根溯源 5-3

扫码听书

手机成本知多少

市场上的手机品类繁多，功能各异，价格也相差几千元。这些手机的成本包括以下内容。

1. 硬件成本

硬件是手机最基础的成本，这也是我们通常所理解的手机成本。没有哪家手机厂商可以自己生产一部手机所需要的所有零部件，如屏幕、芯片、外壳、中框、主板、电池、充电器等。硬件成本取决于手机厂商对上游供应链的议价能力，出货量大的厂商更有机会压低零部件的采购成本，从而在价格上更有竞争力。如果一家厂商出货量非常大，定价又高于行业整体水平的话，那么它将有机会获得更高的利润。

2. 研发成本

研发成本是手机成本在硬件成本之外最大的一部分，品牌手机厂商需要投入大量的资金和人力在这方面。除需要设计手机外观外，还要解决内部硬件模块的摆放、信号、天线等问题。此外，还要开发深度定制 ROM，对软硬件进行优化，使其达到最佳的性能体验。

3. 专利成本

通信行业需要用到很多国外通信企业的专利技术，如高通的 CPU。要使用它们的 CPU，不但需要支付采购费用，还需要支付一定的专利费用。苹果、三星等企业也积累了大量的专利技术，有需求的手机厂商需要向它们支付使用费。

4. 代工成本

很多手机品牌自己只做研发设计和销售，本身没有工厂，如小米和锤子等，所以经常会把自己的产品交给富士康这一类的代工厂生产加工。

（四）市场竞争

市场竞争也是影响价格制定的重要因素。根据竞争的程度不同，企业定价策略会有所不同。按照市场竞争程度，可以分为完全竞争、不完全竞争与完全垄断 3 种情况。

1. 完全竞争

完全竞争也称自由竞争，是一种理想化了的极端情况。在完全竞争条件下，买者和卖者都大量存在，产品都是同质的，不存在质量和功能上的差异，企业可以自由地选择产品生产，买卖双方能充分地获得市场情报。在这种情况下，无论是买方还是卖方都不能对产品价格进行影响，只能在市场既定价格下从事生产和交易。

2. 不完全竞争

不完全竞争介于完全竞争和完全垄断之间，是现实中存在的典型的市场竞争状况。在不完全竞争条件下，最少有两个以上买方或卖方，少数买方或卖方对价格和交易数量起着较大的影响，买卖各方获得的市场信息是不充分的，它们的活动受到一定的限制，而且它们提供的同类产品有差异，因此存在着一定程度的竞争。在不完全竞争情况下，企业的定价策略有比较大的回旋余地，它既要考虑竞争者的价格策略，也要考虑本企业定价策略对竞争态势的影响。

3. 完全垄断

完全垄断是完全竞争的反面，是指一种产品的供应完全由独家控制，形成市场独占。在完全垄断情况下，交易的数量与价格由垄断者单方面决定。完全垄断在现实中也很少见。

企业的价格策略会受到竞争状况的影响。完全竞争与完全垄断是竞争的两个极端，中间状况是不完全竞争。在不完全竞争条件下，竞争的强度对企业的价格策略有重要影响。因此，企业首先要了解竞争的强度，竞争的强度主要取决于产品制作技术的难易、是否有专利保护、供求形势及具体的竞争格局；其次，要了解竞争者的价格策略，以及竞争者的实力；再次，还要了解、分析本企业在竞争中的地位。

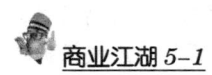

商业江湖 5-1

扫一扫，听案例

汽车价格战全面打响

SUV车型是2018年的热销车型，合资品牌SUV车型中销量第一的是途观，第二是昂科威。昂科威的官方指导价是21.99万元～31.99万元，但是现在买昂科威可以优惠5万元。以北京地区为例，昂科威2018款28T四驱豪华型的官方售价是28.99万元，现在优惠4.6万元。据4S店的工作人员介绍，别克全系车型都有不同程度的优惠，君越最高可以优惠到5万元。

上汽通用旗下的雪佛兰全系车型也有相当程度的价格降幅。北京某4S店介绍，科沃兹2018款320自动欣享天窗版是雪佛兰旗下销量最好的车型，官方价格为9.09万元，现在提车可以优惠2.2万元，接近7.5折的优惠。

面对美系车的巨额优惠，销量冠军大众也在血拼。据北京一家4S店的销售介绍，目前朗逸全系都有不同程度的优惠，以2018款1.6L自动舒适版为例，官方指导价为13.69万元，现在活动提车可以优惠2.4万元，相当于8折。

大众、别克、雪佛兰在中国汽车市场都已经开始降价拼销量了，价格战全面打响，对于消费者而言是买车的好时节。

分析 从消费者的角度进行分析，完全竞争市场对消费者最有利。企业之间竞争激烈，包括价格在内的各种优惠政策很多，消费者可以花适当的钱买到更好的产品和享受到更好的服务。但这种激烈的竞争对企业的生存和发展都是极其艰难的，这种状态也就难以维持长久。

（五）其他因素

企业的定价策略除受成本、需求及竞争状况的影响外，还受到包括国家经济法律政策、消费者习惯和心理、企业或产品的形象等其他因素的影响。

1. 国家经济法律政策

国家政策一般是市场的调节手段，通过国家政策对市场价格进行干预的主要目的有3个：第一，保证价格的合理性，实现公平交易、平等竞争；第二，控制价格过度上涨，防止出现严重的通货膨胀；第三，保持重要产品价格基本稳定，防止出现价格的剧烈波动。具体的措施手段包括：第一，直接定价，国家对于关系国计民生的重要产品实行直接定价，但是也有部分产品必须按价值规律和供求规律定价；第二，制定指导性价格，通过制定中准价格和价格在中准价格基础上的涨跌幅度保持价格的基本稳定；第三，限价，包括最高限价和最低限价；第四，价格补贴，包括直接补贴和间接补贴；第五，制定减价率或盈利率；第六，实行价格监审制和提价申报制；第七，实行行业指导价及利用财政、税收、工资、信贷等政策工具干预价格形成；第八，制定有关价格的法律和法规，如《价格法》《反不正当竞争法》《反暴利条例》等。

追根溯源 5-4

癌症病人的福音

李克强总理曾说"急群众所急。对癌症病人来说，时间就是生命！"。2018年4月和6月，李克强两次主持召开国务院常务会议，决定对进口抗癌药实施零关税并鼓励创新药进口、加快已在境外上市新药审批、落实抗癌药降价措施、强化短缺药供应保障。会议决定，较大幅度降低抗癌药生产、进口环节增值税税负，采取政府集中采购、将进口创新药特别是急需的抗癌药及时纳入医保报销目录等方式，并研究利用跨境电商渠道，多措并举消除流通环节各种不合理加价，对创新药品加强知识产权保护，强化质量监管。

2018年7月上映的电影《我不是药神》引发舆论热议，李克强总理就电影舆论做出批示，要求有关部门加快落实抗癌药降价保供等相关措施。

2019年6月19日，国家卫生健康委员会召开新闻发布会，介绍2018年公立医院综合改革进展情况。其中，明确指出实行进口抗癌药零关税；开展17种抗癌药纳入国家医保目录谈判，平均降价56.7%；在11个城市开展国家组织药品集中采购和使用试点工作，25个中选药品价格平均降幅为52%。

分析 抗癌药是很多癌症病人唯一的生存希望，但高昂的价格让很多人望而却步。李克强总理和国家卫健委采取一些措施降低了抗癌药的价格，将部分抗癌药纳入医保体系，让群众用得上、用得起好药，大大减轻了广大癌症患者的医药费用负担。

2．消费者心理和习惯

价格的制定和变动在消费者心理上的反映也是价格策略必须考虑的因素。消费者存在"一分价钱一分货"和"物有所值"的观念，能否满足这一条件取决于消费者对产品的主观感受。由于消费者的购买动机、购买能力、所属阶层及个性等方面的差异，同一种产品对于不同的消费者代表着不同的价值，从而愿意支付的价格也各不相同。产品实际定价如果低于或等于消费者愿意支付的价格，则能促成购买行为，否则消费者会因不合算而放弃购买。因此，在研究消费者心理对定价的影响时，要持谨慎态度，要仔细了解消费者心理和习惯。

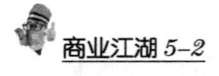

商业江湖 5-2

淘汰郎小火锅

1．吃火锅吃出的商机

任何事情的发生都是有因可循的，淘汰郎的创办也不例外。在2014年年底的一个凌晨，赵子坤和朋友结束聚会后商议吃火锅，却发现火锅外卖早已没有了。在这繁华的大都市里，夜间活动的人群极为庞大，或学习，或工作，或聚会，而在深夜需要补充能量的时候点一个自己喜欢的外卖却成了一种奢侈，这不免让人有失意之感。但是，吃不成火锅的"意外"，在赵子坤这里变成了另一个"意外"——他发现这里有一个很值得去开拓的市场，于是就开始做市场调研。

2．火锅外卖市场调研

火锅是中国餐饮业最大的品类。在各个餐饮品类中火锅店铺数排名第三，但营业额排名第一，22%的餐饮营业额都由火锅贡献，也是唯一占到两成以上的品类。

市面上做火锅外卖的只有少数几家，那几家火锅外卖一般都是把大锅送到家，消费者需要自己准备一个电磁炉和一套锅具，吃完之后还要等着专人上门收回大锅，程序上非常麻烦。另外，火锅是一个特殊品类，需要点很多单品菜，消费者在店里花四五百元吃火锅并不觉得很贵，但是如果是点外卖可能就会犹豫。其原因有两点：一是因为家中人数不够；二是因为在中国吃外卖的人群中，大部分是"80后""90后"甚至还有"00后"，这部分消费者有3个特点——收入不是很高、居住面积不是很大、单身或男女朋友住在一起生活。

调查还发现，在北京单身及二人之家的中高等收入人口至少有300万人，他们并不满足于简单的快餐外卖，而对生活品质有追求。如果这300万人每月购买2次，那么单月销量就超过10亿元。针对这一消费群体，淘汰郎立志打造精品小火锅，让他们能够随时随地吃上火锅。

3．因势利导走新路

对于消费者来说，火锅是个特殊品类，点少了吃不好，点多了吃不了，火锅使用的复杂性则是另一个难题。这就造成了市面上的火锅品牌在线下做得很好，但在线上却做不起来的局面。赵子坤很细致地分析了消费者的心理需求后，选择以小份配送、快速送达的方式获取这部分消费群体。

不同于常规的外卖，火锅外卖因为需要经过加热的再加工流程，所以对消费场所有一定的要求。传统的外卖火锅一般采取"送锅到家+餐后锅具回收"的方式，然而这种方式的人力成本较高。淘汰郎首创"免费送锅"的模式，用户首次下单，订99元小火锅套餐，免费送专用锅一套；复购用户可以不再要锅，选择受赠一份火锅单品，相比第一次就更为实惠。

淘汰郎推出的外卖小火锅里包括1份澳洲雪花牛肉、1份鱼滑、7种蔬菜、3种菌类，以及一套无须回收的锅具。凭借实惠的价格、新鲜的产品和优质的服务，淘汰郎小火锅月销售6万余单，全年营收额过亿元，5个月拓展了100座城市。

分析　淘汰郎小火锅就是从消费者心理和消费习惯两个方面入手，不管在产品品种、产品价格还是在配送方式等方面，均考虑到消费者的心理和习惯。

3．企业或产品的形象因素

有时企业根据企业理念和企业形象设计的要求，需要对产品价格做出限制。例如，企业为了树立热心公益事业的形象，会将某些有关公益事业的产品价格定得较低；为了形成高端的企业形象，会将某些产品的价格定得较高，等等。

学习日志

一、我学了

1. _____
2. _____
3. _____

二、我用了

1. _____
2. _____
3. _____

三、测一测（扫二维码答题，已嵌入线上课堂中）

（一）单项选择题

1. 如果一版报纸广告的支出是3万元，该报纸的发行量是200万份，经调查在报纸的阅读者中，有75%的人进行了广告阅读，则该广告的千人成本是（   ）。
   A. 10元　　　　B. 20元　　　　C. 30元　　　　D. 40元

2. 某行业拥有多家参与企业，其中一些企业由于在产品上的差异或相对优势而获得了对某些市场的垄断权，则该行业的竞争结构属于（   ）。
   A. 完全竞争　　B. 垄断竞争　　C. 寡头竞争　　D. 完全垄断

3. 在实际市场营销中，产品定价的基本因素是（   ）。
   A. 产品的供给　B. 产品的成本　C. 产品的需求　D. 产品的价值

4. 通行价格定价法属于（   ）。
   A. 成本导向定价　B. 需求导向定价　C. 竞争导向定价　D. 统一定价

5. 西瓜在冬天卖5元一斤，在夏天却只卖2元一斤，是受到（   ）因素的影响。
   A. 市场竞争　　B. 消费者因素　C. 生产成本　　D. 市场营销目标

（二）多项选择题

1. 从价格制定的不同依据出发，定价方法可以分为（   ）。
   A. 成本导向定价　B. 投资回收定价　C. 需求导向定价　D. 竞争导向定价

2. 在下列（   ）环境下，产品可以定高价。
   A. 完全竞争　　B. 垄断竞争　　C. 寡头竞争　　D. 完全垄断

3. 产品成本包括（   ）。
   A. 生产成本　　B. 销售成本　　C. 储运成本　　D. 机会成本

4. 以下（   ）产品的价格受政府政策影响较大。
   A. 服装　　　　B. 家电　　　　C. 房产　　　　D. 医药

5. 企业定价目标主要有（   ）。
   A. 市场占有率最大　B. 当期利润最大化　C. 维持生存　D. 产品质量最优化

（三）判断题

1. 产品的需求弹性大于1时，提价有利于企业总利润的增长。（   ）
2. 垄断市场的好处是企业能够赚取超额利润。（   ）
3. 购买者对产品价格形成习惯后，产品价格就难以调整了。（   ）
4. 企业定价的目标一定是赚取利润。（   ）
5. 自由竞争的市场环境中，企业难以定高价销售产品。（   ）

（四）实务操作题

任意选择一个产品，分析其所处的产品生命周期阶段，为其制订一个价格策划方案。策划方案的形式可以是Word文档或PPT演示文稿，需要现场展示。

（五）简答题

1. 产品价格的构成要素包括哪些？
2. 产品价格策划受哪些因素影响？

任务二　产品生命周期中的价格策划

知识讲堂

一、产品生命周期理论

（一）产品生命周期概念

产品生命周期（Product Life Cycle，PLC），是指产品的市场寿命，即一种产品从开始进入市场到被市场淘汰的整个过程。产品在市场上存在的时间受消费者需求的变化和产品更新换代的速度等多种因素的影响。

（二）产品生命周期的阶段划分

典型的产品生命周期一般分成 4 个阶段，即介绍期（或引入期、投入期）、成长期、成熟期和衰退期。

① 介绍期。新产品投入市场，便进入了介绍期。此时产品品种少，消费者对产品还不了解，除少数追求新奇的消费者外，几乎无人实际购买该产品。生产者为了扩大销路，需要投入大量的促销费用，对产品进行宣传推广。该阶段由于生产技术方面的限制，产品生产批量小，制造成本高，广告费用大，产品销售价格偏高，销售量极为有限，企业通常不能获利，反而可能亏损。

② 成长期。进入介绍期的产品，当销售取得成功之后，便进入了成长期。成长期是指产品通过试销效果良好，消费者逐渐接受该产品，产品在市场上打开了销路。这是需求增长阶段，需求量和销售额迅速上升，生产成本大幅度下降，利润迅速增长。与此同时，竞争者看到有利可图，将纷纷进入市场参与竞争，使同类产品的供给量增加，价格随之下降，企业利润增长速度逐步减慢，最后达到产品生命周期利润的最高点。

③ 成熟期。成熟期是指产品走入大批量生产并稳定地进入市场销售，经过成长期之后，随着购买产品的人数增多，市场需求趋于饱和。此时，产品普及并日趋标准化，成本低而产量大，销售增长速度缓慢直至转而下降。由于竞争加剧，同类产品生产企业之间必须在产品质量、花色、规格、包装服务等方面加大投入，因此在一定程度上增加了成本。

④ 衰退期。衰退期是指产品进入了淘汰阶段。随着科技的发展及消费习惯的改变等原因，产品的销售量和利润持续下降，产品在市场上已经老化，不能适应市场需求，市场上已经有其他性能更好、价格更低的新产品，足以满足消费者的需求。此时，成本较高的企业就会由于无利可图而陆续停止生产，该类产品的生命周期结束，最后完全撤出市场。

产品生命周期直接关系着产品策略和营销策略的制定。市场营销人员要延长产品的生命周期以获取更高的利润，就必须认真研究和运用产品的生命周期理论。此外，产品生命周期也是

营销策划实务

市场营销人员用来描述产品和市场运作方法的有力工具。

（三）产品生命周期曲线

由于产品生命周期受到市场诸多因素的影响，不同的时期或阶段有着不同的销售量和利润，所以从销售额和利润额的角度来表达产品生命周期往往不是一条直线，如图5.1所示。

由于产品性质不同、品牌不同，产品生命周期曲线还有其他的形态（见图5.2）：再循环形态、"成长—衰退—成熟"形态和多循环形态。

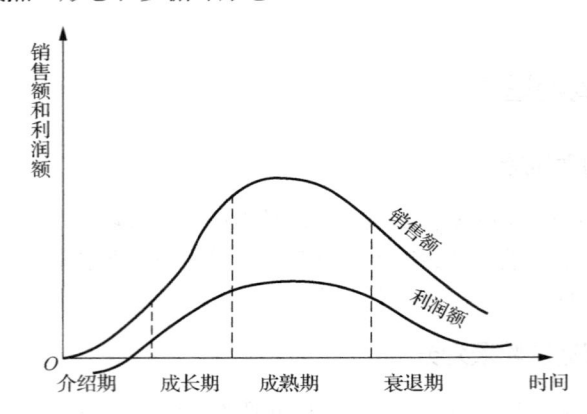

图 5.1　典型的产品生命周期曲线一

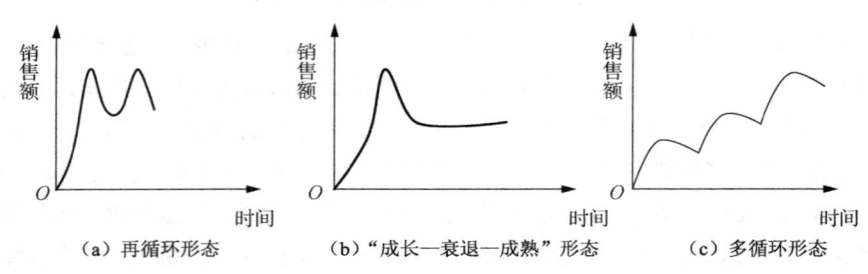

图 5.2　典型的产品生命周期曲线二

（a）再循环形态　　（b）"成长—衰退—成熟"形态　　（c）多循环形态

追根溯源 5-5

听音乐

扫码听书

听音乐可以陶冶情操，让人放松心情，俨然成为我们生活中不可缺少的一部分。关于听音乐的载体随着科技的发展，"70后""80后""90后"们分别经历了不同的产品时代。

唱片机又叫留声机，是最早的音乐播放器，这个产品我们现在只能在早期的影视剧或博物馆里看到。

收录机又叫大型磁带机，这是20世纪80年代的家用电器。当时结婚流行送这个当作礼品，或者是结婚必买物件之一。它的收音不是调频率的，而是慢慢顺着指针走，直到有清晰的广播位置；还可以播放磁带听歌，有两个放磁带的地方。

20世纪90年代，传统的大型磁带机缩小形成随身听产品，在学生中间很流行，可以听英语也可以听歌，几乎班里每人一个，还可以别在腰间"耍酷"。

2000年以后，MP3开始兴起，一开始还是长条形的，可以挂在脖子上听歌。当时是放电池的，而且容量只有100多MB，价格在700~800元。后来慢慢有了充电的、容量大的，再到MP4可以看视频、插内存卡,多少歌曲都可以存放,价格也没有那么昂贵了,当然也没过几年就没落了。

现在的随身听就是手机了,智能手机的出现也是 MP3 和 MP4 没落的根本原因。当手机还没有音乐播放器的功能时,MP3 和 MP4 还很受欢迎,直到智能手机都把音乐播放器和视频播放器的功能都植入到手机当中。

分析 产品的生命周期是有限的,但市场的需求却总是存在的。在研究产品生命周期的同时,也必须考虑消费者需求,这才是市场营销的本质。

二、不同产品生命周期的价格策划

由于产品生命周期各阶段在成本、利润、竞争、销售等方面都存在很大的差异,所以产品生命周期各阶段的价格策划也有很多不同。一般来说,企业会依据各阶段的特点采取不同的市场营销目标,如表 5.3 所示。

表 5.3 产品生命周期个阶段的特点与对应的市场营销目标

阶段 项目	介绍期	成长期	成熟期	衰退期
销售量	低	剧增	最大	减少
销售增长速度	缓慢	快速	减缓	负增长
成本	高	一般	低	回升
价格	高	回落	稳定	回升
利润	亏损	提升	最大	减少
消费者	创新采用者	早期采用者	大众采用者	落后采用者
竞争	很少	增多	稳中有降	减少
市场营销目标	建立知名度,鼓励试用	最大限度占有市场	保护市场,争取最大利润	压缩开支,榨取最后价值

(一)产品介绍期的价格策划

对于介绍期的新产品,企业没有现成的价格可以参考,所以在定价时需要考虑 3 个方面的因素:产品成本、市场需求和竞争情况。相应的定价方法分别是成本导向定价法、需求导向定价法和竞争导向定价法。在产品介绍期,企业总的策略是迅速扩大销售量、提高盈利、缩短介绍期,更快地进入成长期。这时企业常用的定价策略主要有:撇脂定价策略、渗透定价策略和满意定价策略。

1. 撇脂定价策略

撇脂定价策略又称取脂定价策略,是指新产品上市之初将其价格定得较高,以便在短期内获取厚利、迅速收回投资、减少经营风险,待竞争者进入市场再按正常价格水平定价。但并不是所有新产品都能使用撇脂定价策略,该策略的使用条件有 4 个:

① 新产品有显著的优点,企业品牌在市场上有传统的影响力。
② 短时期内,类似仿制产品出现的可能性小,竞争者少。
③ 市场上存在一批购买力很强且对价格不敏感的消费者且消费者数量足够多,使企业有厚利可图。
④ 当有竞争者加入时,本企业有能力转换定价方法,通过提高性价比来提高竞争力。

撇脂定价策略的优点是显而易见的:首先,它有利于提高产品身份,创造高价、优质、名

营销策划实务

牌的印象,有助于开拓市场;其次,保存了企业定价的主动性,为后面成长和成熟期的调价留有较大的余地,企业可以通过逐步降价保持企业的竞争力,吸引潜在需求者,甚至可以争取到低收入阶层和对价格比较敏感的消费者;最后,有利于资金回笼,进而逐步扩大生产规模。

撇脂定价策略也存在着某些缺点:第一,高价格高利润容易引来大量的竞争者,仿制品、替代品迅速出现,从而迫使价格急剧下降;第二,高价产品的需求规模有限,不利于开拓市场、增加销量;第三,如果价格远远高于价值,在某种程度上会损害消费者利益,容易招致公众的反对和消费者抵制,损害自身形象。

商业江湖 5-3　　　　　　　　　　　　　　　　　　　　　　扫一扫,听案例

大胆定价

无纸化办公和阅读已经成为时下最时髦的工作和生活方式。2018年6月4日,消费电子巨头索尼在北京宣布针对国内市场推出旗下首款大屏电子纸 DPT-RP1,并宣布将在京东商城开启独家在线销售,定价方面极为高端,官方标价5 666元。

据了解,这款索尼品牌电子纸很代表"索尼品牌设计"典范,接连斩获世界权威"iF设计奖"的产品设计金奖及德国"红点奖"殊荣,可见其在工艺设计上有独特之处。据一位媒体人士介绍,索尼品牌DPT-RP1电子纸对比度高、分辨率高、纸张还原程度逼真,几乎可以与普通A4纸的效果一样,而且体积超轻薄,工艺设计唯美,续航能力也强。

索尼品牌电子纸 DPT-RP1可为需要携带、处理大量纸张文件的大学教师、律师、设计师、医生、政府工作人员等专业人士带来高效环保的无纸化体验和一站式无纸化办公解决方案。

目前,多个电子书的国内普遍的售价在1 000元之内,而亚马逊的Kindle大多数也在千元之内,只有少数高端产品会超过2 000元,索尼品牌这款电子纸敢于定价5 666元,确实显示出索尼品牌的"傲人"之处,或者说对这款产品有很高的自信和期待。

分析　索尼品牌电子纸能够定高价的条件是其产品的傲人性能,是其竞争者难以企及的技术水平,以及一部分对电子产品非常感兴趣的消费者。

2. 渗透定价策略

渗透定价策略是与撇脂定价策略相反的一种定价策略,即企业在新产品上市之初将其价格定得较低,吸引大量的消费者,借以打开产品销路、扩大市场占有率,谋求较长时期的市场领先地位。使用渗透定价策略的前提条件有3个:

① 新产品的价格需求弹性大,目标市场对价格极为敏感,低价会刺激市场需求迅速增长。

② 产品打开市场后,企业的生产成本和经营费用会随着生产规模的增加而下降,从而进一步做到薄利多销。

③ 产品存在着强大的竞争潜力,低价打开市场后,企业在产品和成本方面树立了优势,能有效排斥竞争者的介入,长期控制市场。

渗透定价策略的优点有两个:第一,低价可以使产品迅速被市场接受,并借助大批量销售来降低成本,获得长期稳定的市场地位;第二,微利可以阻止竞争者的进入,减缓竞争,获得一定的市场优势。渗透定价策略的缺点也不容忽视:投资回收期较长,见效慢,风险大。

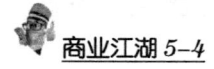

商业江湖 5-4　　　　　　　　　　　　　　　　　　　　　　扫一扫,听案例

价格的诱惑

小米手机是小米公司专为发烧友级手机控打造的一款高品质智能手机。2011年8月16日,200余家

媒体及400名粉丝齐聚北京798D-PARK艺术区，共同见证发烧友级手机小米手机的发布。雷军先极其详细地介绍了小米手机的各种参数，展示了其优点。在引起人们兴趣之后，临近结束之时，他用一张极其庞大醒目的页面公布了它的价格：1999元。作为首款全球1.5 GHz双核处理器，搭配1 GB内存，以及板载4GB存储空间，最高支持32 GB存储卡的扩展，超强的配置，却仅售1999元，让人为之一震。1999元就能够买到相当不错的智能手机，这对消费者来说是一种很大的诱惑。小米手机第一次网上销售被一抢而空更能说明高性价比对消费者的诱惑，这对小米手机提高市场占有率有很大的作用——小米 2S、小米2A的价格分别是1999元和1499元，与同等配置的手机相比的确是吸引人的价位，这是小米手机能够在短时间内积聚大量人气、提高销量的一大法宝。

2014年7月，小米手机开始进军印度市场，同年小米公司共销售了6112万台手机，增长227%；含税收入743亿元，增长135%。2016年3月小米宣布成立"MIJIA米家"生态链品牌。2017年，小米进军新零售模式，出货量达920万台，同比增加290%，赶上了三星手机的出货量，小米+三星手机约占印度市场份额的50%。

分析 小米手机的成功之处除了其对饥饿营销策略的充分运用之外，最大的吸引力就是其优惠的价格。产品较低的价格使其快速吸引了大量购买者，扩大了市场占有率，同时也因为销量大而降低了成本。当然，低价利微投资回收期较长，不利于企业形象的树立。

3．满意定价策略

满意定价策略又称为适中定价策略、均匀定价策略，是指在新产品上市初期，将价格定在介于高价和低价之间，力求使买卖双方均感满意，以获取社会平均利润为目标。采用这种定价策略的企业，试图削弱价格在市场营销手段中的地位，重视其他在产品市场中更有效的营销手段。满意定价策略是一种较为公平、正常的定价策略。当不存在适合采用撇脂定价或渗透定价策略的环境时，企业一般采取满意定价策略。

满意定价策略的优点比较明显：第一，产品能较快地被市场接受且不会引起竞争者的对抗；第二，可以适当延长产品的生命周期；第三，有利于企业树立信誉、稳步调价并使消费者满意。满意定价策略的缺点是执行难度大。

（二）产品成长期的价格策划

在产品成长期，企业总的目标是扩大销售、提高盈利、占领市场。定价策划主要依据其营销战略的差异来进行。

1．顾客导向定价法

顾客导向定价法又称市场导向定价法，是指根据市场需求状况和消费者对产品的感觉差异来确定价格。随着产品进入成长期，消费者对产品的了解也逐渐增加，开始根据以前的经验来判断产品价值或参考已购买者的意见，精打细算地比较不同品牌的成本和特性，因此成长期的价格要比介绍期的价格低。

2．差异化产品的定价

采用产品差异化战略的企业致力于为自己的产品开发独特的形象，可以享受到相对较高的价格。当市场竞争趋于激烈时，产品独特的差异可产生价值效应，降低消费者的价格敏感性，保障企业仍能获得较高的利润。

在产品成长期，企业必须迅速在研发、生产领域及消费者心目中确立自己的地位，使自己成为具有独特差异或特殊价值的重要供应商，这样才能在产品价格不降低的情况下，使产品的销量不会减少。

3. 低成本产品的定价

采用成本领先战略的企业致力于降低产品生产成本，进而可以以更低的价格进行销售。这类企业通常依靠销售量大来创造成本优势，在产品成长期采用渗透价格占领市场，给竞争者进入市场制造障碍，从而抵御竞争者占领市场。

在产品成长期，企业必须集中力量开发生产成本最低的产品，通常是减少产品差异性，期望能凭借成本优势在价格竞争中获利。

（三）产品成熟期的价格策划

产品进入成熟期后，市场竞争达到空前的激烈程度，企业应对竞争的主要措施是改良产品、改良市场和改良营销组合策略，其中效果最快、最直接的当属价格调整。但依据企业在市场竞争中的地位，它们所采用的价格策略也有差异。

1. 市场领导者的定价策略

市场领导者是指产品市场占有率最高的企业。一般来说，领导者在新产品开发、价格调整和促销等方面都处于主导地位。在产品成熟期，领导者非常注重品牌形象的维护，在价格策略上也非常慎重。但是，面对市场竞争，领导者也需要微微下调产品价格，以保证市场份额不会缩小。可以使用的价格策略包括折扣定价、尾数定价和买赠活动等。

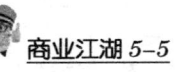

商业江湖 5-5

空调价格战

2019年2月28日，美的空调掀起空调价格战的第一波浪潮，直流变频大1匹1999元、大1.5匹2299元、一级能效1.5匹挂机2999元。这是美的空调"火三月"活动中推出的促销内容，从严格意义上看，并不能完全说是价格战。但是，其中所体现的价格竞争力却得到了强化。就在2月25日，苏宁极物小Biu空调预售，一级能效1.5匹变频空调仅售1999元。这一价格很具杀伤力。同日，奥克斯空调也发布了全新定位，互联网直销模式成为行业热词，没有中间商赚差价的奥克斯会让利于终端和用户。但无论是向谁让利，都是在间接提高价格竞争力。这一举措，会引起奥克斯空调对标品牌的连锁反应，在价格方面的应对措施则成为一种必然。而在中小品牌领域内，1450元、1350元、1250元等的1.5匹高能效挂机到处可见。

空调市场短期内看不到大行情，许多企业困难重重，却也找不到对症的解决方案。从2019年房地产市场就可以看到，空调行业也缺少外部机会，房地产难以给空调产品带来足够的新生需求。面对这种困境，很多品牌都已经在通过激进的价格手段争夺旺季市场的滩头阵地。价格竞争手段虽然简单、粗暴，但也是直接有效的方法，这一招会成为很多企业的一致选择，这在行业发展史上被反复证明过。

就在火热的销售旺季，董明珠却坐不住了。6月10日，格力在官微公开举报奥克斯，称其存在虚假宣传、产品不合格等问题，格力表示奥克斯严重侵害了消费者的合法权益。一个知名空调品牌举报另一个空调品牌，可以说是史无前例的，也从侧面看得出竞争的白热化程度。董明珠发怒，一方面可能真的是因为市场上一些劣质货扰乱了市场，对于一直坚持做品质的格力不能让劣币驱良币；另一方面也可能是焦虑了，因为在2019年第一季度，格力首次失掉了空调销量冠军的宝座。

分析 商场如战场，空调产品的价格战只是市场竞争的冰山一角。只有准确使用好各种定价策略，企业才能在市场竞争中处于有利地位。

2. 市场挑战者的定价策略

市场挑战者是指行业中市场份额处于第二、三位，又具备向领导者发起进攻的企业。在产品成熟期，为保持和扩大市场份额，挑战者会向竞争者发起攻击，而价格策略是最好的武器。首先，挑战者可以适当降价，通过降价吸引大量消费者，从而扩大自己的市场份额。此时需要注意的是，在产品价格下调的同时，产品质量和服务不能降低，否则会破坏产品形象，给消费者造成"便宜没好货"的印象。其次，挑战者可以提高价格，但前提是把产品打造成名优产品的形象。制定高价，可以满足消费者生理的和心理的、物质的和精神的多方面需求，通过消费者对产品的偏爱或忠诚扩大市场份额，获得最大效益。最后，挑战者可以使用廉价品策略，即提供质量中等或稍低、单价低得多的廉价产品进行市场进攻。这种策略的前提是有一定数量只对价格敏感的消费者。采用这种策略，因为产品质量不高，难以形成品牌忠诚，市场份额难以持久。

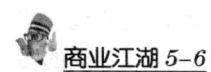

商业江湖 5-6　　　　　　　　　　　　　　　　　　　　扫一扫，听案例

百岁山的营销策略

百岁山矿泉水的营销成功是中国包装水市场的一个奇迹——在激烈的市场竞争中百岁山异军突起，悄悄跻身一线大品牌，一度进入销量前三强，销售业绩突破百亿元。它的经验做法如下。

一、卖"美与品位"

百岁山将美学与水结合，卖"美与品位"。如果说以农夫山泉为代表的饮用水品牌是"食品快消品基因"，那百岁山就是一个将"奢侈品基因"成功导入"食品快消品基因"的"全新物种"。百岁山在设计上、吹瓶与灌装线上率先进行了尝试，让一款视觉像水晶玻璃柱、手感舒适厚重、标签简约大气的矿泉水进入了消费者的生活，相比其他品牌越来越薄、靠充气才能挺立的瓶装水，百岁山真可谓"奢侈"到特立独行。很多企业在降低包装成本、搞价格战，而百岁山已经开始通过"奢华"的包装闪亮登场。

二、高档定位

百岁山通过"水中贵族"对品牌进行高档定位。百岁山有两个非常高大上的电视广告，都是以欧洲贵族故事为背景拍摄的品牌广告，全程在渗透欧洲高贵血统的贵族文化，没有一句多余的广告词。99%以上的消费者都表示没看懂，但看过这两个广告的观众都在大脑中被植入了"贵族=百岁山"和"百岁山=贵族"的信号。其实，看没看懂已经不重要了，重要的是这两则广告在更多的人大脑中植入了"贵族"信息。这种让对手无懈可击的品牌定位策略，正是国际奢侈品牌的一贯营销手法。

三、精准定价

百岁山的精准定价形成了区间保护。百岁山在农夫山泉的涨价空间里横斩一刀，对 2 元价格进行拦截，集中在 2.5 元和 3 元空间发力，很容易让消费者将百岁山与 2 元左右的产品进行对比，有利于抢夺对应的消费者资源，而又避免了与竞品直接产生正面冲突。华润怡宝的定价正好在农夫山泉的"领地"，于是双方一直处于直接竞争状态；恒大冰泉虽然一开始定价在 4 元，但一句"我们搬运的不是地表水"，因水源之争与农夫山泉发生正面"冲突"；这次百岁山很有智慧地避开了所有正面"冲突"，在一个"真空"领地低调发展，又因为不强调"水源"，避开了包装水领域的强敌——农夫山泉。

分析　百岁山的案例告诉我们，营销策划从来不缺少市场和顾客，缺的是善于思考的头脑和善于发现的眼睛。

3. 市场跟随者的定价策略

市场跟随者是指市场份额居于靠后位置，力图保持其市场份额的企业。市场跟随者在产品上以模仿为主，其价格通常低于领导者和挑战者。在成熟期的竞争中，随着领导者和挑战者下调产品价格，跟随者也会下调自己的价格水平。

4．市场补缺者的定价策略

市场补缺者是指专门为规模较小或者大企业不感兴趣的细分市场提供产品或服务的企业。市场补缺者所提供的产品或服务是市场稀缺或不足的，具有很强的专业性和差异性，用户讨价还价能力较弱，即使在产品的成熟期，依旧可以定较高的价格。市场补缺者常使用的价格方法是心理定价策略，如尾数定价策略或习惯定价策略。

（四）产品衰退期的价格策划

在产品衰退期，绝大多数消费者的兴趣已经转移，产品销售迅速下降。企业的市场营销目标是维持销售，榨取最后利润。一方面，企业可以采用价格折扣，积极扩大销售，快速收割市场。因为即使在产品衰退期，也有一部分落后采用者有购买动机和购买行为，所以要通过积极的价格促销进行市场的收割。另一方面，产品定价要充分考虑到产品的成本。经过成熟期的激烈竞争，产品价格已经下降到了接近直接成本的程度，如果产品成本高于或接近于市场价格，则企业就应该坚定地退出市场，免得亏损更多。

综上所述，企业应充分研究产品生命周期，根据产品生命周期各阶段的不同特点，分阶段、有重点地进行定价和调整价格，把定价行为贯穿于产品生命周期全过程，使得产品能够长期形成盈利。

学习日志

一、我学了

1. _____
2. _____
3. _____

二、我用了

1. _____
2. _____
3. _____

三、测一测（扫二维码答题，已嵌入线上课堂中）

（一）单项选择题

1．当产品市场需求弹大性且生产成本和经营费用随着生产经营经验的增加而下降时，企业具备了采用（　　）的可能性。

　　A．渗透定价策略　　B．撇脂定价策略　　C．均匀定价策略　　D．声望定价策略

2．林业企业把创新产品的价格定得很低，以吸引大量消费者，提高市场占有率，这种定价策略属于（　　）。

　　A．渗透定价策略　　B．撇脂定价策略　　C．均匀定价策略　　D．声望定价策略

项目五 价格策划

3. 在新产品上市最初阶段,把产品价格定得很高,以获取最大利润,这种定价策略属于(   )。
   A. 渗透定价策略   B. 撇脂定价策略   C. 均匀定价策略   D. 习惯定价策略
4. 日本精工手表采用低价在国际市场与瑞士手表角逐,最终夺取了瑞士手表的大部分市场份额,日本表厂采用的是(   )。
   A. 渗透定价策略   B. 撇脂定价策略   C. 均匀定价策略   D. 习惯定价策略
5. 美国通用汽车公司的雪佛兰汽车进入中国市场时既兼顾了中国消费者的利益,又使企业获取了平均利润。通用公司采用的是(   )。
   A. 渗透定价策略   B. 撇脂定价策略   C. 均匀定价策略   D. 声望定价策略

(二) 多项选择题
1. 产品组合定价策略包括(   )策略。
   A. 替代产品定价   B. 互补产品定价   C. 产品大类定价
   D. 副产品定价   E. 任选商品定价
2. 新产品的定价策略主要有(   )。
   A. 撇脂定价策略   B. 渗透定价策略   C. 竞争定价策略
   D. 满意定价策略   E. 分级定价策略
3. 心理定价策略主要有(   )。
   A. 尾数定价策略   B. 整数定价策略   C. 声望定价策略
   D. 招徕定价策略   E. 折扣定价策略
4. 产品成长期可以使用的价格策略有(   )。
   A. 高价策略   B. 低价策略   C. 顾客导向定价策略   D. 习惯定价策略
5. 在产品成熟期,企业可以使用的价格策略有(   )。
   A. 高价策略   B. 低价策略   C. 廉价品策略   D. 折扣价格策略

(三) 判断题
1. 尾数定价策略和整数定价策略都属于心理定价策略。(   )
2. 一般来说,如果把产品大量批发给中间商,则价格应当定得高一些;如果直接销售给消费者,价格就要定得低一些。(   )
3. 价格的变化容易失去消费者的信任,所以产品的价格一旦确定就不能再改动。(   )
4. 价格策划应当出奇制胜,在实施时才能先发制人,达到目的。(   )
5. 功能折扣是制造商给某些批发商或零售商的一种额外折扣,促使它们愿意执行某种市场营销功能。(   )
6. 一般而言,降价的幅度不宜过大,尽量一次降到位,切不可出现价格不断下降的情况。(   )

(四) 实务操作题
任意选择一个产品,分析其所处的产品生命周期阶段,为其制订一个价格策划方案。策划方案的形式可以是 Word 文档或 PPT,需要现场展示。

(五) 简答题
1. 产品成长期的定价策略有哪些?
2. 产品成熟期企业该怎么定价?

项目六

渠道策划

经典回放

鱼和鱼竿的故事

从前，有两个饥饿的人得到了一位长者的恩赐：一根鱼竿和一篓鲜活的鱼。其中，一个人要了一篓鱼，另一个人要了一根鱼竿。然后他们分道扬镳了。得到鱼的人原地就用干柴搭起篝火煮起了鱼，他狼吞虎咽，还没有品出鲜鱼的肉香，连鱼带汤就被他吃了个精光。不久，他便饿死在空空的鱼篓旁。另一个人则提着鱼竿继续忍饥挨饿，一步步艰难地向海边走去，可当他已经看到不远处那片蔚蓝的海洋时，他浑身最后一点力气也用完了，也只能带着无尽的遗憾撒手人间。

又有两个饥饿的人，他们同样得到了长者恩赐的一根鱼竿和一篓鱼。只是他们并没有各奔东西，而是商定共同去寻找大海。他俩每次只煮一条鱼一起分享，经过长途跋涉，当这一篓鱼吃完的时候，终于来到了海边。从此，两人开始了以捕鱼为生的日子。几年后，他们盖起了房子，有了各自的家庭、子女，有了自己造的渔船，过上了幸福安康的生活。

经典分析 在社会生活中，每个人均要与他人发生这样、那样的关联，否则就无法生存和发展，更谈不上对社会有所创造与贡献。处于市场营销各环节上的企业只有与渠道伙伴实现紧密合作、相互信任、信息资源共享，才能从这种合作关系中获得最大的经济效益。

想挑战一下自己吗？扫一扫这里！

任务一 渠道结构策划

开篇任务单

知识讲堂

一、渠道

（一）渠道的含义

渠道，也称营销渠道或分销渠道，是指为促进产品和服务的实体流转，以及实现其所有权由生产者向消费者或企业用户转移的各种营销机构及由其相互关系构成的一种有组织的系统。简言之，渠道就是产品和服务从生产者向消费者转移过程的具体通道或路径。在经济活动中，

项目六　渠道策划

绝大多数生产者都要通过各类渠道成员构筑的流通通道把产品转移到最终用户手中。对于企业来说，分析、研究渠道中的各类成员，科学地进行渠道决策，不仅能加快产品流通、提高流通效率、降低流通费用、方便消费者购买，而且有利于取得整体市场营销上的成功。

企业在进行渠道策划时首先要重视渠道的功能和作用，在分析渠道影响因素的基础上进行渠道的长度与宽度的选择，从而确定企业的渠道。在渠道运营过程中，企业还必须进行渠道的管理，对中间商进行监督与激励，同时注重渠道的与时俱进，根据市场需求等因素的变化适当进行渠道调整与创新，以保证渠道的有效性。可以说，渠道策划是一个动态的、持续的过程管理，是企业营销策划的关键一环。在产品、价格乃至广告同质化趋势加剧的今天，渠道策划已成为企业关注的重心，并日渐成为克敌制胜的武器。

商业江湖 6-1

扫一扫，听案例

只有药店卖的化妆品

坐落于法国中部的薇姿（Vichy）小镇以其火山温泉水闻名。1931年，美容学家 Guerin 先生和 Vichy 温泉治疗中心皮肤医生 Haller 博士共同创立了薇姿健康护肤产品，注册为 VICHY（薇姿）商标，将 VICHY 温泉水融入美容护肤的高科技产品中，在世界范围内大获成功。自成立之日起，薇姿一直确定只在药房销售，药房专销这一渠道策略是薇姿取得成功的"一绝"。

在欧洲，护肤品的主要渠道第一是超市，其次是药房，但只有极少数的化妆品品牌能够通过严格的医学测试得以进入药房。与欧洲不同，我国护肤品的主要渠道依次是百货商店、超市、专业店、网店，很少有化妆品选择在药店销售。薇姿在进入我国市场时，依然走药房专销之路，这一独辟蹊径的做法很快为它在中国的化妆品市场竞争中取得了一席之地。

分析　首先，在一向竞争激烈的化妆品市场，薇姿选择在药店销售避开了在商场内与众多品牌的正面冲突，减少了竞争压力；其次，在药店出售化妆品会引发中国消费者的好奇心，而且在药柜上"一目了然"，可以迅速抓住消费者眼球。同时，作为功能性的护肤品在大药房销售，向消费者传递了"健康、放心"的信息。

（二）渠道的结构类型

1. 长度结构

渠道的起点是企业，终点是消费者。通常情况下，根据渠道中间商（购销环节），即渠道层级数量的多少，可以将一条渠道分为零级、一级、二级和三级渠道等。

① 零级渠道又称直接渠道（direct channel），是指没有渠道中间商参与的一种渠道结构。零级渠道也可以理解为一种渠道结构的特殊情况。在零级渠道中，产品或服务直接由生产者销售给消费者，如直接邮购、电话营销、电视营销、网络营销、制造商自营零售店等。零级渠道是大型或贵重产品及技术复杂、需要提供专门服务的产品采取的主要消费者渠道。在消费品市场，零级渠道也有扩大趋势，如鲜活产品，较适合直接销售。

② 一级渠道，即生产者和消费者之间包括一个渠道中间商。在工业品市场上，这个渠道中间商通常是一个代理商、批发商或经销商；而在消费品市场上，这个渠道中间商则通常是零售商。

③ 二级渠道，即生产者和消费者之间包括两个渠道中间商。在工业品市场上，这两个渠道中间商通常是代理商及批发商；而在消费品市场上，这两个渠道中间商则通常是批发商和零售商。

④ 三级渠道，即生产者和消费者之间包括 3 个渠道中间商。这是因为有些小型的零售商通常不是大型代理商的服务对象，因此便在大型代理商和小型零售商之间衍生出一级专业性批发

商，从而出现了三级渠道结构。这类渠道主要出现在消费面较广的日用品中，如食品、服装等。

2．宽度结构

渠道的宽度是指每一层级渠道中间商数量的多少。渠道的宽度结构受产品的性质、市场特征、用户分布及企业营销战略等因素的影响。一般情况下，渠道的宽度结构分成3种类型，即密集型渠道、选择性渠道、独家渠道，如表6.1所示。

表6.1 3种宽度结构的比较

渠道特征	密集型渠道	选择性渠道	独家渠道
渠道的长度	长而宽	较短而窄	短而窄
中间商数量	中间商尽可能多	有限中间商	一个地区一个中间商
销售成本	高	较低	较低
宣传任务承担者	生产者	生产者、中间商	生产者、中间商
产品类型	便利品、消费品	选购品、特殊品	高价品、特色品

① 密集型渠道。密集型渠道也称广泛型渠道，是指生产者在同一渠道层级上选用尽可能多的渠道中间商来经销自己的产品的一种渠道类型。密集型渠道常见于价格低、购买频率高的日用消费品，如牙膏、牙刷、饮料等；工业用品中的标准件、通用小工具等也多采用这种销售方式。这种方式的优点是市场覆盖面广泛，潜在顾客有较多机会接触到产品；缺点是中间商的经营积极性较低、责任心差。

追根溯源 6-1

扫码听书

乳企参与新零售的3种主要途径

一是电商。传统电商就目前的发展现状来说，已经可以归为传统零售，而不是新零售了。其运作模式与传统销售有诸多相似之处，只不过从线下搬到了线上。并不是说乳品企业在天猫、京东上开个店就叫新零售，就能做好新零售了。实际上，传统电商依然是巨人的游戏场，对中小企业而言，如果品牌本身没有影响力和特色，是注定是难以成功的。

二是微商。虽然已经有部分企业经过摸索与实践，总结出一套切实可行的操作模式，但对大多数区域乳业来说，依然处于尝试与摸索阶段，如何能够快速提升销量和影响力，未知因素很多。对于这一渠道，大企业也依然处于领先。蒙牛慢燃上市后的6个月内，已经实现超过10亿元的销售额。我们必须意识到，慢燃的成功也是建立在蒙牛的强大品牌影响力之下的。中小企业在缺少品牌影响力的情况下，如果不能解决消费者信任问题，那么进军微商依然艰难。

三是自建新零售。有部分乳企多年前即拥有自己的连锁乳品专卖店，通过将零售店进行新零售改造自然可以搭乘新零售的东风，但这类企业毕竟是少数。大多数企业想通过自建门店来自建新零售显然不是一日之功，因此自动售奶机以其单机投入相对较小、灵活便捷的优点便成为诸多乳企践行新零售的新选择。

② 选择性渠道。选择性渠道也称特约经销，是指在某一渠道层级上选择少量的渠道中间商来进行产品销售的一种渠道类型。这种策略既能避免企业采用广泛经销时精力过于分散，又能掌握一定的渠道控制权，还能避免企业采用独家经销时渠道太窄的弊端，使企业能有足够的市场覆盖面。它主要适用于消费品中的选购品，如服装、鞋包等；工业用品中的零部件和一些机器、设备等。

③ 独家渠道。独家渠道也称总经销，是指在一定的市场范围内，生产者只选择一家中间商经销自己的产品。这种策略一般适用于一些消费者较少、单价较高或技术较为复杂的产品，汽

车、电器、家装建材的销售多使用这种策略。这种做法的优点是中间商经营积极性高、责任心强;缺点是市场覆盖面相对较窄,而且有一定风险,如果该中间商经营能力差或出现意外情况,则会影响到企业开拓该市场的整个计划。

对于渠道宽度的决策,在产品生命周期的不同阶段需要根据客观市场条件进行调整和重新选择。例如,许多新品推出时选择独家渠道模式,当市场广泛接受该产品之后,就从独家渠道模式向选择性渠道模式转移。

二、渠道结构设计的原则

(一)客户导向原则

企业欲求发展,必须将客户需求放在第一位,建立客户导向的经营思想。这需要通过周密细致的市场调查研究,不仅要提供符合消费者需求的产品,同时还必须使渠道为目标消费者的购买提供方便,满足消费者在购买时间、地点及售后服务上的需求。

(二)畅通高效原则

所谓畅通高效原则,是指企业选择的渠道不仅要能够顺畅到达目标市场,有较高的产品流通速度,还要保持较低的流通费用水平。企业选择合适的渠道模式,不仅能使目标消费者在适当的地点、时间以合理的价格买到满意的产品,使销售网络的各个阶段、各个环节、各个流程的费用合理化,还能够降低产品成本,取得市场竞争优势并获得最大的效益。

(三)合理稳定原则

渠道一经建立,就对企业的整体动作和长远利益产生重要的影响,因此应该以战略的眼光构建渠道。渠道建立之后不能轻易改变,应保持渠道的相对稳定性。当然,在实际运营过程中根据需要,可以进行小幅度调整以适应竞争环境的变化。在调整时,应综合考虑各个因素的变动情况,使渠道始终可以在可控的范围内保持基本稳定。

(四)发挥企业优势的原则

企业在选择渠道时,要注意发挥自己的特长,确保在市场竞争中的优势地位。现代市场经济的竞争早已是整个规划的综合性网络的整体竞争。企业依据自己的特长,选择合适的渠道网络模式,能够达到最佳的经济效应和良好的顾客反应。同时,企业也要注意通过发挥自身优势来保证渠道成员的合作,贯彻企业自身的战略方针与政策。

(五)协调平衡原则

渠道成员之间不可避免地存在着竞争,企业在建立、选择渠道模式时,要充分考虑竞争的强度:一方面鼓励渠道成员之间的有益竞争;另一方面又要积极引导渠道成员的合作,协调其冲突,加强渠道成员的沟通,努力使各条渠道有序运行,实现既定目标。

三、影响渠道结构设计的因素

在确定渠道长度与宽度的设计思路后,需要进行具体的渠道设计,有利的市场加上恰当的渠道才可能使企业获得利润。一般来说，影响渠道设计的因素主要有以下几方面。

1. **消费者因素**

① 消费者分布状况。渠道设计深受消费者人数、地理分布、购买频率、平均购买数量及对不同促销方式的敏感性等因素的影响。当消费者人数多时，生产者倾向于利用每一层次都有许多中间商的长渠道。消费者对不同促销方式的敏感性影响渠道选择，如越来越多的家具零售商喜欢在产品展销会上选购，从而使这种渠道迅速发展。

② 消费者购买习惯。消费者的购买习惯和方式也影响渠道设计。如果针对的是少量而频繁的购买，如五金器具、烟草、药品等产品，其渠道设计宜长些；如果针对的是订货量大且订货次数少的购买，其渠道设计宜短些。

2. **产品因素**

① 产品特性。易腐烂的产品，为了避免腐烂的风险，通常需要直接销售；那些与其价值相比体积较大的产品，如建筑材料、大型设备等需要通过生产者到最终用户搬运距离最短、搬运次数最少的渠道来销售；非标准化产品，如定制产品等通常由企业推销员直接销售；需要安装、维修的产品经常由企业自己或授权独家专售特许商来负责销售和保养；单位价值高的产品则适合采用短渠道销售。

② 产品数量和市场周期。产品数量大，往往要通过中间商销售，以扩大销售面。在产品生命周期的不同阶段，对渠道的选择不同，如衰退期要缩减渠道。

3. **竞争因素**

生产者的渠道设计还受到竞争者所使用的渠道的影响。

① 生产者要尽量避免与竞争者使用一样的渠道。如果竞争者使用传统的渠道，则生产者可以使用其他不同的渠道和途径销售产品。例如，雅芳公司为了不与竞争者一样采用传统的渠道，培训了年轻的家庭妇女，以家庭销售会的方式逐家上门推销，获得了成功。

② 有些行业的生产者希望在与竞争者相同或相近的经销处同竞争者的产品抗衡。例如，食品生产者就希望其品牌与竞争品牌摆在一起销售。

4. **企业特点**

企业特点在渠道选择中扮演着十分重要的角色，主要体现在以下几个方面：

① 总体规模。企业的总体规模决定了其市场范围、较大客户的规模及强制中间商合作的能力。

② 财务能力。企业的财务能力决定了哪些市场营销职能可由自己执行，哪些应交给中间商执行。财务薄弱的企业，一般都采用佣金制的销售方法，并利用愿意且能够吸收部分储存、运输及融资等成本费用的中间商。

③ 产品组合。企业的产品组合也会影响其渠道类型。企业产品组合的宽度越大，则与消费者直接交易的能力越大；产品组合的深度越大，则使用独家专售或选择性代理商就越有利；产品组合的关联性越强，则越应使用性质相同或相似的渠道。

④ 渠道经验。企业过去的渠道经验也会影响渠道的设计。曾通过某种特定类型的中间商销售产品的企业，会逐渐形成渠道偏好。

⑤ 营销政策。现行的市场营销政策也会影响渠道的设计。例如，对最终用户提供快速交货服务的政策，会影响到生产者对中间商的执行力、最终经销商的数目与存货水平及所采用的运输系统的要求。

5．环境因素

渠道设计还受到经济、社会文化等环境因素的影响。

① 经济因素是指一个国家或地区的经济制度和经济水平，以及与之相联系的人口分布、资源分布、经济周期、通货膨胀、科学技术发展水平等因素。例如，我国人口分布面广，生活用品的渠道就长；东部地区人口密度大、经济发展水平高、物流发达，网购发展就比较迅速。

② 社会文化因素是指一个国家或地区的道德规范、社会风气、社会习俗、生活方式、民族特性等因素，以及与之相联系的消费者的时尚爱好、生活习惯等与市场营销有关的社会行为。

商业江湖 6-2

扫一扫，听案例

可口可乐——坚持创意，围点打援

1941年，"珍珠港事件"爆发后，美国参加了第二次世界大战。战争使可口可乐的国内市场不景气，海外市场的开拓更是一筹莫展。处于内外交困之中的伍德鲁夫，整天坐卧不宁。

一天晚上，他的老同学班塞给他打来电话。班塞现任麦克阿瑟的上校参谋，刚由菲律宾回国，特意给老同学打来电话。

伍德鲁夫寒暄几句后，得知班塞想喝可口可乐了。在菲律宾热得要命的丛林中，一想到清凉饮料，就想喝上一大桶。班塞的一席话激起了伍德鲁夫的灵感：如果前方将士都能喝上可口可乐，就成了海外市场的活广告，当地的老百姓受其影响，自然也会喝这种饮料。这等于间接地打开了外销市场。

第二天一早，伍德鲁夫就赶到华盛顿，找五角大楼的官员们洽商供应前方可口可乐的问题。尽管他吹得天花乱坠，被"珍珠港事件"搅得晕头转向的国防部官员哪里顾得上听他的意见。伍德鲁夫毫不气馁，立刻回公司商量对策。他指派几个人撰写了一份宣传稿，并配上照片和杜撰的前方战士的心声，看上去像一本图文并茂的画册。

伍德鲁夫亲自对宣传画册加以删改，定名为《完成最艰苦的战斗任务与休息的重要性》，并用彩版印刷。这本宣传小册子特别强调：在紧张的战斗中，应尽可能调剂士兵们的生活。当一个士兵完成任务后，精疲力竭、口干舌燥，喝上一瓶清凉爽口的可口可乐，该是多么惬意呀！对于那些在战场上出生入死的士兵来说，可口可乐已不仅是消闲饮料，更是生活必需品，与枪炮弹药居于同等重要的地位。

他还召开记者招待会，并邀请了许多贵宾，包括国会议员、前方战士家属及国防部的官员。在会上，他不厌其烦地鼓吹他的观点："可口可乐是军需用品，这是大家都应该承认的事实。我们把可口可乐送到士兵手中，是对在海外浴血奋战的子弟兵的诚挚关怀，是为战争的胜利贡献一分力量。我们所做的不是商业行为，而是在为士兵们争取福利。"

他的话确实打动人心。当他走下讲台时，一位60多岁的老妇人迎上去拥抱他，热泪盈眶地说："你的构想太伟大了，你对前方士兵的一片爱心会受到上帝支持的！"经过一系列努力，美国国防部不久就公开宣布："在世界的任何一个角落，凡是有美国部队驻扎的地方，务必使每一个战士都能以5美分喝到一瓶可口可乐。这一供应计划所需的一切费用和设备，国防部将予以全力支持。"

五角大楼的全力支持使可口可乐公司获益匪浅。在短短的两三年内，公司就向海外输出了64家可口可乐工厂的生产设备，军用可口可乐的消费量竟达50亿瓶。至此，可口可乐公司成功开辟了国际市场，并为战后的新飞跃奠定了基础。

分析 渠道的设计需要站得高一些，看得远一些。把饮料作为军需品卖到军队去，是具有战略眼光的创意。

四、渠道结构设计的步骤

（一）确定渠道结构设计的目标

渠道在企业竞争中的作用是显而易见的，它与其他的营销策略一起，构成了企业完善的市场营销系统。因此，企业在进行渠道结构设计时首先要确定渠道结构建设的目标。渠道结构设计的目标主要有：

① 提高市场渗透率。一般来说，企业采取市场渗透战略时，不需要对渠道结构进行重新设计，但需要增加现有的销售网点。

② 开拓新的市场。为现有产品寻求新的目标市场，既可以沿用现有的渠道设计，也可以设计新的渠道。

③ 为新产品开辟市场。企业为现有市场开发的新产品，如果与现有产品有较大的差异，现有渠道不适合新产品的销售时，则需要进行渠道设计。

④ 提高经销商的销售周转率。

⑤ 确定物流成本及服务质量目标。在降低物流成本的同时不能忽视顾客满意度，因此确定物流成本及服务质量目标是渠道结构设计的一项重要目标。

（二）确定渠道结构设计的方案

有效的渠道结构设计应该以确定企业所要达到的市场为起点。没有任何一种渠道可以适应所有的企业、所有的产品，尽管是性质相近的，甚至是同一种产品，有时也必须采用迥然不同的渠道。明确了企业渠道结构设计的目标和影响因素后，企业就可以设计几种渠道结构方案以备选择。一个渠道结构设计方案包括三方面的要素：渠道的长度策略、渠道的宽度策略和中间商的类型。

（三）评估渠道结构设计的方案

评估渠道结构设计方案，是在多个可行的渠道结构设计方案中，选出最能满足企业长期营销目标的渠道结构设计方案。因此，必须运用一定的标准对渠道进行全面评价。其中，常用的有经济性、可控制程度和适应性三方面的标准。

① 经济性标准。企业的最终目的在于获得最大经济效益，因此经济效益方面主要考虑的是每条渠道的销售额与成本的关系。

② 可控制程度标准。企业对渠道的控制力方面，自销比利用销售代理更为有利。

③ 适应性标准。市场需求和由此产生的各个方面的变化，要求企业有一定的适应能力。

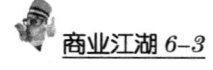

商业江湖 6-3

扫一扫，听案例

一品一家

一品一家成立于2014年11月，是一家专注原生态农产品交易与服务的O2O+P2P平台。它实现了农村生产家庭和城市消费家庭的一对一供应，通过搭建"远山结亲"，让城市家庭吃上了健康放心的原生态农产品，同时让农村家庭凭借小农生产方式实现了价值升值。

一品一家采用的基本模式是O2O+P2P：O2O是指线上进行农副产品展示（信息流）和交易（资金流），线下监督和指导农户生产，并统一收购、包装、配送至用户手中（服务流和物流）；P2P是指通过一品一家平台，城市家庭用户可以直接追踪到自己购买的产品来自哪一家农户的养殖和生产，或者指定预订具体某一户的农副产品，形成生产者与消费者的一对一产品交互。

区别于一般的生鲜O2O项目，一品一家有几个显著的特色：其一，平台建立的是对接农村生产者与城市家庭用户，实现点对点农产品供应；其二，平台挖掘的是农村闲置资源（人力及土地）的使用价值与商业价值，在满足城市家庭用户有机安全食品需求的同时，也满足了农村生产者增收养老的需求；其三，平台承担信息与交易中介，同时兼具对产品生产、生长过程的监督与管理，确保产品保持原生态；其四，平台承担产品的品种供应，农村生产者以散养的方式做代工种植或养殖，为平台做定制化生产，平台负责统一采购、仓储和物流配送。

由于有利于解决当地农村生产增值问题，一品一家被当地政府列为创新项目予以扶持，当地媒体报道不断，因此在本地市场的市场营销工作已经不需要额外投入。

分析 抓住市场需求，紧跟"三农"政策，与时偕行，这样的营销会使推销成为多余。

（四）选用渠道成员

1. 自建市场营销机构

企业建设渠道网络首先要决定是否需要自建市场营销机构。

① 从经济性标准看，企业需要测算市场营销成本，当自建的销售成本高于销售水平时，利用中间商比较有利；当自建的销售成本低于销售水平时，利用企业自己建设的市场营销机构会更适宜。

② 从控制性标准看，企业自建的市场营销机构对渠道网络的控制会更强，企业可以直接面对消费者，市场推广力度、终端管理、渠道的畅通性等方面都更优于中间商网络。

③ 从适应性标准看，企业自建的市场营销机构可能会由于对某区域市场不熟悉而降低适应性。因此，很多外国企业进入中国市场时，都更愿意选择中国的中间商为其打开市场。

2. 中间商的选择

选择中间商首先要搜集有关中间商的信誉、销售经验、产品知识、合作意愿、市场覆盖能力和服务水平等方面的信息，确定审核标准。有了选定的中间商但对方又对产品不感兴趣时，还要想办法努力说服对方接受产品。一般来说，选择中间商主要考虑以下几个因素。

（1）市场覆盖范围

市场覆盖范围是选择中间商最重要的因素，企业选择中间商的目标就是让中间商帮助企业将产品打入目标市场，让企业的最终用户能够就近、方便购买。因此，首先要考虑所选中间商的经营范围所包括的区域与企业产品销售的预期区域是否一致。其次，要考虑中间商的主要销售对象是否是本企业所希望的潜在顾客，这是最基本的条件，因为企业希望通过中间商来达到打入自己所选定的目标市场的目的。例如，企业的目标市场是华南市场，那么中间商的经营区域就应该能覆盖这个区域。

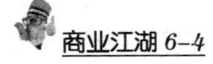

商业江湖 6-4

一个传统面包企业如何做到年销售额 30 亿元

桃李面包是沈阳的面包品牌，身处传统行业，10 年间发展成面包行业的翘楚，2016 年销售额突破 30 亿元。2015 年 12 月 22 日，桃李面包成功在上交所上市，成为中国 A 股面包第一股，市值近 200 亿元。

2017年中，公司实现营业收入18.16亿元，同比增长24.39%。公司核心产品桃李品牌面包实现营业收入18.09亿元，同比增长24.42%。

桃李面包成功的根源是什么？

① 顺应健康消费趋势，定位"短保烘焙"市场。"短保"意味着健康，因为短保面包中不加防腐剂及添加剂，在充分保证新鲜品质的同时也迎合了广大消费者的健康需求。为让消费者第一时间吃到新鲜面包，桃李面包厂建立并倡导"新鲜送达"理念。在每日凌晨3点前，桃李面包厂的工作人员就将新鲜的面包分装好，配送车辆从凌晨3点开始到工厂提货，随后送至各个销售网站。

② 把最传统的渠道模式做到了极致。当众多面包品牌盯着KA、专卖店、精品超市等所谓的"高大上"渠道激烈拼杀时，桃李面包却避开这些渠道，将精力放到了消费者接触更多、购买更加方便的社区超市、BC类店、小卖场，通过深度分销将产品送到更多消费者的手中。截至2017年6月，桃李面包已在东北、华北、华东、西南、西北、华南等15个中心城市及周边地区建立起17万个零售终端。桃李面包用最强的执行力把最传统的渠道模式做到了极致。

分析 提供消费者最想要的面包，通过离消费者最近的渠道，把面包送到更多消费者的手中。这看似简单的事情，其实是把营销做到了极致。

（2）信誉

中间商的信誉直接影响产品的回款情况及市场的网络支持。尤其对一些小规模家庭经营的中间商，经营者的个性、品德、社会关系、家庭状况、受教育程度等都要进行深入的考察和了解。信誉差、资金少、素质低的中间商要慎选，一旦中间商中途有变，意味着企业可能就要放弃已经开发的市场，而重新开发往往要付出更大的代价。

（3）销售经验

经营某种产品的历史和成功经验，是中间商优势的另一个来源。长期从事某种产品的经营会积累比较丰富的产品知识和经验，在市场行情变动中能够掌握经营主动权，保持销售稳定，甚至乘机扩大销售。一般来说，有较长销售经验的中间商通常在当地消费者心目中拥有一定的影响力且拥有相对稳定的忠诚顾客，因此选择有经验的中间商对企业产品迅速打开市场销路会非常有利。

（4）经营实力

经营实力表现为中间商在产品吞吐规模上、在市场开发的投入上的行为能力。经营规模大的中间商销售流量也较大，而在市场开发方面能够保持较高投入的中间商其产品销售流量也比较大，所以它们在产品分销方面具有优势。

值得注意的是，中间商的选择并不是越大越好，大的中间商可能并不重视你的产品，且大中间商的压价能力会更强，而选择和培养那些有发展潜力的中等中间商可能更有利于企业。

（5）合作意愿

选中了有实力、信誉好的中间商，如果对方没有经销本企业产品的意愿，对企业来说是没有意义的。因此，合作意愿是选择中间商必须考虑的因素。中间商与企业合作得好，会积极主动地推销本企业的产品，这对双方都有利。有的中间商希望与生产商共同开拓市场、扩大市场需求。企业应根据产品销售的需要，确定中间商的合作方式，选择理想的中间商进行合作。

（6）财务状况

企业应选择资金实力雄厚、财务状况良好的中间商，因为这样能保证中间商及时回款，缩短账期,甚至在财务上能给企业提供一些帮助。例如,分担一些促销费用、提供一些预付款,或者在终端销售中能够采用分期付款等多种付款方式促进销售,有助于产品扩大销路。反之,如果中间商财务状况不佳,则可能拖欠货款。这点对于小微企业尤其要重视,如果中间商拖欠货款,就可能将小微企业拖入财务的泥沼,使企业资金出现危机。

（7）区位优势

可以从中间商进货和销售两个方面来评价其区位优势:如果中间商处于交通干线或者接近于工厂或商品仓库,则进货就非常容易。如果中间商处于目标消费者购物活动范围之内或目标消费者能够方便地从中间商那里购买,那么该中间商也有优势。

（8）促销能力

中间商推销商品的方式及运用促销手段的能力直接影响其销售效果。有些产品适合使用广告促销,有些产品则适合人员推销;有些产品需要有效的储存,有些产品则应快速地运输。不仅要考虑中间商有没有必要的物质、技术基础及相应的销售人员,也要考虑中间商有没有意愿承担一定的促销费用。

商业江湖 6-5

扫一扫,听案例

渠道聚焦

在饮料行业普遍下行的2015年,行业年增长率为6%,但本土品牌汇源果汁旗下一款叫喜庆的单品,2015年比2014年同期增长800%。这款名不见经传的饮料是如何做到的呢?

喜庆是汇源旗下一个子品牌,顾名思义,办喜宴的人群是其目标人群。因此,其销售点是当地人办酒席去哪里采购酒水,哪里就是喜庆的终端销售网点。例如,乡镇批发部、城区名烟名酒店、酒水批发街、酒水批发市场、喜宴承办酒店（酒店直接销售或赠送给办酒席的客户）、当地主销喜酒（白酒）的经销商（客户买喜酒送喜庆）,称之为"婚庆渠道"。其他渠道放弃不做,就是聚焦。介于喜庆的产品特点,其目标市场界定在地级市以下,主要是县城及村镇市场,这也是一个层级市场的聚焦。

因为聚焦,业务人员对有限的销售网点维护很好——拜访频率高、货架陈列维护好、供货及时、客情关系好,形成产品动销较快、不会产生大日期产品的良性发展。因为是有选择的铺货,被选中合作的老板也很高兴,一是周边无直接竞争好卖货,二是感觉被尊重,从而合作热情高涨。合作的终端销售网点都是成垛的喜庆堆箱陈列,气势颇为壮观。

2015年1月、2月农村结婚旺季之际,喜庆单月销售额都超过了700万元。

分析 产品定位越清晰,渠道的选择就越容易精准。渠道选得好,还要维护好,要让选中的经销商觉得有尊严,销售额的增长就不是问题。

3. 选择中间商的分析方法

（1）加权评分选择法

加权评分选择法是指对于拟选择的中间商,根据以上所述的8个因素,从销售能力和实力等方面分别给予打分。注意,每个不同的因素对于渠道建设的重要程度有所不同,应分别给予不同的权重配比。由于每个中间商在销售中的优势与劣势有所不同,因此每个中间商在各项目上的得分有所差异,最后计算出每个中间商的总得分,以总得分高者择优录用,如表6.2所示。

营销策划实务

表 6.2　加权评分选择法的应用

评价因素	权重	中间商 1 打分	中间商 1 加权分	中间商 2 打分	中间商 2 加权分	中间商 3 打分	中间商 3 加权分
市场覆盖范围	0.20	70	14	80	16	85	17
信　誉	0.10	85	8.5	85	8.5	70	7
销售经验	0.15	90	13.5	90	13.5	85	12.25
经营实力	0.10	60	6	80	8	80	8
合作意愿	0.10	80	8	90	9	90	9
财务状况	0.20	75	15	80	16	60	12
区位优势	0.10	80	8	70	7	75	7.5
促销能力	0.05	65	3.25	75	3.75	80	4
总　分	1.00	605	76.25	650	81.75	625	77.25

（2）销售量分析法

销售量分析法是通过实地考察有关中间商的顾客流量和销售情况，并分析其近年来销售额水平及变化趋势，在此基础上对有关中间商实际能够承担的销售能力，尤其是可能达到的销售量水平进行估计和评价，最后选出理想者的方法。

（3）销售费用分析法

产品销售成本包括市场开拓费用、给中间商的让利促销费用、货款延期带来的资金损失等销售费用，它会减少企业的净收益，降低利用中间商带来的价值。销售费用取决于各中间商合作者的条件。可以把预期销售费用作为筛选合作中间商优劣程度的一个指标，具体可以用总销售费用比较法、单位销售额销售费用比较法、费用效率分析法等。

学习日志

一、我学了

1. _____
2. _____
3. _____

二、我用了

1. _____
2. _____
3. _____

三、测一测（扫二维码答题，已嵌入线上课堂中）

（一）单项选择题

1. 价格低、购买频率高的日用消费品一般选择（　　）。
　　A. 密集型渠道　　B. 选择性渠道　　C. 独家渠道　　D. 大量渠道

2. 费用大、见效快、操作水平高，可以较全面地了解中间商的情况，能吸引中间商主动来，这是（　　）寻找渠道成员的途径。

项目六　渠道策划

　　A. 查工具书　　　　B. 调查顾客　　　　C. 咨询广告公司　　　D. 刊登招商广告
3. 制造商自建无人超市，这是（　　）。
　　A. 零级渠道　　　　B. 一级渠道　　　　C. 二级渠道　　　　　D. 三级渠道
4. 对于消费品中的选购品，如服装、鞋包等，工业用品中的零部件和一些机器、设备等产品，适合选择（　　）。
　　A. 独家渠道　　　　B. 密集型渠道　　　C. 选择性渠道　　　　D. 普适性渠道
5. 渠道结构设计必须使渠道为目标消费者的购买提供方便，满足消费者在购买时间、地点及售后服务上的需求，这是渠道结构设计中的（　　）原则。
　　A. 客户导向　　　　B. 畅通高效　　　　C. 合理稳定
　　D. 发挥企业优势　　E. 协调平衡

（二）多项选择题
1. 渠道包括（　　）。
　　A. 制造商　　　　　B. 商人中间商　　　C. 代理商　　　　　　D. 消费者
2. 影响渠道结构设计的因素有（　　）。
　　A. 消费者因素　　　B. 产品因素　　　　C. 竞争因素
　　D. 企业因素　　　　E. 环境因素
3. 寻找渠道成员要遵循的基本原则有（　　）。
　　A. 方便送达　　　　B. 分工合作　　　　C. 利于形象
　　D. 提高效率　　　　E. 互惠互利
4. 新企业寻找渠道成员的途径可以有（　　）。
　　A. 调查消费者　　　B. 看媒体广告　　　C. 调查批发市场
　　D. 咨询广告公司　　E. 举办订货会
5. 选择中间商时常用的分析方法有（　　）。
　　A. 加权评分法　　　B. 销售量分析法　　C. 销售费用分析法　　D. 主观判断法

（三）判断题
1. 单位价值高的产品适合采用长渠道销售。　　　　　　　　　　　　　　　　　　（　）
2. 企业采取市场渗透战略时，不需要对渠道结构进行重新设计，也无须增加现有的销售网点。
　　　　　　　　　　　　　　　　　　　　　　　　　　　　　　　　　　　　　（　）
3. 市场范围越大，相对的渠道应越长。　　　　　　　　　　　　　　　　　　　　（　）
4. 采用独家销售代理的优点之一是易于合作和沟通，避免竞争。　　　　　　　　　（　）
5. 企业在选择中间商时，要注意其财务状况，如果财务状况不佳，可能会出现拖欠货款现象。
　　　　　　　　　　　　　　　　　　　　　　　　　　　　　　　　　　　　　（　）

（四）实务操作题
　　选择家乡的一种特产，为其进行一个渠道结构策划，目标是有效进入目标市场并获得经济效益。策划方案的形式可以是Word文档或PPT演示文稿，需要现场展示。

（五）简答题
1. 选择中间商时需要考虑哪些因素？
2. 选择中间商时的分析方法有哪些？

任务二　渠道管理策划

知识讲堂

一、渠道管理的含义

渠道管理是指生产者为实现企业销售的目标而对现有渠道进行管理，以确保渠道成员之间、公司和渠道成员之间相互协调与合作的一切活动。其意义在于共同谋求最大的长远利益。

对于主要依靠经销商的企业来说，经销商既是它们的合作伙伴，又是它们市场、销售、服务的前沿驻地。因此，能够及时了解经销商的运作情况，给予稳定必要的协作是每个生产者的目标。渠道管理在企业管理过程中十分重要。

渠道管理的目的就是要建立稳定、可控的销售体系及市场秩序；维护渠道上各级经销商的合理利润空间，与经销商建立稳定、共赢的长期合作关系；持续提高销售业绩和企业的盈利能力，进而提高品牌美誉度、释放品牌力。

二、渠道管理的原则

（一）有效原则

企业在对目标市场进行有效细分的前提下，进一步规划渠道，应当对所设计的渠道在销售能力、服务能力、成本支出和影响力等方面进行综合分析，整合优秀的渠道资源，构建高质量的渠道，使企业的渠道具有强大的销售能力。

（二）整体效率最大化原则

在渠道规划方面，要充分考虑今后管理流程中的商流、信息流、物流、资金流等的顺畅和经济的运营维护成本。在渠道结构策划时，除考虑市场需求、地理位置、产品特征、消费者特点等一般因素外，还应考虑渠道的层级关系，减少不合理的、不能实现增值的物流环节，以实现渠道的扁平化、渠道效率的最大化。

（三）增值性原则

应以顾客价值最大化为目标，通过渠道创新、策略调整、资源投入等方法，提高整个营销链的服务增值能力和差异化能力。实现有针对性的增值服务可以提高产品的差异化，提高顾客的满意度和忠诚度。同时，提供增值服务也可以帮助渠道上的经销商提升价值创造能力，提升各销售环节的利益，增加渠道的稳定性。

（四）分工协同原则

除使用不同类型渠道覆盖相应细分市场的渠道分工外，更要强调营销链各环节成员间的优势互补和资源共享。这样才能通过企业对营销链的管理，有效地获得系统协同效率，即提高渠道效能，降低渠道运营费用。

（五）竞争原则

渠道策略是以竞争为导向的，因此要根据企业在区域市场的综合实力确定主要竞争者，以营销链的系统协同效率为基础，通过不断蚕食、集中冲击等竞争手段，展开顾客争夺，从而获得区域市场的主导地位。例如，在区域市场中，根据具体竞争格局和趋势，一般确定直接竞争或主要障碍的竞争者为打击目标，在综合实力相对较弱的情况下，选择区域市场第二、三位的竞争者为首攻对象，在终端争夺、促销宣传、价格策略等方面有针对性地冲击对手，逐步扩大市场份额，提升渠道质量和管理水平，在条件成熟的时候发起对市场主导品牌的冲击，夺取区域市场第一的竞争位置。

三、渠道成员的激励

产品从生产者经过经销代理商、批发商、零售终端，最终到达消费者手里这样一条"推"的流程中，得到中间商的支持越多，产品到达消费者手中的机会也越多。为了使产品增加与消费者见面的机会，生产者必须激励和管理好渠道上每个层级的成员，在对消费者举办促销活动时，需要各级成员的积极响应与支持配合方能取得成功。

（一）激励模式的设计

① 目标激励。这是一种最基本的激励形式。企业每年都会给渠道成员制定（或协商制定）一个年度目标，包括销量目标、费用目标、市场占有率目标等，完成目标的渠道成员将会获得相应的地位及渠道权力。因此，目标对于渠道成员来说既是一种巨大的挑战，也是一种内在动力。在目标的制定方面，目标过低轻而易举就能实现，对于企业的市场开拓与深挖不利，目标过高遥不可及又会打击渠道成员的积极性，因此渠道目标过高或过低都不能达到激励的效果。制定科学合理的渠道目标，要考虑目标的明确性、可衡量性、挑战性、激励性及可实现性特征。

商业江湖 6-6

"省心"的渠道设计

扫一扫，听案例

在人们的印象中，达利是一家小吃食品公司。在烘焙、薯类膨化食品市场的品牌好吃点、可比克、达利园等在各自的品类领域业绩不凡，每年销量都在百亿元以上。由此，达利成就了自己的休闲食品巨头的定位。

2006 年，达利开始做饮料，业内一片看衰，结果在 2018 年达利的财务报告中，达利食品的收入达到 208.64 亿元。其中，食品部门实现收入 104.22 亿元，饮料部门实现收入 91.55 亿元。

达利从渠道的顶层设计入手，让经销商承担了主要的区域推广职能。同时，给了经销商更大的激励，为经销商设定更高的门槛和更高的指标，并引入大量的非饮料经销商。经销商的潜力被释放了出来，一些原本"不会"做饮料的经销商也开始会做饮料了。

达利不模仿其他大型饮料企业——出好的产品、打造品牌、做消费者沟通，而是让经销商干经销商该干的事，区域的经营就交给经销商做，只是为经销商设很高的标准。

分析 设计科学的渠道激励机制，使厂商之间责权利清晰，激发经销商的能动性，企业就省心了。

② 渠道奖励。这是最直接的激励方式。渠道奖励包括物质奖励和精神奖励两方面。其中，物质奖励主要体现为价格优惠、渠道费用支持、年终返利、渠道促销等，是渠道激励的基础手

段和根本内容。而精神激励的作用也不可低估，因为经济基础决定上层建筑，上层建筑也反作用于经济基础，渠道成员同样有较高的精神需求。精神激励包括评优评奖、培训、旅游、"助销"、参与决策等，重在满足渠道成员成长与被关怀、被重视等精神需求。

③ 工作设计。这是比较高级的激励模式。工作设计的原义是指把合适的人放到合适的位置，使他们开心工作，能够发挥自己的才能。这一思想用在渠道领域，则是指企业合理划分渠道成员的经营区域或渠道领域，授予独家（或特约）经营权，合理分配经营产品的品类，恰当树立和定位各渠道成员的角色和地位，互相尊重、平等互利，建立合作伙伴关系，实现共进双赢。

（二）激励的具体方法

企业对渠道成员的激励方法有很多，在市场营销实践中，企业一般多种激励方式配合使用，以达到激励效果最大化。

1. 直接激励

直接激励是指借助于物质的直接刺激，给予渠道成员物质或金钱的奖励来激发其积极性，从而达到销售目标。例如，返利、价格折扣等。

（1）返利

返利是指企业根据一定的评定标准，以现金或实物的形式对渠道成员实行的滞后性奖励。返利的特点是滞后兑现，从兑现时间上分返利一般分为月返、季返和年返3种；从兑现形式上一般分明返、暗返两种；从返利的目的上可分为过程返利和销量返利。

① 过程返利。过程返利是一种直接管理销售过程的激励方式，目的是通过考察市场运作的规范性以确保市场的健康培育。过程奖励通常包括铺货率、售点气氛（即商品陈列生动化）、开户率、全品项进货、安全库存、指定区域销售、规范价格、专销（即不销售竞品）、积极配送、守约付款等。

过程返利既可以提高渠道成员的利润，增强其盈利能力，调动其合作积极性，又能够防止经销商不规范操作，维持市场秩序，保障企业正常经营。

② 销量返利。销量返利是为直接刺激渠道成员的进货力度而设立的一种奖励，目的在于提高销售量和利润。实践中，销量返利有3种形式：

- 销售竞赛。销售竞赛是对于在规定的区域和时段内销量第一的渠道成员给予丰厚的奖励。
- 等级进货奖励。等级进货奖励是指对于进货达到不同等级数量的渠道成员给予一定的奖励。
- 定额返利。定额返利是指如果渠道成员达到一定数量的进货，给予一定的奖励。

企业在制定返利政策时，要注重对过程返利和销量返利的综合运用，避免对销量返利的不当应用。因为销量返利的返利多少是由销售量多少而定的，所以会导致有渠道成员为了多得返利，在短期利益驱动下做出窜货乱价等短期行为。

（2）价格折扣

从渠道的功能而言，所有的职能都应由生产者承担，如果将其中一项或多项职能分给渠道成员，就要为此支付一定的费用——渠道成员承担相应的职能，赚取劳务费用。严格来说，渠道成员经营产品靠价差来获取利润，不需要额外的折扣。但是生产者应当充分利用政策激励，来引导、激励渠道成员多销售自己的产品。政策激励性的价格折扣形式多样，常见的有：

① 现款折扣。现款折扣是对结算的保障，按净销售额的 $x\%$ 作为标准，回款时间越早折扣

力度越大。这种折扣的实施，企业对所有渠道成员是一样的，是双方合作的基本条件。

② 销售增长折扣。销售增长折扣是当市场竞争加剧，产品供过于求时，每个企业为了得到更多的市场份额而给予的一种折扣。它一般是销售增长 y%，按净销售额的 x% 给予价格折扣。

③ 专营折扣。市场防御策略有一条是渠道封锁，封锁方法之一就是签订排他性协议，也就是专营。在具体的市场操作中，有许多渠道成员不愿意专营，理由很简单：风险大，销售受影响，可提供给自己顾客选择的产品有限。因此，生产者给出专营折扣。专营，就享受该折扣；不专营，就不享受该折扣。同时，专营折扣也对培养渠道成员的忠诚度有很大帮助。

④ 市场秩序折扣。市场价格混乱、货物流通不正常，如市场上经常出现倒货、窜货、低价倾销、价格倒挂等现象，是困扰生产者、渠道成员的难题。渠道成员是以利润为中心的，只有保证价格稳定和合理的价差才有利可图，所以生产者专门设了一项折扣来引导渠道成员共同遵守、维护市场秩序——遵守者有折扣，违规者无折扣。折扣形式有的是绝对数额，有的是净销售额的百分比。

（3）配合开展促销活动

生产者的促销活动会受到渠道成员的欢迎，一般促销费用可由生产者负担，或者由渠道成员共同分担。

渠道成员通常会要求生产者多做广告，甚至以广告的投放量作为标准来衡量是否经销生产者的产品。这为新品牌的市场导入带来了很大的困难，想进入大型零售商场的缺乏品牌知名度的生产者，往往处于被动的局面。

事实上，除非竞争者不强大，而且自己有足够的营销费用能摆脱渠道成员开展直销，否则生产者针对消费者的促销活动仍需要得到渠道成员的配合。

2．间接激励

间接激励是指通过帮助渠道成员进行销售管理，以提高销售的效率和效果来激发渠道成员的积极性与销售热情的一种激励手段。其通常的做法有：

① 帮助经销商建立进销存报表，计算安全库存数和实行先进先出库存管理。进销存报表的建立可以帮助经销商了解某一周期的实际销货数量和利润；安全库存数的建立可以帮助经销商进行库存管理，以合理安排进货、降低库存成本；实行先进先出库存管理可以减少即期品（即将过期的商品）的出现。

② 帮助零售商进行销售终端管理。终端管理的内容包括铺货和商品陈列等。通过定期拜访，可以帮助零售商整理货架、设计商品陈列形式、在举办促销活动时做一个漂亮的堆头等。

③ 帮助经销商进行客户管理，加强经销商的销售管理工作。帮助经销商建立客户档案，并根据客户的销售量将它们分成等级，指导经销商对不同等级的客户采用不同的支持方式，从而可以更好地服务于不同性质的客户，以提高客户的忠诚度。

此外，可以对渠道成员的销售和维修人员提供培训与商业咨询服务，共同进行广告宣传，提供市场情报，信息共享。建立与渠道成员之间的信任关系，通过共享其计划、详细目标等方式来确立双方共同愿景，能够建立长期稳定的合作关系。

四、渠道冲突的管理

渠道冲突指渠道中的某一渠道成员为获得稀缺的资源而从事阻碍或不利于其他渠道成员利益实现的活动，从而使各渠道成员之间处于敌对或不和谐的状态。

（一）渠道冲突的类型

渠道冲突主要有以下3种类型。

① 水平渠道冲突。这是指同一渠道模式中同一层次渠道成员之间的冲突。产生水平冲突的原因大多是生产者没有对目标市场的渠道成员数量分管区域做出合理的规划，致使渠道成员为各自的利益互相倾轧。例如，同为某企业的中间商，A地区的中间商认为同一地区的另一家中间商在定价、促销和售后服务等方面过于进取，抢了自己的生意。如果发生这类冲突，则生产者应及时采取有效措施缓和冲突，否则就会影响与渠道成员的合作及产品的销售。生产者应未雨绸缪，采取相应措施防止这类冲突的出现。

② 垂直渠道冲突。垂直渠道冲突也称渠道上下游冲突，是指在同一渠道中不同层次渠道成员之间的冲突，这种冲突要比水平渠道冲突更为常见。例如，某些批发商可能会抱怨生产者在价格方面控制太紧，留给自己的利润空间太小，而提供的服务（如广告、推销等）太少；零售商对批发商或生产者，也会存在类似的不满。有时，生产者为了推广自己的产品，越过一级经销商直接向二级经销商供货，使得上下游渠道之间产生了矛盾。因此，生产者必须从全局着手，妥善解决垂直渠道冲突，促进渠道成员之间更好地合作。

③ 不同渠道间的冲突。随着可利用渠道的不断增加，越来越多的生产者采用多渠道营销系统，即采用渠道组合策略。当生产者建立多渠道营销系统后，不同渠道服务于同一目标市场时就可能产生冲突，即不同渠道间的冲突。例如，某牛仔裤原来通过特约经销店销售，当决定将某百货公司也纳为自己的经销伙伴时，特约经销店表示了强烈的不满。因此，对于生产者而言，当采用渠道组合策略时需要重视引导渠道成员之间进行有效的竞争并适当加以协调，以保证各渠道成员的正常运营。

（二）产生渠道冲突的原因

① 角色界定不清。渠道成员的角色是指每一渠道成员都可接受的行为范围。当发生与角色不一致的行为时，说明这个渠道成员的行为超出了其他成员预期的可接受范围。因此，渠道成员需要知道其他渠道成员的预期是什么、责任是哪些及它的行为是如何被评价的。

② 观点差异。观点差异是指一个渠道成员对一种情景的理解或对不同刺激所做出的反应。渠道成员也可能对同样的刺激做出不同的反应。例如，一个经销商如果觉得30%的毛利率是合理的折扣，则获得20%的毛利率就会使它觉得不公平；一个小的终端零售商会觉得生产者的广告合作很重要，但大的零售商可能会觉得无所谓。

渠道成员可以通过理解其他成员的观点及改变报酬制度，解决属于观点差异导致的冲突。

③ 决策权分歧。决策权分歧指零售商或生产者是否有权决定产品的最终销售价格、零售商是否有权倒卖产品、生产者是否有权对中间商规定存货的保有水平等。

④ 期望差异。期望差异涉及一个渠道成员对其他成员行为的预期。无论是生产者还是中间商，对于合作各方的行为都有一个基本判断和预期，而这些判断和预期是不可能完全一致的，各方都会从各自立场去判断，因此总会存在差异。

⑤ 目标错位。目标错位是指不同渠道成员的目标可能不一致，而且这些目标可能不可调和。中间商希望可以获得更大的毛利率、更高的库存周转率、减少存货、降低进货费用、获得更高的销售佣金等，而生产者可能更愿意看到中间商多存货、减少毛利率、减少销售佣金等。

⑥ 沟通困难。沟通困难是指渠道成员之间缓慢或不精确的信息传递。目前，退换货问题极易引起渠道成员之间的不愉快。为了减少沟通困难，可通过信息网络实现信息共享。

⑦ 资源稀缺。稀缺资源分配也会引起冲突。例如，优势客户资源是稀缺的，生产者采用了间接销售模式后仍决定保留一些大客户作为自身客户，必然引起中间商的不满。

（三）渠道冲突的解决办法

首先，在渠道选择和设计方面要根据市场环境及自身的资源情况，确立适合的销售体系和管理原则；其次，根据标准严格挑选供应商，减少不必要的冲突；然后，加强渠道成员之间的沟通，对相关人员进行定期培训，增强渠道成员对企业产品和文化的认同；最后，如果渠道冲突不能通过上述方式预防和调和，就只好退出该渠道，对整个销售体系进行反思并重新设计。

1. 发展超级目标

发展超级目标就是指为渠道系统中的渠道成员设立一个共同的发展目标，这个共同目标通常是单个渠道成员所不能实现的，只有通过渠道系统中的所有成员通力合作才能实现。超级目标的典型内容包括渠道生存、市场份额、高品质和顾客满意度等。

2. 沟通

沟通是指利用领导力通过劝说来解决渠道冲突。劝说就是为存在冲突的渠道成员提供沟通的机会。强调通过劝说来改变其行为而非信息共享，也是为了减少渠道系统中有关职能分工引起的冲突。劝说的重要性在于使各渠道成员清楚地认识到自己处于渠道系统的不同层级，自然需要扮演相应的渠道角色，遵守相应的游戏规则。

3. 协商谈判

谈判是渠道成员间讨价还价的一种方法，目的在于停止渠道成员间的冲突。在谈判过程中，通常每个渠道成员都会放弃一些东西，从而避免冲突发生或避免已发生的冲突愈演愈烈。利用协商谈判来解决渠道冲突，需要看渠道成员的沟通能力和合作的意愿。

4. 诉讼

渠道冲突有时需要借助诉讼、法律仲裁等外力来解决。当渠道中的领导力、沟通、协商谈判等途径没有起到效果时，一般通过诉讼来解决渠道冲突。

5. 退出

退出就是离开原来的渠道系统。退出某一渠道系统恰好是解决渠道冲突的普遍方法。当水平性冲突、垂直性冲突或不同渠道间的冲突处在不可调和的状态时，退出往往是一种可取的办法。从现有渠道系统中退出意味着要中断与某个或某些渠道成员的合作关系，因此在确定要退出一个渠道系统之前一定要慎重。

扫一扫，听案例

商业江湖 6-7

娃哈哈如何抑制窜货

娃哈哈为了保证经销商的利益和维护区域价格体系的稳定，要求各个环节都必须严格执行公司的规定。其最有效的办法就是严厉打击跨区域销售。为了能快速查处冲窜货，娃哈哈公司做了以下严密部署。

① 设置反窜货督察部。公司设置有督察部，专门核查冲窜货及相关不利于市场销售工作的行为；各省内也设置有内部督察人员，能快速核实查处跨区域销售行为，如豫北市场督察组就成立得比较早，一度成为娃哈哈公司的工作典范。

② 产品身份信息管理。娃哈哈公司生产的每件产品，在生产时就打上了生产日期、时间段、班组次和编号；按照计划订单，在发往各区域各客户时，每件产品包装上都打上了对应客户的编号，在出厂时就

营销策划实务

由工作人员把产品身份信息都输入到了娃哈哈销售管理系统。另外，一级批发商在给自己所辖区域的二批商（能够给一级批发商承担销售、铺市功能及资金蓄水池功能的批发商）或批发商送货时，也要按照公司要求在产品相关位置打印上暗码和记号，一是保护自己，二是防止二批商跨区域销售。

③ 受理举报快速核查。无论是业务人员、一级批发商还是二批商，在自己的区域内发现可疑货源，只需要把产品包装上的编号或生产日期填写进举报表，及时报给总公司督察或省内主管督察，督察人员就会根据产品系统信息锁定货源，并快速前往可疑货源地取证核实，同时通知相关货源主管业务前来确认。

分析 娃哈哈设置反窜货督察部、进行产品身份信息管理及受理举报快速核查三管齐下，有力地保护了经销商的利益和维护区域价格体系的稳定。

五、渠道创新的策划

1. 渠道结构扁平化

渠道结构扁平化是指以企业的利润最大化为目标，根据企业自身的条件，利用科学的管理方法与高新技术，使生产者通过短而高效的渠道把产品销售给最终用户，渠道结构扁平化就是优化渠道层级的过程。随着环境的日新月异和市场的不断细化，消费者的行为特征也发生了变化，他们的购买动机更趋于理性，方便、快捷、高性价比成为他们选购产品的判断依据，使得渠道结构扁平化成为趋势。

商业江湖 6-8

扫一扫，听案例

海澜之家的渠道扁平化

在供应链管理上，海澜之家是典型的 SPA（自有商标服饰专卖店）企业，即拥有自己的原创品牌，并自产自销——在国内服装界率先形成了从羊毛进来到服装成品出去的完整产业链，全部利用自身资源，没有任何中间商参与，有效控制成本和品质，直接让利给消费者。海澜之家在整个供应链环节中，就是一个高度扁平化的平台，就像一个接口一样，把各种资源组织起来，最终形成一个独特的产品和品牌；自己不占有太多资源，但是各种资源在这里都发挥了最大的作用。

与此同时，海澜之家不断拓展线上流量，整合线上资源，与线下不打折、不降价的定价策略相匹配，严格保证线上线下的同款同价。同时，与天猫、唯品会等平台合作，自主创新策划符合品牌调性的店铺活动，提升品牌线上的影响力。

分析 海澜之家以完整产业链把控产品品质，以线上线下匹配保证同款同价，直接让利给消费者。这需要更高的资源整合能力与管理能力。

2. 全渠道零售

全渠道零售就是企业为了满足消费者任何时候、任何地点、任何方式购买的需求，通过将实体渠道、电子商务渠道和移动电子商务渠道进行整合来销售产品或服务，提供给消费者无差别的购买体验。实体渠道的类型包括实体自营店、实体加盟店、电子货架、异业联盟等。电子商务渠道的类型包括自建官方 B2C 商城；进驻电子商务平台，如淘宝店、天猫店、拍拍店、QQ 商城店、京东店、苏宁店、亚马逊店等。移动电子商务渠道的类型包括自建官方手机商城；自建 APP 商城；微商城；进驻移动商务平台，如微淘店等。

全渠道零售正在掀起企业或商家的革命，理念上从以前的"终端为王"转变为"消费者为王"，企业的定位、渠道建立、终端建设、服务流程、产品规划、物流配送、生产采购、组织结构全部以消费者的需求和习惯为核心。

项目六 渠道策划

商业江湖6-9

扫一扫，听案例

良品铺子实现零售创新转型

良品铺子作为一家零食企业，直接整合了门店、电商、第三方平台和移动端及社交电商这五大渠道。这种做法可以说适应了多个消费场景。良品铺子开辟的渠道有：2 100多家实体门店；天猫、京东等线上平台；本地生活平台，如"饿了么"、美团外卖、口碑外卖、百度外卖等；良品铺子的APP；微信、QQ空间、百度贴吧等社交电商。

零售的目的不是单纯追求线上或单纯追求线下。对于不同年龄段、不同区域的用户而言，购买零食的习惯各异：大城市的年轻人可能喜欢在线上电商平台购买零食，三、四线城市的父母喜欢在线下帮孩子挑选零食；女生在逛街时看到果脯在门店摆着，很可能就会勾起她的食欲，女生更加注重体验式的消费。多个渠道全面覆盖的做法才能真正满足不同用户的需求。良品铺子线下2 100多家门店通过"饿了么"平台的承载，直接缩短消费者购买路径、送达时间，降低了购买的成本。

与"饿了么"合作可以看出良品铺子的理念新潮——买零食往往是冲动消费，晚上在家看电影、打游戏时就是那么一瞬间特别想吃薯片、喝饮料，过了那个劲就没胃口了。欲望来得快，去得也快，因此非常考验物流的时效性。良品铺子和"饿了么"牵手，一方面发挥了自家门店的优势，同时也把互联网的渠道、物流优势发挥得淋漓尽致。

良品铺子从2014年下半年开始，与IBM和SAP进行全渠道整合。这个系统把良品铺子的会员、商品、促销、物流、订单全部打通，将数据搜集起来，并且对一开始的非结构化数据进行清理、整合、建模，让其成为结构化数据。目前，良品铺子线上线下的会员达到3 000万名。3 000万名会员积累起的消费数据非常可观，这是一个数据富矿。这种用全渠道的模式挖掘会员价值的方式正在为打通会员、产品、促销、物流、订单等打下基础，对于未来的精准营销、智慧物流、门店选址甚至是新口味零食的开发都会有着非常重要的作用。

分析 良品铺子的全渠道营销，可以作为实力雄厚的企业在设计渠道时的一种借鉴。

学习日志

一、我学了

1. _____
2. _____
3. _____

二、我用了

1. _____
2. _____
3. _____

三、测一测（扫二维码答题，已嵌入线上课堂中）

（一）单项选择题

1. 属于垂直渠道冲突的是（　　）。

  A. 连锁店总公司和各分店之间的冲突　　B. 同一企业不同区域的经销商之间的冲突
  C. 同一地区各连锁分店之间的冲突　　　D. 玩具批发商和制造商之间的冲突

2. 属于水平渠道冲突的是（　　）。
　　A. 连锁店总公司和各分店之间的冲突　　B. 某产品的制造商和零售商之间的冲突
　　C. 同一地区各连锁分店之间的冲突　　　D. 玩具批发商和制造商之间的冲突
3. 一鸣牛奶公司希望为新品酸奶获得额外的展示货架空间以提高市场份额，而经销商则关心这种新产品是否会创造更多利润，结果导致渠道冲突。这种冲突产生的原因是（　　）。
　　A. 角色界定不清　　B. 沟通困难　　C. 目标错位　　D. 观点差异
4. 直接对渠道成员的销售过程管理进行激励，以培育健康的销售市场的有效方法是（　　）。
　　A. 销售返利　　B. 销售竞赛　　C. 价格折扣　　D. 过程返利
5. 制造商为了鼓励经销商专营所给予的专门激励手段是（　　）。
　　A. 现款折扣　　B. 专营折扣　　C. 市场秩序折扣　　D. 销售增长折扣

（二）多项选择题

1. 中间商的激励模式设计有（　　）。
　　A. 目标激励　　B. 渠道奖励　　C. 工作设计　　D. 返利
2. 渠道冲突包括（　　）。
　　A. 水平渠道冲突　　　　　　　　　B. 垂直渠道冲突
　　C. 非合作企业之间的渠道冲突　　　D. 不同渠道间的冲突
3. 产生渠道冲突的主要原因有（　　）。
　　A. 优质客户稀缺　　　　　　　　　B. 渠道成员对激励的看法不同
　　C. 一个成员对另一个成员的期望差异　D. 渠道成员的目标错位
　　E. 渠道成员之间沟通困难
4. 当生产者对中间商激励过度时，会导致（　　）。
　　A. 销售量提高　　B. 销售量降低　　C. 销售量不变
　　D. 利润降低　　　E. 利润提高
5. 下面属于销量返利的是（　　）。
　　A. 销售竞赛　　B. 销售增长折扣　　C. 定额返利　　D. 等级进货奖励

（三）判断题

1. 水平渠道冲突是指同一渠道中不同层次环节成员间的冲突。　　　　　　　　（　　）
2. 随着渠道扁平化时代的到来，消灭中间商是渠道变革中迟早要发生的事。　　（　　）
3. 专营折扣是培养中间商忠诚度的一种好办法。　　　　　　　　　　　　　　（　　）
4. 定期拜访、帮助零售商整理货架、设计产品陈列形式、在举办促销活动时做一个漂亮的堆头等，这些直接激励中间商的办法都十分有效。　　　　　　　　　　　　　　　　　　（　　）
5. 对渠道的经济效果评估属于定性评估。　　　　　　　　　　　　　　　　　（　　）

（四）实务操作题

选择家乡一种特产，为其进行一个新的渠道策划，目标是有效进入目标市场并获得经济效益。策划方案的形式可以是 Word 文档或 PPT 演示文稿，需要现场展示。

（五）简答题

渠道管理的含义及原则是什么？

项目七

促销策划

经典回放

　　当我 28 岁时，认为今生今世很可能不会结婚了。我的个子太高，双手及两条腿的不对称常常妨碍了我。衣服穿在我身上，也从来没有像穿在别的女人身上那样好看。似乎绝不可能有一位护花使者骑着他的白马来把我带走。

　　可是终于有一个男人来陪伴我了。艾维并不是你在 16 岁时所梦想的那种练达世故的情人，而是一位羞怯并笨拙的人，也会手足无措。他看上了我不自知的优点，我才开始感觉到不虚此生。事实上我俩当时都是如此。很快地，我们融洽无间，如果不在一起就怅然若失。因此，我们认为这可能就是小说上所写的那类爱情故事，之后我们就结婚了。

　　那是在 4 月中的一天，苹果树的花盛开着，大地一片芬芳，那是近 30 年前的事了。自从那一天之后，几乎每天都是如此，我不能相信经过了这么多岁月——岁月承载着艾维和我安静地度过，就像驾着独木舟行驶在平静的河中，你感觉不到舟之移动。我们从未去过欧洲，甚至还没去过加州，我认为我们并不需要去，因为家对我们来说已经足够大了。我希望我们能生几个孩子，但是我们未能达成愿望。我很像《圣经》中的撒拉，只是上帝并未赏赐我奇迹，也许上帝认为我有艾维就已经足够了。艾维在两年前的 4 月中旬过逝，含着微笑。就与他生前一样，苹果树的花仍在盛开，大地仍然充满了甜蜜的气息，而我则怅然若失，欲哭无泪。当我弟弟来帮助我料理艾维的后事时，我发现他是那么体贴、关心我，就跟他往常一样，虽然他在银行中并没有给我存很多钱，但有一张照顾我一生全部生活费用的保险单，对相爱的男人过世之后的女人而言，我实在是跟别的女人一样心满意足了。看到这里你的感觉如何？这是一篇广告。

　　广告上有一张女人的照片，看上去有 60 多岁，站在走廊上，平静地仰望着月光，似乎在追忆着一段往事。

　　资料来源：郑建鹏，李建萍. 广告文案写作[M]. 北京：中国传媒大学出版社，2017.

　　经典分析　一则广告的成功与否在于这个标题是否能使你想去读文案的第一句话，而文案的第一句话是否能使你去读第二句话，然后能使你看完广告的最后一个字以后再去睡觉。这一保险广告的成功也在于此。

想挑战一下自己吗？扫一扫这里！

任务一　广告策划

知识讲堂

一、广告的定义与分类

（一）广告的定义

在微博、微信广告占极大比重的大环境下，广告业流行起一个新兴词语——走心广告，即被大家广为传颂的广告。在"除了空气，就是广告"的当下，想制作出走心广告，先要了解何为广告。广告既是产品生产者、经营者和消费者之间信息沟通的重要手段，也是企业占领市场、推销产品、提供服务的重要形式。广告有广义和狭义之分。

1. 广义广告

广义广告是指广告主以自办或委托代办的方式，通过口头、文字、图画、实物陈列、视频、音频等多种形式，公开向大众传播产品信息。它包括经济广告和非经济广告。

2. 狭义广告

狭义广告又称商业广告，主要是指广告主以支付一定费用的方式，以营利为目的，由广告承办单位通过广告媒体向大众传播产品信息。

商业江湖 7-1

宜家的广告策略

消费者不喜欢有压迫感的推销广告，所以广告最好与消费者的生活情境相吻合，并提供相应的帮助。这样的广告才会吸引消费者，留住消费者。在加拿大魁北克省传统的搬家日里，宜家在蒙特利尔市人流量最大的几个地方提供了很多免费纸箱，供搬家的市民取用。纸箱上印了很多搬家时有用的信息：打包秘诀、核对表、IEKA（宜家）、美食优惠、装点新家的产品优惠信息等。累了，纸箱还可以作为歇息的座椅。宜家为人们提供了及时且针对性很强的服务——为人们提供搬家用的纸箱，这就是高明的广告策略。

资料来源：王冠韬，王琦. 广告策划[M]. 成都：西南交通大学出版社，2017.

分析　搬家与买家具是承上启下的行为链关系，通过纸箱这个鱼饵精准地引出，并锁定了有潜在消费需求的人群，让沟通的成本更低，效率更高。

宜家的纸箱展现了一种自然嵌入生活方式的沟通节点，既是人们的工具、指南，也是品牌的服务、媒介。好的节点都应该有这种让消费者与品牌双赢的价值双向性，这正是宜家此次广告活动策略的高明之处。

（二）广告的分类

在营销策划中，广告可以根据不同的标准来划分，一般有4种分类，如表7.1所示。

表 7.1　广告的主要类型

类　型	具体内容
媒体性广告	报纸广告、杂志广告、广播广告、电视广告 路标、招贴、交通、邮寄、灯光等广告 空中"立体广告"、网络广告等新形式
产品性广告	开拓性广告 劝导性广告 提醒性广告
对象性广告	对生产者的广告 对经营者的广告 对消费者的广告
时空性广告	从时间看，有展示时间长的长期广告、有针对各种节日的广告等 从空间看，有全国性广告（覆盖全国）、地域性广告（覆盖某个经济区域）、地方性广告（覆盖本地区）

二、广告策划的流程

广告策划有广义与狭义之分：广义的广告策划也称广告全案策划，是指对企业某一特定时间内的广告活动进行系统的规划与部署；狭义的广告策划也称单项广告策划，是指为企业一个或几个单一的广告活动进行策划。无论是广义广告策划还是狭义广告策划，在具体工作中都需要遵循一定的方法与步骤，形成可执行的广告策划方案，以实现广告目标。按实际工作的推进顺序，广告策划的基本流程可分为确定广告目标、明确广告预算、确定广告内容、选择广告媒体、测定广告效果 5 个步骤，如图 7.1 所示。

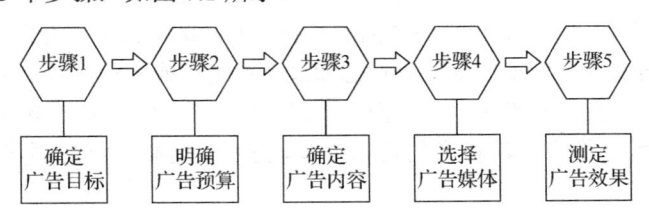

步骤1 确定广告目标 → 步骤2 明确广告预算 → 步骤3 确定广告内容 → 步骤4 选择广告媒体 → 步骤5 测定广告效果

图 7.1　广告策划的基本流程

（一）确定广告目标

广告策划的首要步骤就是确定广告目标。广告目标是企业借助广告活动所要达到的目的。广告的目的就是引导消费者认可某种观念、接受某种服务或购买某种产品等。广告目标的明确与一致，将直接影响广告效果。虽然广告的最终目标是增加销售量和利润，但企业利润的实现是企业营销战略、营销组合策略综合作用的结果，广告只在其中发挥应有的作用，因此增加销售量和利润不能笼统地作为广告目标。可以供企业选择的广告目标可概括为以下几种。

1. 提高产品知名度

以提高产品知名度为目标的广告称为通知性广告，主要用于一种产品的市场开拓阶段，其目的是向目标市场介绍企业产品，唤起消费者的需求。

2. 建立需求偏好

以建立需求偏好为目标的广告也称说服性广告或竞争性广告，目的是建立选择性需求，促使目标消费者从选择竞争者的品牌转向选择本企业的品牌。这种广告目标在竞争中非常重要，如果企业或产品缺乏良好的声誉，广告在这方面所承担的任务就更为重要。有些说服性广告发展为比较性广告，即通过与一种或几种同类产品的其他品牌之间的比较来建立自己品牌的优越性。

3. 提示、提醒

以提示、提醒为目标的广告主要是强化广告，目的在于使产品现实的顾客或用户相信他们所做出的选择是正确的，保持顾客、用户和社会公众对产品的记忆。以提示、提醒为目标的广告在产品生命周期的成熟期十分重要。

总之，广告目标是企业目标的一部分，企业在确定广告目标时，要与企业的市场营销目标相吻合。为达到这一目的，客观上要求从整体营销观念出发，确定与企业营销战略、营销组合策略有效结合的企业广告目标。

（二）明确广告预算

一般预算包括费用预算与收益预算。由于广告收益的预算只能在市场占有率的增长或利润率的提高上最终反映出来，因此一般意义上的广告预算是企业从事广告活动而支出的费用。广告预算决策是企业广告决策的一项重要内容。在制定广告预算时应考虑以下5个主要因素：

① 产品生命周期阶段。企业将某一新产品推入市场的介绍期，一般要投入大量的广告费用，以达到消费者认知、了解、信任、购买等目的。在产品进入成熟期，占据一定的市场份额后，企业可以无须投入大量广告、促销费用。总之，新产品一般需要花费大量广告预算以建立知晓度和争取消费者试用，而已建立知晓度的品牌所需广告预算在销售额中所占的比例通常比较低。

② 市场份额和消费者基础。市场份额高的品牌一般是维持其市场份额，因此其广告预算在销售额中所占的百分比通常较低。如果企业想通过市场销售或从竞争者手中夺取份额来提高自己的份额，则需要大量的广告费用。一般而言，广告信息打动使用高市场份额产品消费者的费用比打动使用低市场份额产品消费者的费用要少，因为使用高市场份额产品消费者的消费基础较好。

③ 竞争与干扰。竞争虽然不能决定广告预算的规模，但却可以对其施加影响。在一个有很多竞争者和广告开支很大的市场上，一个品牌必须大力传播才能被消费者知晓，甚至来自不是直接针对本产品的其他广告的干扰也会使得本品牌需要花费大量的广告费用。

④ 媒体因素。不同的传播媒体有不同的广告效果和不同的价格。一般来说，媒体覆盖范围的大小、收视率的高低、发行量的多少、媒体的权威性、最佳播出时间和版面的不同，以及广告频率的高低，其广告费用有明显的差别。因此，在制定广告预算时，必须考虑这些媒体因素。

⑤ 产品替代性。产品替代性也会影响广告的预算。产品替代性是指两种不同的产品或服务在使用价值上可以互相替代来满足人们的某种需要的关系。

如果品牌可提供独特的物质利益或特色，则制定广告预算时也要加以考虑。此外，经济状况、国家的法律法规等宏观因素也会影响企业的广告预算。因此，要尽可能地抵消不可控的外部因素对拟定广告预算及开展广告活动的影响。

（三）确定广告内容

广告内容的确定是由专门的广告设计人员来操作的一项非常专业的活动。他们主要完成两项工作：一是确定广告所要传达的信息；二是进行广告的创意设计。根据实际经验，当产品特点容易理解，并且消费者对这些特点的需求很强烈时，可以把产品特点作为该品牌广告的传达内容；如果产品特点难以理解，则可以将其意义作为传达内容；如果消费者对产品特点及其意义的需求不明显，则传达内容可以指出潜在的问题点，使消费者的需求明显化，并描述这一需求的生活背景，以间接唤起与此相关的需求。

追根溯源 7—1
广告内容确定前的基础调查

扫码听书

① 我们产品的特点有哪些？
② 我们产品的竞争者有哪些？
③ 与竞争者相比，我们是否有优势？
④ 购买我们产品的消费者是哪些人？
⑤ 消费者是否还购买其他同类产品？
⑥ 此类消费者购买此类产品的原因是什么？
⑦ 有哪些因素影响他们的购买？

只有对上述问题进行详尽的分析之后，才能保证广告策划的顺利进行。

1．广告策划的依据

广告策划的依据来自两个方面：一方面是营销策略中的促销策略，广告策略是促销策略的一部分，因此广告策划要在促销策划的基础上进行；另一方面是反映客观事实的调查数据，主要包括市场、产品与消费者3个部分。

2．广告文案的分类与特征

广告文案是指以文学艺术手法为主要表现形式，包含要达到的广告目标要素的广告作品中的所有语言文字，也就是广告作品中的全部语言符号。它包括有声语言和文字字幕。

（1）广告文案的分类

对广告文案的写作，不同人有不同的分类标准。由于个人所取角度及广告目标等方面的不同，所以会有多种分类结果，本教材参考的分类如表7.2所示。

表 7.2　广告文案的分类

序号	分类依据	广告文案类型	
1	广告目标	商业广告文案	以营利为目的而撰写的产品促销广告文案、形象广告文案和观念广告文案等
		非商业广告文案	不是以营利为目的，而是为了向受众传播某一观念，以改变或消除其可能存在的某种不良观念而撰写的广告文案
2	广告发布媒介	印刷媒体广告	以报纸、杂志、直邮、招贴、产品介绍手册、企业介绍、产品样本等方式传播的文案
		电波媒体广告	广播广告文案和电视广告文案
		户外广告	在霓虹灯、路牌等户外展示的文案
		展示广告	供展览会、交易会等场所使用的看板、展示板等展示的文案
		销售现场广告	通过商店的装饰、展示橱窗、售货柜台等展示的文案
		网络广告	利用手机、PC端等设备在互联网上发布的广告文案

(续表)

序号	分类依据	广告文案类型	
3	信息因素	企业广告	有利于企业形象塑造、企业认知、企业公关、企业事务等的广告文案
		产品广告	消费品与工业品广告文案,产品处于不同生命周期的广告文案
		服务广告	为无形的产品塑造有形的形象,对目标消费者产生渗透性的诱惑的文案
		公益事务广告	以能引起公众注意的社会问题为内容的文案
4	文案结构	单则广告	运用一则广告作品的反复表现和重复诉求来实现一个阶段的广告目标
		系列广告	两个以上单则广告文案的组合
5	诉求方式	感性诉求广告	以感性诉求方式对受众的情感与情绪因素进行对应性诉求的广告文案
		理性诉求广告	以理性诉求方式对受众的理性因素进行对应性诉求的广告文案
		情理配合广告	把感性和理性两种诉求方式有机结合起来进行表现的广告文案
6	文体	记叙文、说明文、议论文、文艺体	

（2）广告文案的特征

内容真实与营利性是广告文案的根本特征：内容真实的广告文案才能赢得消费者的信任，才会在消费者心中建立起美誉度，虚假的内容一旦被消费者识破，文案就丧失了生命力，企业形象也会被损坏；广告文案策划的最终目的是使企业营利，即说服消费者接受企业的产品或服务，促进产品销售，实现企业利润。因此，广告文案要根据需要向消费者传递产品或服务的利益点，帮助消费者了解产品或服务的信息，在心理上引起消费者的认同，从而达到促进消费的目的。

追根溯源 7-2

广告文案撰写前的七问

广告的目的是什么？广告做给谁看？有什么竞争利益点可以做广告承诺？它的支持点是什么？有什么特别的个性？什么媒体适合登载该广告？消费者的突破口在哪里？

3．广告文案的撰写技巧

今天的广告文案创作正朝着简明化、可读性的方向发展，谁能在第一时间抓住消费者的眼球，谁就向目标消费者成功迈出了第一步。因此，广告文案的写作技巧就显得尤为重要。

商业江湖 7-2

小学生作文评析——《妈妈减肥》

妈妈决定减肥，约定让爸爸和我监督。担心减肥产品有副作用，妈妈决定通过少吃饭来减肥。妈妈说话算话，决定减肥后真的少吃饭了。不过才两周，妈妈受不了了，她说太饿。不过既然约定让爸爸和我来监督，我就得负责任，每次吃饭我只准她吃两碗饭，并且必须在5分钟内吃完，以免她多吃菜来弥补。说实话，妈妈只是身材稍微有些发胖。

妈妈在银行工作，如果穿上职业装还是挺漂亮的。随着减肥计划的推进，妈妈的精神好像越来越差，爸爸和我觉得有可能是饿的，于是劝她放弃减肥，因为我知道饿的时候非常难受，一点精神都没有，什么事情都懒得做，就想吃东西。妈妈正好找个台阶下，减肥到此结束。可是一周后，妈妈突然再次当着爸爸和我的面宣布重新开始减肥。原来妈妈听同事说××减肥茶和××减肥饼干对于减肥来说非常有效，最主要的，据说是人民大会堂的营养保健师、营养学专家××教授发明的配方都是纯天然的，没有任何副作用。

爸爸和我还专门上网查了查，发现没有负面报道，在一些论坛上有很多网友留言，赞扬这种减肥产品提倡的是全营养减肥法，说白了就是在减肥的同时不减少营养。这下爸爸和我都放心啦，也不知道那个××饼干是什么成分，妈妈晚上只要吃一小包，再喝一杯××减肥茶，她竟然不用吃晚饭，而且直接到第二天早上都不会说饿，看起来很精神。不知不觉两个月过去了，妈妈竟然瘦了20斤，妈妈穿上了衣柜里她结婚前买的名牌牛仔裤，从来没有当着我的面夸过妈妈漂亮的爸爸这次连说好漂亮。妈妈减肥成功，我和爸爸商量给妈妈颁发一个家庭最佳行动奖。不过妈妈减肥成功了，下一个减肥的应该是爸爸，其实他才是家里最胖的人。

某小学生，某小学

编辑点评：文字朴实，字里行间透露着女儿对妈妈深深的爱。妈妈减肥的曲折经历有一定的故事性，弥补了文字表达上的不足，结尾延伸到爸爸最应该减肥，语言风趣幽默。

分析 生活中，人们大都希望表现自己拥有支配权、控制权。案例中这位先生的行为表现的是一种对财富的控制感。

这篇软文主要有以下4个方面值得学习。

① 小学生作文的形式使文章很有创意。
② 目标消费者比较精准，文章读者是那些关心子女教育的中年女性。
③ 以编辑点评来收尾，软文的隐蔽性很强。
④ 广告植入非常巧妙，以妈妈同事告知、爸爸查负面报道、我没有记住什么名称，分3次植入产品名称，自然且恰到好处。

由于广告目标、广告媒体的不同，广告文案据此有很多不同的分类。本教材以广告媒体为依据，简要说明广告文案的特征和撰写技巧，如表7.3所示。

表7.3 广告文案的特征和撰写技巧

序号	文案类型	文案特征	撰写技巧
1	报纸广告	内容全面，结构完整，版面独特	写出醒目的标题，多用故事性的内容，把握正文长短，版面要适当留白，尽量使用通俗语言
2	杂志广告	图文并茂，简洁精练，专业性强	突出文字的感染力，提炼醒目的标题，表现出创新性，把握表达的深度
3	邮寄广告	精准发行，免费赠阅；形式多样，投放灵活	人性化的语气，详尽的信息，忌用行话和专业词汇，考虑受众的理解力，反复声明服务和利益，提供多种反馈途径
4	电视广告	明确语言对画面的作用，注意声画对位，注意把握文案的比例，注意画面的视觉感，注意先声夺人，注意营造意境，要有人情味，注意字幕的作用	故事式、歌曲式、生活式、证明式；广告脚本一般包括主体理念、故事情节、模特形象、广告画面、拟音、音乐、屏幕字体、色彩等
5	广播广告	声情并茂，富于联想；曲乐相和，营造意境；拟声逼真，再现情景	直陈式、对话式、故事式、戏曲式、说唱式、快板式、相声式、诗歌式、歌曲式、新闻采访式、讨论式等
6	网络广告	语言轻松、搞笑、幽默，体现自我、张扬个性	简洁至上，主题鲜明；受众至上，生动有趣

4. 有销售力的软文撰写原则

（1）以心理需求为基础

根据马斯洛的需求层次理论，可以从安全需求、自身价值实现需求、对尊严的需求、归属感4个方面把握消费者的内心需求。

① 安全需求。人是趋利避害的，内心的安全感是最基本的心理需求，因此把产品的功能和安全感结合起来是说服消费者的有效方式。例如，新型电磁炉的销售软文说，这种电磁炉在电压不正常的情况下能够自动断电，从而有效地解决用电安全问题。这足以打动关心电器安全的妈妈们。从安全需求入手，既可以正向描述，也可以逆向描述。例如，"你想让孩子成功吗？"转换成"不要让孩子输在起跑线上"，更容易让父母在儿童教育产品上舍得投入。

② 自身价值实现需求。生活中得到他人的认可，往往是人们对自身价值实现需求的满足，所以可以将产品与实现个人价值的需求结合起来以打动客户。例如，"买脑白金=孝心"打动了很多消费者的心，满足了他们作为子女孝敬父母的价值需求。

商业江湖 7-3

母亲的价值

吃早餐的时候，孩子多么渴望能喝上刚刚榨出来的纯正豆浆啊！而不是去街上买稀得跟水似的、又不知掺了些什么的豆浆！

当妈妈将暖暖的、香香的豆浆端上来的时候，看着喝得美美的孩子，哪位妈妈能不开心啊！

分析 通过情境与画面感的描述令妈妈的价值感油然而生，从而激发为人父母的消费者的购买欲望。

③ 对尊严的需求。软文需要考虑的内在原理还有"人们都希望表现出自己的支配权利"。通过对自己生活的掌控与自信以获得被人高看一眼的感觉。例如，对财富的控制、对自己选择权的使用等。

商业江湖 7-4

炫富的先生

一位先生领着太太来到一家珠宝店，突然太太轻声叫了起来，原来她发现了一枚很大的钻戒，非常漂亮。两个人欣赏完这枚价格不菲的钻戒，先生的脸上微有难色。销售员很轻快地报了价，紧接着说，这枚钻戒当年曾经被某大国的总理夫人看好，只是因为有点儿贵，他们没有买。那位先生的眼睛立刻瞪大了，"竟有这样的事？"先生问。销售员简单地讲了那天总理夫妇来店的情景，先生饶有兴趣地听完，脸上的难色一扫而光，又问了几个问题后，很痛快地买下了这枚钻戒，脸上尽是得意之色。

分析 生活中，人们大都希望表现自己拥有支配权、控制权。案例中这位先生的行为表现的是一种对财富的控制感。

④ 归属感。社会属性使得消费者喜欢从属在一定的群体当中，并为自己所属的群体而自豪。从市场营销角度讲，归属就是站队，即是哪类人，而这类人在消费中可以有专属的标签。拥有这种标签，消费者会觉得自己就是这类人，如喜欢被人看成富人的女性可能会背一个LV包等。

成功人士、时尚青年、小资一族……每类人都有特定的生活方式、消费偏好，运用归属感来说服消费者，就是要把产品与消费者所推崇的人群结合起来。例如，撰写汽车软文时，如果要打动时尚青年，就可以侧重时尚、动感与玩的感觉；要打动成功人士，可以突出稳重且有面子。

（2）以取得信任为目标

撰写软文要以理性的描述取得消费者的依赖。其通常从下面两点入手：

① 定量描述。在进行表达时，尽量用数字准确说明。例如，描述一件女裙的桑蚕丝含量高，有如下两种写法。

- 写法一：该款女裙，桑蚕丝含量高。
- 写法二：通常同类女裙桑蚕丝含量为60%，该款女裙经检测桑蚕丝含量为90%。

显然，第二种写法更具说服力。

② 时空具体。在语言精练的前提下，对时空的表述越具体越好。例如，报道某企业的公益活动时有如下两种写法。

- 写法一：据介绍，本次由某企业发起的公益活动将于月底结束。
- 写法二：本次由某企业发起的公益活动于本月28日结束。

显然，也是第二种写法更好。

商业江湖 7-5

扫一扫，听案例

出人意料的感知效果

一家商业银行想向5万名消费者宣传推广个人贷款业务。他们设计了几种版本的宣传邮件，随机发给收信人：

① 一种包含了不同的利率（月息3.25%～7.75%）。
② 一种列明了与竞争者的利率水平的比较。
③ 一种写明有免费赠品——每月送出10部手机，快来赢取属于你的那部。
④ 一种印有一位男性或女性快乐的笑脸。

猜猜哪种对消费者的影响更大？

事实上，宣传邮件一角的笑脸照片对消费者影响更大，而且收到印有一张女性笑脸照片邮件的男性，比收到印有男性微笑照片邮件的男性更有可能与银行签订贷款协议。

资料来源：王冠韬，王琦. 广告策划[M]. 成都：西南交通大学出版社，2017.

分析　令消费者感知到真诚，笑容与数字和虚化的赠品相比，可能更加容易。这常常会超出我们的理解范围。

（3）与消费者产生情感共鸣

软文要想打动消费者，一定要能够引起消费者的共鸣，或者启发消费者的智慧。一般撰写故事性的软文更容易打动消费者。故事性软文主要选择爱情、友情、亲情这类永恒的话题。

商业江湖 7-6

扫一扫，听案例

"不孝"的儿子

有个富人的母亲老了，牙齿全坏了，于是富人开着豪车带着母亲去牙科诊所镶牙。对医生推销的假牙，母亲选了最便宜的那种。医生不死心，他看着富人，耐心地给他们讲解好牙与差牙有本质的不同。可是，富人却无动于衷，只顾着自己打电话、抽烟，根本就不理医生。这时，母亲颤颤巍巍地从口袋里掏出一个小布包，一层一层地打开，拿出钱交了押金，准备一周后再来镶牙。两人走后，诊所里的人就开始大骂这个富人，说他衣冠楚楚，抽着上等的中华烟，却舍不得花钱给母亲镶一副好牙。正当他们义愤填膺时，不想富人又回来了。他对医生说："麻烦您给我母亲镶最好的烤瓷牙，费用多少都无所谓。您可千万不要告诉她实情，我母亲是个非常节俭的人，我不想让她不高兴。"

分析 通过富人抽着中华烟、开着豪车的阔绰，与母亲一层一层地打开小布包形成强烈对比，让读者有一种"这个儿子太不孝顺"的感觉。最后儿子又回来买最好的，以及"我不想让她不高兴"，体现出儿子对母亲的爱，语言平实，却深深打动了读者。

（四）选择广告媒体

广告的效果不仅与广告内容有关，也与广告主所选用的广告媒体有关。广告媒体是广告主为推销产品，以特定的广告表现，将自己的意图传达给消费者的工具或手段。不同广告媒体的传播范围、时间、表现形式、受众都是不同的，对广告主意图的表达和目的的实现有不同作用。广告媒体的比较如表 7.4 所示。

表 7.4　广告媒体比较

媒　体	优　点	缺　点
电视	视听效果好，具有较强的冲击力，信息传播速度快	绝对成本高，展示短暂，不可保存，选择性差，接受被动，覆盖面在下降
广播	接收地域广泛，传播速度快，成本低	只有声音效果，注意力比电视低，展示短暂，不可保存，接受被动
报纸	受众广泛，接受度高，信息量大	受众传阅率低，寿命短、不易长期保存，印刷效果不够理想，覆盖面在下降
杂志	受众针对性强，可信度高，信息容量大，印刷效果好，传阅率高	广告购买前置时间长，时效性差，发行量小
网络	广告时间控制简单，成本较低，受众选择性强，交互式，表现方式灵活	受众面窄，普及率低，受众被动接受情况普遍
户外	广告持续时间长，视觉冲击效果强，成本低，竞争少	受众选择性差，信息量少，缺乏创新，一般更适用于形象广告
邮寄	受众选择性好，个性化强，表现自由、灵活，竞争少	相对成本高；会给用户造成个人空间被侵犯感，可能造成滥寄"垃圾邮件"的现象
黄页	本地市场覆盖面大，可信度高，接触面广，成本低	高竞争，导入时间长，创意有限
广告册	灵活性大，全彩色，展示戏剧性信息	过量制作时成本不易控制
电话	使用人多，有接触每个人的机会	除非限制数量，否则成本不易控制
微信（或QQ）	靠关系传播，用户群多，信息普及率高	封闭性高，每个群容量小，触达面小，浅阅读
微博	靠内容传播，多对多传播	信息量大，易使用户无所适从，海量信息更易造成信息流失

广告媒体的选择受到媒体性质、目标要求、费用的支出、文案特点、法律法规、消费习惯、产品特性、市场竞争的状况等诸多因素的影响。因此，在广告活动中，要使媒体得到合理的运用，使广告活动取得更好的效果，就必须使媒体的选择与广告计划相配合，围绕广告计划做好媒体的选择和运用。

① 媒体的选择必须同广告目标联系在一起，综合考虑广告传播对象的特征与社会阶层。

② 根据广告计划的要求，决定媒体的使用方式，包括使用时间、次数、频度，以及决定各种不同媒体的配合方式。

③ 根据广告内容和广告预算，有针对性地考察各媒体的使用费用，综合考虑广告费在媒体上的开支及在不同媒体间的分配，明确广告预算对媒体的选择和使用限制，从而最终确定广告媒体。

广告媒体的选择是一个优化组合过程，目的是以最低的广告成本把广告信息最大限度地有效传递给目标消费者。

（五）测定广告效果

良好的广告计划和控制在很大程度上取决于对广告效果的测定。测定广告效果，是完整的广告活动过程中不可缺少的重要内容，是企业上期广告活动结束和下期广告活动开始的标志。测定广告效果的意义一般有3个：

① 可以检验广告目标是否正确、广告媒介是否运用得当、广告发布时间和频率是否合适、广告费用投入是否合理，以便提高制订广告计划的水平，争取更好的效益。

② 通过搜集测定消费者对广告的接受程度，可以鉴定广告主题是否突出、广告诉求是否针对消费者心理、创意是否打动人，从而改进广告设计，制作出更好的广告作品。

③ 由于广告效果测定能客观地肯定广告所取得的效益，所以可以提高广告主的信心，使其合理安排广告预算。

广告效果是广告通过媒体传播之后所产生的影响。这种影响可以分为对消费者的广告沟通效果和对企业的广告销售效果。

1. 广告沟通效果

广告沟通效果可以反映广告对消费者的影响，说明广告活动是否达到了预期的沟通效果。对广告沟通效果常运用阅读率（阅读人数÷发行量×100%）、视听率（收听者、收看者人数÷电视机、收音机拥有量×100%）、记忆率（记忆广告的人数÷阅读与视听广告的人数×100%）等指标进行综合评定；微信公众号用阅读、点赞及转发等指标，抖音短视频用获赞、关注、粉丝等指标来评定。测定的方法主要有广告事前测定与广告事后测定。

① 广告事前测定是指在广告作品尚未正式制作完成之前进行各种测验，或者邀请有关专家、消费者小组进行现场观摩，或者在实验室采用专门仪器来测定人们的心理活动，从而对广告可能获得的成效进行评价。广告事前测定可以根据测定当中产生的问题，及时调整广告策略，改进广告制作，提高广告的成功率。广告事前测定的具体方法主要有消费者评定法、组合测试法和实验室测试法。

② 广告事后测定主要用来评估广告出现于媒体后所产生的实际效果。广告事后测定的主要方法是回忆测定法与识别测定法。

2. 广告销售效果

广告销售效果是指广告活动促进产品或服务的销售，增加企业利润的程度。它既是企业广告活动最基本、最重要的效果，也是测定广告效果的主要内容。严格来说，在销售增加额中，只对增加因素之一的广告做单独测定不是特别可行。虽然如此，广告的销售效果并非不可测定。测定广告的销售效果，可以有两种方法：

① 历史资料分析法。这是由研究人员根据同步或滞后的原则，用最小平方回归法求得企业过去的销售额和企业过去的广告支出二者之间关系的一种测定方法。

② 实验设计分析法。用这种方法来测定广告对销售的影响，可选择不同地区，在其中某些地区进行比平均广告水平强的广告活动，在另一些地区进行比平均广告水平弱的广告活动，然后根据3类广告水平地区的销售记录推算广告活动对企业销售的影响。

对广告销售效果测定常采用广告效果比率这一指标，即根据广告引起的销售额增长率与广告费用增长率之比测定广告效果。其公式为：

$$广告效果比率(E) = \frac{销售额增长率(\Delta S/S)}{广告费用增长率(\Delta A/A)}$$

营销策划实务

式中，ΔS 为广告宣传之后增加的销售量；S 为原来的销售量；ΔA 为增加的广告费用支出；A 为原来的广告费用。

如果 E 大于 1，则表示广告效果好；如果 E 小于 1，则表示广告效果不好。由于产品销售的增减及增长的快慢由多方面的因素所决定，因此采用广告效果比率这一指标测定广告效果只能作为衡量广告效果的参考。

学习日志

一、我学了

1. _____
2. _____
3. _____

二、我用了

1. _____
2. _____
3. _____

三、测一测（扫二维码答题，已嵌入线上课堂中）

（一）单项选择题

1. 广告主以支付一定费用的方式，以营利为目的，由广告承办单位通过广告媒体向大众传播产品信息是（　　）。

　　A. 广义的广告　　　B. 狭义的广告　　　C. 有偿广告　　　D. 无偿广告

2. 广告主以自办或委托代办的方式，通过口头、文字、图画、实物陈列、视频、音频等多种形式，公开地向大众传播产品信息的宣传手段，包括非经济广告和经济广告，是（　　）。

　　A. 广义的广告　　　B. 狭义的广告　　　C. 有偿广告　　　D. 无偿广告

3. 下面属于媒体性广告的有（　　）。

　　A. 路标广告　　　B. 开拓性广告　　　C. 劝导性广告　　　D. 提醒性广告

4. 从实际工作经验看，广告策划的基本流程的第一步是（　　）。

　　A. 明确广告预算　　　B. 确定广告目标　　　C. 确定广告内容

　　D. 选择广告媒体　　　E. 测定广告效果

5. 下面描述正确的是（　　）。

　　A. 在广告主将某一新产品推入市场的介绍期，一般要投入大量的广告费用，以达到让消费者认知、了解、信任、购买等目的

　　B. 一般而言，广告信息打动使用高市场份额产品消费者的费用比打动使用低市场份额产品消费者的费用要多

　　C. 在一个有很多竞争者和广告开支很大的市场上，一个品牌不用大力传播也能被消费者知晓

　　D. 不同的传播媒体可以有相同的广告效果和媒体价格

(二) 多项选择题

1. 广告的目标一般有（　　　）。
   A. 提高购买力　　B. 提高产品知名度　　C. 建立需求偏好　　D. 提示、提醒
2. 下面对广告预算可能带来影响的有（　　　）。
   A. 产品生命周期　　B. 市场份额和消费者基础　　C. 竞争与干扰
   D. 媒体因素　　E. 产品替代性　　F. 国家经济　　G. 国家法律法规
3. 广告策划的依据来自（　　　）。
   A. 营销组合策略中的促销策略　　B. 调查数据
   C. 从业人员的文化水平　　D. 企业的要求
4. 根据广告目标，广告文案可以分为（　　　）。
   A. 电波媒体广告文案　　B. 非商业广告文案
   C. 商业广告文案　　D. 户外广告文案
5. 根据诉求方式，广告文案可以分为（　　　）。
   A. 单则广告文案　　B. 系列广告文案
   C. 感性诉求广告文案　　D. 理性诉求广告文案
   E. 情理配合广告文案
6. 有销售力软文的撰写原则是（　　　）
   A. 以心理需求为基础　　B. 以取得信任为目标
   C. 尽量打动受众　　D. 动之以情，晓之以理

(三) 判断题

1. 广告文案是指以文学艺术手法为主要表现形式，包含要达到的广告目标要素的广告作品中的所有语言文字，也就是广告作品中的全部语言符号，不包括有声语言和文字字幕。（　　）
2. 内容真实与营利性是广告文案的根本特征。（　　）
3. 网络广告的特征主要是语言轻松、搞笑、幽默，体现自我、张扬个性，其撰写技巧是简洁至上、主题鲜明、受众至上、生动有趣。（　　）
4. 广告的效果仅与广告内容有关，与广告媒体无关。（　　）
5. 广告媒体的选择要考虑媒体性质、文案特点、法律规定、费用的支出、目标要求、消费习惯、产品特性、市场竞争的状况等。（　　）

(四) 实务操作题

有一款产品要推向大学校园，调查如下内容，请确定广告策略，以 Word 文档或 PPT 演示文稿的形式提交。

对于你班（校）的同学，你了解他们的生活方式吗？

1. 他们爱用哪种产品？
2. 他们常去哪里用餐？
3. 他们喜欢哪种运动？
4. 他们买什么牌子的手机或电脑？
5. 他们常看哪些节目？
6. 他们常看哪些公众号？

……

(五)简答题

1. 以心理需求为基础撰写软文可以从哪些方面入手？
2. 在撰写软文时如何取得受众的信任？

任务二　公共关系策划

知识讲堂

一、公共关系的概念与特点

公共关系是指企业利用各种传播媒体，与公众沟通思想情感、建立良好的社会形象、营造有利的市场营销环境的活动。其目的是通过各种方式和途径制造舆论，使社会公众掌握企业的经营方针和政策，了解企业产品的服务特点和优点，树立企业的信誉，从而促进产品销售。

公关关系作为一种隐性的促销方式，其特点主要有以下几个方面：树立形象重于推销产品；传播形式多样，不以付酬形式传播；作用于各个方面，而不仅仅是目标市场。

商业江湖 7-7

美的集团的庆典活动

1992年5月，美的集团通过《羊城晚报》发布了一则新闻，美的集团在广东顺德北镇建成初步规模的电器工业城，占地400亩（约26.7万平方米），规模宏大。随后，美的集团公关人员策划了一个规模宏大的庆典方案。庆典活动的主题为"让'美的'的新形象高度集中，一次尽显于华夏大地"。1992年11月29日清晨，顺德北镇千面美的广告旗依公路左右林立，30组七彩巨大条幅烘托着节日的气氛。在美的工业城西门，少年鼓乐队方阵、儿童彩花环长蛇阵、广州空军军团方阵及香港醒狮队呈梅花状布开，330篮大号鲜花众星捧月般地簇拥着不锈钢"美的"标志。在美的集团公司写字楼前，20名身着国际职业公关服的公关小姐分成三部分，列队迎接来自世界各地的嘉宾。另11名"美的"礼仪小姐身着红色旗袍、身披"美的欢迎您"绶带穿梭于人海，给中外嘉宾送上一份"美的"赠品。进入第一分会场，宾客兴致勃勃地参观"美的"展品，饮茶休息，两台34英寸大屏幕彩电同时播出著名影星为"美的"代言的广告。4栋3层楼的生产厂房灯火通明，机器轰鸣，3条引进的空调生产流水线、2条静电喷粉流水线匀速运转，工人着装一色，精心操作。当欢乐的一天结束时，"美的"工业城夜幕低垂，整个工业城千霓齐亮，一个梦幻般的不夜城呈现在来宾面前。同时，一台丰富、欢快、高质量的晚会——"美的"之夜，将一天的欢乐气氛推到了顶峰。晚会间歇，日本某企业特派参加"美的"庆典的贵宾某先生兴致勃勃地跑上台去，十分激动地抓起话筒用日语讲话："中国，了不起！'美的'公司企业文明建设搞得了不起，你们的企业在这一点上已经和世界发达国家看齐……"

资料来源：袁学敏. 公共关系理论与应用[M]. 北京：北京理工大学出版社，2018.

分析　"美的"的策划者在美的集团的生产基地落成之日，开展了大规模、多功能的宣传庆祝活动，将多种宣传方式融入庆典之中，制造了声势浩大的节日喜庆场面，以"美的"声音（军乐晚会）、"美的"

色彩（彩旗礼花）吸引了众多的嘉宾和观众。他们借助这次活动，巧妙地宣传了企业的理念和精神。醒目的绿岛标志、缤纷的产品博览、经典的广告宣传、先进的生产设备、员工的精心操作……使来宾深切地感受到"美的"发展、"美的"内涵、"美的"良好形象，"美的"的全方位宣传使美的集团的形象塑造得非常成功。

二、公共关系策划的流程

（一）确定公共关系的目标

企业开展公共关系时首先要确定活动预期达到的目标。通常情况下，企业确定公共关系目标应遵循以下原则：公共关系目标必须与企业市场营销的整体目标相一致；不同类型的企业在不同时期应确定不同的公共关系目标；公共关系目标应尽量具体化，根据重要程度和执行顺序组成目标体系。企业的公共关系目标一般分为4种类型：

① 扩大影响。通过传播信息，增进公众对企业的了解，提高企业的知名度，这是最基本的公共关系目标。

商业江湖 7-8

扫一扫，听案例

变讨厌为可爱

某天，一大群鸽子偶然栖落在某公司刚竣工的52层高的总部大楼的一间屋子内。到处都是鸽屎、羽毛，令人生厌。然而，闻讯的公司公关顾问喜上眉梢——扩大公司影响的机会来了。他一边命令公司员工紧闭门窗不要让鸽子飞走，一边电告动物保护委员会及新闻界"公司将发生一件有趣而又有意义的保护鸽子事件"。于是，几十家新闻单位的记者接踵而至。在3天之内，从小心翼翼地捕捉首只鸽子到最后一只鸽子受到"保护"，有声有色的现场新闻令人瞩目。公司首脑充分利用在荧屏上亮相的机会，向公众介绍公司的宗旨和情况，加深和扩大了公众对公司的了解，从而大大提高了公司的知名度和美誉度。通过制造新闻，公关顾问终于事半功倍地完成了向公众发布大楼竣工消息的任务。

分析 运用逆向思维把令人生厌的鸽屎、羽毛变成"保护"鸽子的新闻，间接传播总部大楼竣工的消息，并且趁机提高公司的知名度和美誉度。这是一次巧妙的公共关系策划。

② 联络感情。培养公众对企业的感情、取得公众的信任和支持是企业公共关系的长期任务。

③ 改变态度。改变公众对企业的不利态度、消除广大公众对企业的误解是企业危机公关的主要任务。

④ 引起行为。引起公众对企业的关心和支持的行动是企业公共关系的最高任务。

（二）选择公共关系的主题与方式

1. 公共关系主题的选择

公共关系的目的是树立企业形象。与广告这种直接宣传产品的促销形式有所区别，公共关系既不能以宣传产品为侧重点，也不能直接宣传企业。因此，要恰当地选择一个公共关系主题，发挥"议题效应"。在现实生活中，策划公共关系的前提是在企业（组织）与公众及社会环境的各方力量中寻求利益的平衡。每次公共关系就恰似拉动一根橡皮绳，绳的两头都得拉紧才能产生话题张力。但拉力又不宜太过，否则得不偿失。因此，在这个"过"和"不过"之间就形成了主题的边界。

2. 公共关系方式的选择

企业开展公共关系旨在建立良好的企业形象，增进社会各界对企业的了解。其通常采取以下5种方式：

（1）宣传性公共关系

宣传性公共关系是指运用报纸、杂志、广播、电视、网络等各种传播媒介，采用撰写新闻稿、演讲稿、报告等形式向社会各界传播企业有关信息，以形成有利的社会舆论、创造良好气氛的活动。这种方式传播面广，推广企业形象的效果较好。

追根溯源 7-3

举办新闻发布会的注意事项

① 主持人要充分发挥其主持和组织的作用，言谈幽默、举止庄重，恰当地把握会议议题、掌控会议时间、把握会议气氛。
② 发言人讲话要重点突出、简明扼要、流畅清晰，对记者提问要有问有答，回答要得体而巧妙。
③ 发布的信息应当准确，一旦发现错误就立即更正。对于不便透露的内容，应委婉地做出解释。
④ 各位发言人在重大问题上要统一口径，以免在记者中引起混乱。
⑤ 不随便打断记者的发问，保持情绪平和；对各方记者一视同仁。
⑥ 会议结束后，迅速整理记录材料并认真进行总结；全面搜集记者采写的新闻报道并进行归类分析，检查会议效果是否达到预期目的。

（2）征询性公共关系

征询性公共关系是指通过开办各种咨询业务、制定调查问卷、进行民意测验、设立热线电话、聘请兼职信息人员、举办信息交流会等形式，逐步形成效果良好的信息网络，并将获取的信息进行分析研究，为经营管理决策提供依据的活动。

（3）交际性公共关系

交际性公共关系是指通过语言、文字的沟通，为企业广结良缘，巩固传播效果的活动。它可以采用宴会、座谈会、招待会、谈判、专访、慰问、电话、信函等形式。例如，保险公司年初岁末时的招待宴会就属于交际性公共关系。交际性公共关系具有直接、灵活、亲密、富有人情味等特点，能深化交往层次、开发潜在客户。

（4）服务性公共关系

服务性公共关系就是通过开展各种服务，以行动去获取公众的了解、信任和好评，以实现既有利于促销，又有利于树立和维护企业形象与声誉的目的的活动。企业提供服务的方式可以是消费指导、消费培训、免费修理等。

（5）社会性公共关系

社会性公共关系是指通过赞助文化、教育、体育、卫生等事业，支持社区福利事业，参与国家、社区重大社会活动等形式来塑造企业的社会形象，提高企业的社会知名度和美誉度的活动。这种方式公益性强、影响力大，但成本较高。

（三）执行公共关系的计划

公共关系是一项长期性工作，合理的计划是公共关系持续高效的重要保证。制订公共关系计划，要以公共关系调查为前提，依据一定的原则确定公共关系目标，并制订科学、合理且可行的工作方案，如具体的公共关系项目、公共关系策略等。

公共关系计划的实施是整个公共关系的关键。为确保公共关系实施的效果最佳，正确地选择公共关系媒介和确定公共关系的方式是十分必要的。公共关系媒介应依据公共关系的目标、要求、对象和传播内容及经济条件来选择，公共关系方式应根据企业的自身特点、不同发展阶段、不同的公众对象和不同的公共关系任务来选择。

值得注意的是，在公共关系计划实施的过程中，由于一些突发事件或重大变故等，可能会使企业陷入危机，如产品或服务瑕疵、劳工、股东纠纷、经营不良、反宣传事件等。企业危机不仅具有突发性、严重危害性，还具有扩散性、易受舆论关注。因此，在危机出现后，企业要适时开展危机公关，控制危机的传播。危机公关是指企业为处理危机事件而采取的一系列积极行动，其显著特征是需要借助新闻媒体来完成。危机公关处理时要遵循快速反应、实事求是、人文关怀、主动通报、引导舆论等原则。

（四）评估公共关系效果

公共关系效果的评估是指根据社会公众对公共关系的评价来检测公共关系计划的实施效果。通过检测，能衡量和评估公共关系的效果，在肯定成绩的同时发现新问题，为制定和不断调整企业的公共关系目标、公共关系策略提供依据，也为企业公共关系的持续开展提供必要的保证。

由于所要完成的公共关系目标不同，因此公共关系行业没有制定出适合所有公共关系的评估标准和模式。在企业公共关系实践中，评估标准主要是总体效果、受众覆盖面、受众反应、信息作用效果、活动效益等。

三、节事活动策划

（一）节事活动策划的内涵

随着消费者生活的不断改善，象征高品质生活的节事活动正越来越受到企业的关注。节事活动策划就是预先决定做什么、何时做、何处做、谁来做、如何做。

1. 活动类型

各种庆典活动、社交活动、公益活动层出不穷，"节事""赛事""活动""事件"等词语在人们的生活中屡见不鲜，会展活动、节事活动等越来越被企业所重视。人们组织活动一般分为两种类型：一类是常规活动，即周而复始的日常运作；另一类是非常规活动，其特点是临时性、一次性，具有清晰的起始时间。非常规举行的节日庆典、各类赛事活动，属于营销策划实务中的节事活动策划的范畴，所以也可以称为节事活动项目策划。

2. 活动形式

活动的表现形式多种多样，小到家庭宴会，中到企业的文体活动、联欢活动，大到国庆大典、奥运会、世博会等特大型活动，凡是能给参与者带来欢乐和愉悦的活动，都可以称为节事活动，如节日活动、景区体验活动、企业促销活动、大型演出和体育赛事等。

（二）节事活动策划

1. 活动策划的准备工作

关于前期准备，一是要明确举办该活动的目的与意义，二是要明确活动预算经费的规模与来源。

策划活动相当于导演一部电影，企业的任何一次活动都需要周到细致的"剧本"。例如，会展活动、奖励活动或其他特殊活动，活动的方式就是现场直播，出错则没有弥补的机会。活动的预算更应该明确、详细。因此，在活动之前要先确定活动目标，明确活动所需要的经费，然后再确定活动规模。

追根溯源 7-4

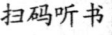

一般活动的成本估算清单

① 请帖
② 住宿
③ 交通
④ 食品
⑤ 会场布置费用
⑥ 会场租金
⑦ 饮料
⑧ 表演者
⑨ 发言人
⑩ 舞台布置
⑪ 灯光与音响设备
⑫ 摄影师
⑬ 座位签
⑭ 菜单
⑮ 特殊效果
⑯ 礼品
⑰ 保险
⑱ 保安
⑲ 劳务费
⑳ 宣传材料
㉑ 公关费用
㉒ 资料费
㉓ 邮寄和手续费
㉔ 工作人员的工资
㉕ 其他杂费

　　制作一份详细的费用清单，把所有可能需要的东西都包括进去，然后用彩色笔标出其中必须列入的项目，剩下的项目在预算确定之后再选择。

　　经费项目明确后，要确定此次活动要达到什么目标。例如，是为了推出一款新产品，还是为了奖励销售业绩突出的优秀员工以激励全体员工。

追根溯源 7-5

常见活动目标参考

一、会议
1. 提供产品或企业的最新信息
2. 办公室外的交流与聚会
3. 寻找解决现存问题的办法

4. 讨论一种新产品
5. 提供培训

二、公司活动
1. 答谢员工
2. 答谢客户
3. 答谢供应商
4. 表彰销售业绩，颁奖宴会
5. 供应商和本公司员工的聚会
6. 推出新产品
7. 提高公众知名度
8. 有意义的纪念（如店庆、50周年庆典，第200万名顾客或代表性小产品被售出）
9. 会集各类人物，交流信息和观点

三、奖励活动
1. 举办特别的活动来庆祝销售业绩的增长
2. 会聚优秀销售人员讨论未来的对策
3. 促进优秀销售人员和高管人员的交流与沟通
4. 取得员工家属和合作伙伴的支持

四、特殊活动
1. 吸引媒体关注
2. 提高公众知名度
3. 吸引新客户

活动目标决定活动计划的制定与实施。例如，公司想为参会者准备一场活动，但参会者在同一个时间还可能会选择其他活动，那么公司的目标就是激发他们的兴趣，吸引他们来参加本公司的活动，并愿意留下来与本公司员工交流。

商业江湖 7-9

扫一扫，听案例

一场双赢的鸡尾酒会

来参加会议的股票经纪人都聚集到一个新建的综合娱乐厅，享受美食并参与冒险等新鲜刺激的活动。在他们的饭店门口有汽车等候，接他们到娱乐地点并把他们送回。客人们上车后发给他们一个封好的袋子，并告诉他们只有到达鸡尾酒招待会场地后才能打开。袋里装的是印有企业标志的高尔夫毛巾，这是团队识别标志和个人礼品。

高尔夫毛巾的第一个用途是按毛巾颜色把客人分成6组，每组由主办公司的一位高管带领，帮助小组成员在一起互相认识。高尔夫毛巾可以系在手臂上，便于区分各组成员。客人们到达鸡尾酒会现场后，主办方向他们宣布一些规则和注意事项，然后客人们开始参加一场持续2小时的特别奥林匹克模拟运动会。在此之后，客人们共同参加定时开始的晚餐，相互交流，模拟运动会比赛分数很快出来，主办公司向获胜者颁发奖品。然后，客人们既可以选择留下来在雅座休息，享用饮料、咖啡和甜点，也可以选择坐半小时一趟的班车回去。因为玩得高兴，大多数人很晚还没有离开。

客人们得到了满意的娱乐和享受，公司的目的也就达到了，在有限的时间里与客人进行了有效沟通。

高尔夫毛巾的第二个用途是作为赠品送给客人。大多数股票经纪人都会打高尔夫球，打球时就会用到高尔夫毛巾，每当他们使用毛巾时，就可能会想起这次活动。

分析 设想如果这次活动只有一个鸡尾酒招待会和一次宴会，人们可能还是会玩得很开心，但是公司的有效沟通的目标就达不到。如果没有团队和团队之间的比赛，而是任由客人自己玩乐，他们会因过于分散，难以保持兴趣，很可能参加一次鸡尾酒会并随意参加一个游戏后就早早离开了。

2．节事活动策划的步骤

节事活动策划步骤按实际工作开展的先后次序，一般有以下几项：主题策划→内容与形式策划→程序策划→与会人员策划→各环节策划→应急措施策划→费用预算与收益的预测。

（1）主题策划

节事活动策划的第一步是在明确活动主题（如周年纪念庆典）的基础上进行调查，了解企业及公众的兴趣点，根据企业的目标和公众的需要进行精心谋划，使节事活动在一条主线贯穿下有序开展。活动主题确定之后，围绕主题再确定相关的活动内容和活动形式。由于节事活动的喜庆气氛和主题特点，可以使这种宣传比较隐蔽，不容易引起公众的反感，在不知不觉中影响公众心理。

（2）内容与形式策划

在确定了节事活动的目标及主题之后，就要根据主题设计节事活动的内容和形式。例如，以周年纪念庆典为主题的活动形式可以是举行职工大会、周年纪念酒会、表彰奖励大会、联欢晚会、文艺会演、回顾展等。具体设计什么内容与形式要围绕节事活动的宗旨和主题来安排。例如，以员工表彰奖励大会来增强企业内部的凝聚力；以企业历程展览加联欢晚会的形式来加强企业与社会各界的交流与沟通，扩大企业的社会影响力。总之，在活动策划中要有创意、创新。

商业江湖 7-10

扫一扫，听案例

开业庆典活动方案大 PK

某市中心的一家中型商场准备开业。商场的公关部讨论庆典活动应该如何开展，想出很多创意，归纳出 3 种方案：

第一种，开业当天要把气氛营造得十分热烈，敲锣打鼓、鸣放鞭炮，大造声势。

第二种，在第一种方案的基础上增加一个剪彩仪式，请有关领导剪彩；中午宴请有关部门和协作单位的领导，联络感情，为日后的合作做好铺垫。

第三种，举行隆重的开业典礼，典礼时播放喜庆音乐而不放鞭炮。典礼时剪彩，但剪彩者不事先确定，而是邀请第一个到来的顾客和当时到场的一位领导共同剪彩，然后邀请一部分顾客和领导一起召开座谈会，为商场出谋划策；中午便餐招待，整个活动始终有记者参加，会后迅速整理成文字资料，分送给各位记者和有关部门。

3 种方案送到商场总经理手中，总经理立刻选中了第三种方案，并指示相关部门组织实施。

分析

第一种方案注意到了庆典活动隆重、喜庆的气氛，注意到了通过热烈的庆祝活动来感染参加者和公众。但不足之处在于没有领会庆典活动的真正目的，对公众和新闻媒介缺少吸引力，无法引发社会关注。

第二种方案意识到了节事活动是商场进行宣传、树立形象、扩大影响、沟通关系的好时机。但过于注重上层路线，而忽视了社会公众和商场未来的顾客这些重要的因素，说明策划者在确定主题时考虑不周。而且，这种方案已被广泛使用，缺少新意。

第三种方案主题明确、目光长远，全面考虑了商场经营需要疏通的各个渠道，并关注顾客的感受，把各方面因素有效融合,如选择、设计了富有新意的剪彩仪式,请顾客参加座谈会,全程请记者参加活动——可以利用新闻媒介来扩大影响力。因此,这一方案既实现了让顾客体验该商场顾客至上服务的目标,也使开业庆典活动一时间成为新闻热点,赢得了公众的普遍好评。

(3)程序策划

在确定了节事的主题、内容与形式之后,要想使活动井然有序,就要合理安排节事活动的程序以保证活动的有条不紊。节事活动的一般程序如下:

① 确定主持人。可以安排专门的主持人宣布节事活动开始。主持人既可以是企业的负责人,也可以邀请知名人士或其他人士担当。

② 介绍的顺序。介绍的顺序是:介绍重要来宾,由企业负责人讲话,由领导及重要来宾致简短贺词或讲话。

③ 特别活动的细节安排。有些活动需要安排剪彩、参观及来宾留言和题词等事宜。

④ 制造现场气氛。可以组织一些制造气氛和促进理解的活动,如举行盛大的庆祝活动和娱乐活动。

⑤ 活动项目的具体设计。可以组织宴会、便餐、座谈会、参观组织设施及馈赠礼品等。

⑥ 活动全程的宣传。进行新闻报道,扩大庆典活动的社会传播面及影响面。

⑦ 送别与善后工作。活动结束时,不可虎头蛇尾,要做好来宾的送别和其他善后工作。

在市场营销实践中,节事活动越来越复杂多样,虽然有相对固定的程序,但在具体安排节事活动程序时不要过于拘泥,可以根据节事活动的整体方案加以调整,使整个庆典活动融合、有序。

(4)与会人员策划

与会人员策划即邀请来宾及安排工作人员等的策划,应拟定邀请来宾名单及各项工作负责人名单。

① 邀请来宾

通常情况下,节事活动应邀请与企业有关的政府领导、行政上级、知名人士、社会公众代表、同行业的代表、企业内部员工及新闻记者等参加。参加节事活动的人员名单十分重要,关系到企业的活动能否达到预期效果。如果忽略了某一方面的宾客,如合作伙伴,那么即使庆典本身再隆重,也难以弥补日后的损失。

因此,选择邀请来宾至关重要,既要照顾到整体,又要有轻重缓急和适当取舍。拟定好邀请出席节事活动的来宾名单之后,需要印刷、填写请帖,或者以其他形式(如新闻媒介、广告宣传等)邀请来宾。请帖至少要提前3天交给来宾,以便对方及早做出安排,也便于企业提前做好准备工作。

② 安排工作人员

节事活动一般都比较盛大,需要各部门相关人员全力配合,共同完成任务。因此,要提前确定人员,按照活动内容把任务落实到具体某个人。尤其是后勤工作和组织工作一定要有专人负责,如签到、接待、摄影、录像、音响、现场布置等。必要时,要对工作人员就具体工作内容与方法等组织相关培训。

(5)各环节策划

节事活动各环节策划是对节事活动做进一步详细的准备工作。一个活动的成功举办要照顾到各个环节,任何一点细微的差错都可能导致全局的失败,要谨防"一着出错,满盘皆输"。例如，一家商场的开业庆典，其他活动准备得很好，唯独音响出了故障，因为事先没有调试，结果导致庆典延误了时间，给参加者及社会公众留下了不良的印象；某地的元宵节大型舞龙灯活动、某假日的上海外滩，均由于治安保卫工作不周密，导致秩序混乱、拥挤不堪、出现了人员伤亡，从而造成了恶劣影响。

因此，在活动策划中切不可忽视细节，如环境、场地、照明、音响、后勤、保卫、新闻媒介、来宾接待、签到、剪彩、休息、座谈、用餐等都应考虑周到。

例如，对活动现场的音响与音像设备、文具、电源等都应提前测试安装；奠基活动要准备好奠基石及工具；剪彩活动要有彩绸带，需要准备宣传品、乐器乐队、礼品等；要提前准备好新闻稿或软文；需要各界协助的，要提前联系好。类似的细节问题都要准备周全，确保万无一失。

（6）应急措施策划

对于任何活动，都可能有意想不到的情况发生，所以活动的全部方案应留有余地，以便应付临时事件。例如，与会的重要嘉宾生病不能前来、露天举行活动时下雨、突然停电等问题，都要提前有所准备。

（7）费用预算与收益的预测

无论活动规模多大，都应当以效率为原则，使人力、财力、物力发挥最大作用，从而以最少的投入获得最好的效果。策划者还应当在活动进行之前进行效果预测，并对既定方案做适当调整。如果有条件，还应当对活动进行模拟演练或彩排。

（三）节事活动的时机策划

节事活动的成功需要天时、地利、人和。所谓天时，指的是节事活动的时机。我们需要对活动的时机有所选择，在最佳时机推出节事活动，以取得最佳效果。在选择节事活动的时机时应注意：

首先，企业的节事活动不宜频繁，过于频繁的活动要消耗大量人力、物力、财力，而且容易失去活动的新鲜感与吸引力；其次，节事活动的开展不宜凑热闹，应在社区公众都感到"寂寞"的时候适时推出特色活动；最后，节事活动要在有意义的特殊时间举办。

追根溯源 7-6

企业活动策划的 9 个时机

扫码听书

① 企业开业或创办之际。
② 某企业某工程奠基、落成之时。
③ 企业的周年纪念日。
④ 社会活动中的节日。
⑤ 企业新产品投产或新的服务项目推出之际。
⑥ 企业的生产额或销售额达到某个大的规模之时。
⑦ 企业更名、合并合资之际。
⑧ 企业获得荣誉之时。
⑨ 社会重要活动举办之际。

例如，中华人民共和国建国 70 周年、纪念反法西斯战争胜利 70 周年大规模庆典活动等都会为企业策划活动提供机会。活动策划还有一个很重要的技巧，就是利用热点事件或名人效应来为节事活动增光添彩——有时候名人可以提前邀请，有时则要靠机会，这需要策划人员的智慧。

（四）节事活动的场地策划

节事活动的场地策划包括活动的场地安排和场地布置。节事活动的场地安排与节事活动的效果有很大关系。节事活动的场地策划包括以下几个方面。

1. 活动场地的选择

活动场地的选择一般应当遵循就近的原则，即在"自家门口"举行，以便安排管理、减少成本。当然，有些活动是需要在场地的选择上下一番功夫的，如广场活动、街舞表演等活动，都需要对场地进行认真选择。在选择场地时，第一，要考虑活动的各项内容是否能在所选场地中顺利进行；第二，要照顾到公众，以方便吸引更多的公众参加；第三，要考虑到相关设施的完备与否，注意到水源、电源、治安、交通及各项设施是否便利齐全；第四，活动场地的选择应考虑到是否有利于媒体的报道。

2. 活动场地的安排布置

活动场地的安排布置分为场地的安排和场地的布置。其中，场地的安排主要是指从功能上对场地进行分配，场地的布置主要是指对场地进行装饰、对活动氛围进行营造。以一个卖场的开业庆典为例，选择的场地是卖场内部及店门外的空地。因此，场地的安排就是在何处招待来宾、在何处剪彩、在何处举行座谈会等项内容；场地的布置就是为营造庆典的喜庆气氛，对整个卖场内外的整体形象进行设计及各种装饰，如贺联悬挂在哪里、怎么挂，花篮摆在哪里、如何摆，彩旗如何安插，乐队在何时、在何地演奏何种曲子等。场地要提前安排方能井井有条。活动场地的布置应注意以下几个问题。

（1）应突出主题

无论活动规模大小，其场地布置都应选择一定的主题，如开业庆典、周年庆典等，没有主题的场地布置会造成人力、财力、物力的浪费。围绕主题进行场地布置的方法之一就是要设立庆典活动的标志、徽记等，并通过雕塑、旗帜及其他物品反映出来。围绕一定主题对活动场地进行众星捧月式的布置往往能收到良好的效果。

（2）风格和氛围

活动场地的布置也应有企业自己的风格，应当根据主题及社会取向选定活动的风格，或者高贵典雅，或者清新活泼。例如，一家火锅城的开业庆典可以突出民族风格，以彩旗、大红灯笼、红色装饰物及富有民族特色的摆设进行布置比较适宜；如果是西式餐厅的开业庆典，就可以借鉴西方布置的经验，以欧陆风格的场地布置为宜。

（3）视觉效果

活动场地的布置应具有整体效果。在整体效果中，人们比较容易受色彩的感染，企业可以根据活动主题充分利用色彩突出其视觉效果。例如，用暖色调来突出活动的热闹、喜庆气氛；用中国人喜欢的红色、黄色表示喜庆、吉祥和幸福；如果想营造浪漫梦幻的气氛，则可利用紫色、粉色、橙色、蓝色等颜色。

（4）现代感

随着生活质量的提高，人们的审美观念发生了巨大变化，没有创新与创意的场地布置已经不再吸引公众，这就对活动场地的布置提出了新的要求。例如，采用透明超大屏的LED屏作为背景来实现虚拟与现实相结合的情境化，就体现出了活动的科技感。

学习日志

一、我学了

1. _____
2. _____
3. _____

二、我用了

1. _____
2. _____
3. _____

三、测一测（扫二维码答题，已嵌入线上课堂中）

（一）单项选择题

1. 公关关系属于（　　）。
   A. 快速促销方式　　　　　　　　B. 隐性促销方式
   C. 短期内增加销售利润的促销方式　　D. 只作用于目标市场的促销方式
2. 增进广大公众对企业的了解，提高企业的知名度，属于（　　）公共关系目标。
   A. 扩大影响　　B. 联络感情　　C. 改变态度　　D. 引起行为
3. 消除广大公众对企业的误解属于（　　）公共关系目标。
   A. 扩大影响　　B. 联络感情　　C. 改变态度　　D. 引起行为
4. 取得公众的信任属于（　　）公共关系目标。
   A. 扩大影响　　B. 联络感情　　C. 改变态度　　D. 引起行为
5. 策划公共关系的前提是在企业（组织）与公众及社会环境的各方力量中寻求（　　）平衡。
   A. 关系　　B. 竞争　　C. 利益　　D. 实力　　E. 对策
6. 公共关系策划的流程是（　　）。
   A. 选择公共关系的主题与方式→确定公共关系的目标→执行公共关系的计划→评估公共关系的效果
   B. 确定公共关系的目标→选择公共关系的主题与方式→评估公共关系的效果→执行公共关系的计划
   C. 确定公共关系的目标→选择公共关系的主题与方式→执行公共关系的计划→评估公共关系的效果
   D. 确定公共关系的目标→评估公共关系的效果→选择公共关系的主题与方式→执行公共关系的计划

（二）多项选择题

1. 公共关系方式有（　　）。
   A. 社会性公共关系　　B. 服务性公共关系　　C. 交际性公共关系
   D. 征询性公共关系　　E. 宣传性公共关系
2. 以下是交际性公共关系的有（　　）。
   A. 宴会　　B. 座谈会　　C. 谈判
   D. 信息交流会　　E. 慰问

3. 活动策划的前期准备工作有（　　　　）。
   A. 明确活动的目的与意义　　　　　B. 明确活动预算
   C. 明确活动经费来源　　　　　　　D. 明确活动的规模
4. 节事活动策划的先后次序是（　　　　）。
   A. 与会人员策划　　B. 内容与形式策划　　C. 程序策划　　D. 主题策划
   E. 各环节策划　　　F. 应急措施策划　　　G. 费用预算与收益的预测
5. 与会人员策划包括（　　　　）。
   A. 邀请来宾　　　　B. 安排工作人员　　　C. 选择时机　　D. 选择场地

（三）判断题
1. 选择邀请来宾是一门学问，既要照顾到整体，又要有轻重缓急和适当取舍。（　　）
2. 世界上每一天都有特殊事件可供纪念，历史上任何事件都有它的一周年、十周年等。从这个角度来说，举办节事活动的时机是很多的，所以节事活动越多越好。（　　）
3. 开展任何一次活动都是现场直播，一旦出了问题无法弥补，因此一定要事先考虑周全。（　　）
4. 活动结束时，总算可以松一口气了，不用考虑那么多了。（　　）
5. 具体设计什么活动内容与形式要围绕节事活动的宗旨和主题来安排。（　　）

（四）实务操作题
以小组为单位策划一次欢送本专业毕业生的活动，以 Word 文档的形式上交，以 PPT 演示文稿的形式汇报。

（五）简答题
1. 节事活动策划的步骤是什么？
2. 庆典的场地布置应注意哪些问题？

任务三　营业推广策划

知识讲堂

开篇任务单

一、营业推广的概念与特点

营业推广是指企业在某一时期采用特殊的手段对消费者实行强烈的刺激，以促进企业销售迅速增长的策略性活动。营业推广具有 3 个明显特点：第一，表现直观，许多营业推广方式具有吸引注意力的性质，可以打掉消费者购买某一特殊产品的惰性；第二，灵活多样、针对性强，可以根据消费者心理和市场营销环境等因素，采取针对性很强的营业推广手段，向消费者提供特殊的购买机会；第三，具有极强的吸引力和诱惑力，能够唤起消费者的广泛关注，立即促成购买行为，在较大范围内收到立竿见影的功效。

营销策划实务

商业江湖 7-11

扫一扫，听案例

如何黏住顾客

在北方，中国西装连续8年销售量最佳的是山东诸城的希努尔。一套毛料西装配两条一模一样的裤子，顾客可以换着穿。买套西装，终身免费帮你钉扣子；终身免费织补。在北方的中小城市，买了希努尔的西装之后，终身给你免费干洗。这一招把南方的一些西装品牌都挡在了长江以南。顾客把县城的希努尔的经销商的店面当成自己家的衣柜了。顾客把脏衣服送门店统一处理，成本计入广告费。希努尔免费为顾客提供干洗这一项，全国一年下来花费2 000万元。它们一年17亿元销售额，一年拿出1亿元做广告比较划算。它们从广告费里面抽取2 000万元出来扎扎实实地为顾客做干洗服务，一分钱都没有浪费，全部都花在了目标顾客的身上。顾客起码一两个月进店一次，只要顾客进到店里面来，就给希努尔创造了交叉销售、购买升级的机会。例如，西装边上磨烂了，给你200到300不等的代价券买套新的；冬天到了，新品上市了，换件羊毛坎肩、买件羊毛衬衣、配条羊毛领带、买双羊毛袜子，这样黏住顾客，使其复购、转介绍、再引流。

分析 企业精准营销，真心维系老客户，可以换来黏性顾客，使其复购、转介绍、再引流。

二、营业推广策划的流程

（一）确定推广目标

营业推广目标的确定就是要明确推广的对象是谁、要达到的目的是什么。只有知道推广的对象是谁，才能有针对性地制订具体的推广方案。

针对不同的推广对象，往往营业推广的目标是有所不同的。就消费者而言，目标包括鼓励消费者更多地使用产品，促进大批量购买，或者争取未使用者试用，吸引竞争者品牌的使用者；就零售商而言，目标包括吸引零售商们经营新的产品品种，维持较高水平的存货，鼓励它们购买落令产品、储存相关品目，抵消各种竞争性的促销影响，建立零售商的品牌忠诚度并获得进入新的零售网点的机会；就销售队伍而言，目标包括鼓励他们支持一种新产品或新型号，激励他们寻找更多的潜在消费者和刺激他们推销落令产品。

（二）选择推广方式

营业推广的方式很多，选择合适的推广就是取得营业推广效果的关键因素。企业一般要根据各种方式的特点、促销目标、目标市场的类型及市场环境等因素选择适合本企业的营业推广方式。根据推广对象的不同，主要推广方式有以下几类。

1. 面向消费者的主要推广方式

① 赠送样品。向消费者免费赠送样品，既可以有选择地赠送，也可在商店、闹市区或附在其他商品中无选择地赠送。这种方式既可以鼓励消费者购买，也可以获取消费者对产品的反应，是介绍、推销新产品的一种常用促销方式，但费用较高，高价值产品不宜采用。

② 赠送代价券。代价券也被称为代金券，是对某种产品少付一部分价款的证明，在购买某种产品时持券可以少付一定金额的钱。代价券既可以通过广告或直邮的方式发送，也可以向购买产品达到一定的数量或金额的消费者赠送。这种形式既有利于刺激消费者使用老产品，也可以鼓励消费者购买新产品。例如，某超市推出早上赠代价券2元，仅限100位消费者，结果大

妈们提前 2 个小时来排队。再如，网店给消费者邮寄产品时会附一张给好评就发红包的券，这张券可以一举两得：第一，可以获得好评；第二，可以用小利吸引消费者再次光顾购买。

追根溯源 7-7

扫码听书

以旧换新折价促销

　　家庭生活中的耐用品，如家用电器、成套厨具等，消费者初次购买后会使用相当长一段时间才会再次购买。这是厂商们的难题。以旧换新可以很好地解决这一难题。

　　所谓以旧换新，是指厂商通过以旧产品换购新产品的形式提高废旧产品的回收价值，刺激消费者提前购买产品的促销策略。以旧换新的促销策略一般用于生活必需的耐用品，其方式又可分为同品牌产品换购和同类产品换购：前者只针对已购买本企业产品的消费者进行促销，必须是本企业生产的产品才能换购，其他企业的产品不予换购；后者是向所有使用此类产品的消费者进行促销，只要是同类产品，不问生产厂商，均可以用旧产品换购新产品。这一促销策略的关键在于厂商高于市场平均价格回收旧产品，使消费者虽然提前丢弃了仍能使用的旧产品来购买新产品，但仍觉得划算。

　　③ 包装兑现。包装兑现是指消费者可以用产品包装来兑换现金。例如，搜集到若干个某种饮料的瓶盖，可兑换一定数量的现金或实物，借以鼓励消费者重复大量购买该种饮料。这种方式在一定程度上体现了企业的绿色营销观念，有利于树立良好的企业形象。

　　④ 提供赠品。对购买价格较高产品的消费者赠送相关产品，这些相关产品一般是价格相对较低、符合质量标准的产品，通过提供赠品达到刺激高价产品销售的目的。提供赠品促销的形式包括外置增量式和内置增量式。其中，外置增量式有捆扎式的同类赠品和附送式的非同类赠品两种形式，如买一桶油捆一小瓶油属于捆扎式的同类赠品；附送式是随产品附送其他非同类赠品，如买木耳送洗碗布，买方便面送香肠、杯子，买牛奶赠碗或汤匙，买手机赠手机膜或雨伞等。内置增量式赠品是加量不加价。

商业江湖 7-12

扫一扫，听案例

一个精准的促销推广策划

　　活动时间：每天早晨 5：30—8：00。

　　活动地点：全市各大公园。

　　促销主题：健康新生活，某某花生油。

　　促销形式：一瓶 1 000 mL 的花生油、一包山东粉丝、一个开瓶器、一个防水手提袋（买菜可用）组合而成的套装只卖 10 元。

　　附加形式：聘请医学院的学生免费给老年人测量血脂、血压，咨询视力和肠胃等方面的健康情况。

　　宣传形式：大幅的宣传板，用图讲解高血压与高血脂的形成原因及正确选择食用油和缓解病症之间的关系。

　　活动期限：一个月。

　　活动效果预期：大批的（可以量化）1 000 mL 花生油由老年人带入家庭，实现了尝试性使用，配合后续的社区促销推广活动，为后面的卖场销售打下基础。

　　分析　此策划是针对晨练的老年人，分析老年人早上的活动习惯、轨迹、消费特点，从购买者角度出发精心设计的促销活动，以实现精准推广。

⑤ 产品展销。这是指举办各类展销会、博览会、业务洽谈会等现场介绍、推广产品。在展销期间，质量精良、价格优惠、服务周到的产品备受青睐，因此参展是难得的营业推广机会和有效的促销方式。

⑥ 抽奖促销。消费者购买一定的产品之后可获得抽奖券，凭券进行抽奖可获得奖品或奖金。抽奖可以有各种形式，是企业开展营业推广的常用方式之一。

⑦ 折价促销。折价对消费者冲击最大，因为大多数消费者都有求实惠的心理，希望以尽可能少的花费得到更多、更好的产品。有调查显示，当看到商场在做打折宣传时有70%的消费者选择进去看，这类消费者分布于不同年龄段、收入、文化程度、职业，说明折价促销对各类消费者都具有吸引力。在线上折价促销更是被广泛应用。

2．面向中间商的主要推广方式

① 购买折扣。为刺激、鼓励中间商大批量地购买本企业产品，对第一次购买和购买数量较多的中间商给予一定的折扣优待，购买数量越大，折扣越多。折扣既可以直接支付，也可以从付款金额中扣出，还可以赠送商品作为折扣。例如，旅游景点或酒店对于达到一定人数的组团旅客给予5折甚至更多的优惠。

② 推广津贴。企业为促使中间商购进企业产品并帮助企业推销产品，可以支付给中间商一定的推广津贴。例如，中间商为本企业产品做广告，可资助一定比例的广告费用；为刺激距离较远的中间商经销本企业产品，可给予一定比例的运费补贴。

③ 经销奖励。对经销本企业产品有突出成绩的中间商给予奖励。这种方式能刺激经销业绩突出者加倍努力，更加积极主动地经销本企业产品。同时，也有利于诱使其他中间商为经销本企业产品而努力，从而促进产品销售。

商业江湖 7-13

扫一扫，听案例

方总怎么办

方总是一家中小化妆品厂的营销老总，为了实现今年的销售目标、提高经销商的销售积极性，方总出台了新的奖励政策，在去年的基础上进一步提高了给经销商的销量返利奖励。方总为每个经销商制定了3个不同的年销售量指标，即必保任务、争取任务和冲刺任务。完成的年销量指标越高，则年底返利的百分比越大，而且返利奖励是与经销商年销售量的绝对值挂钩的。例如，如果经销商分别完成必保任务200万元、争取任务250万元和冲刺任务300万元，返利比例分别为1%、3%和5%，相对应的返利金额分别为2万元、7.5万元和15万元。从方总的返利政策来看，如果经销商只完成200万元的必保任务，则只能拿到2万元的销量返利，但如果完成300万元的冲刺任务，就可拿到15万元的销量返利。在方总如此返利政策的诱导下，经销商为了完成更高的销量任务，把最高的返利奖励拿到手，采用各种手段来冲销量，有的经销商大肆向其他区域窜货，有的经销商低价甩卖。而方总，为了制止窜货和低价倾销，对一些违规的经销商三令五申，并以扣除返利相威胁，但根本不起作用，因为厂家的铺底货款还扣在经销商手上。于是窜货和低价甩卖越演越烈、不断升级，原来一直遵守秩序的经销商也被迫卷入。价格越卖越低，经销商的差价利润也就越来越薄，不到一年时间，价格就接近"卖穿"。方总被弄得焦头烂额，经销商之间互相指责、投诉不断，方总手下原来做市场的营销员现在变成了"做消防"。为了尽量减少低价产品对市场秩序的破坏，对那些低价抛售特别严重的区域市场，厂家又出钱把低价甩卖的产品买回来。但这仍不起作用，厂家不断地把低价甩卖的产品买回来，就不断地有低价产品流到市场上去，因为源头没有堵住。方总痛下决心，只好断了几家低价窜货严重的经销商的货源，而被断货的经销商不服加不满。于是，被断货的经销商为了报复厂家，将手中剩下的产品以更低的价格抛向市场。

分析 方总错在哪里了？如果你是方总，会怎么做？

3. 面向内部员工的主要推广方式

这主要是针对企业内部的销售人员，鼓励他们积极推销新产品、处理某些老产品，或者促使他们主动开拓新市场。一般可采用销售竞赛、免费提供人员培训、技术指导等方式。

（三）制定推广方案

一般情况下，企业制订的营业推广方案应该包括以下几个因素：

① 推广时机。营业推广的市场时机选择很重要，如季节性产品、节日产品、礼仪产品，必须在季前、节前做营业推广，否则就会错过时机。

② 推广期限。推广期限就是营业推广活动持续时间的长短。这个时长要恰当，推广时间过长，消费者的新鲜感消失，会产生不信任感；太短，一些消费者还来不及接受营业推广的实惠，推广就结束了，没太大效果。

③ 推广预算。营销策划人员必须决定开展营业推广的费用。通常情况下，制定推广预算时要全面、综合地考虑各种因素。

④ 参加者的条件。营销推广可以提供给任何人或有选择地针对一部分人。通常情况下，某种赠品可能只送给那些寄回包装物的消费者，抽奖不允许企业员工的家属或一定年龄以下的人参加。

商业江湖 7-14

扫一扫，听案例

如此推广

整个 A 市都转疯了，整个 M 区都在参加这个活动，只要点 28 个赞就可以到 M 区育英小学斜对面的 Y 金店免费领取早教机器人、智能电饭煲、六件套玫瑰杯、平衡车、智能料理机、洗衣液，活动绝对真实有效，大家赶快转发到朋友圈点赞。

分析 这次市场推广的目标是让更多的人知道 Y 金店开张了，想占小便宜的人会马上集足 28 个赞到店里来领取赠品。引流确实有效果，但是来的人是否是目标人群就很难说了。

⑤ 推广的配合安排。营业推广要与其他促销方式，如广告、人员销售等结合起来，相互配合、共同使用，从而形成营销推广期间的更大声势，取得单项推广活动达不到的效果。

（四）实施推广方案

营业推广是一种促销效果比较显著的促销方式，但如果使用不当，不仅达不到促销的目的，反而会影响产品销售，甚至损害企业的形象。因此，企业在运用营业推广方式促销时，必须予以控制。在企业实施营业推广时要注意：

① 严禁弄虚作假。营业推广的主要对象是企业的潜在消费者，因此企业在营业推广全过程中，一定要杜绝徇私舞弊的短视行为发生。例如，某金店宣传说只要集满 28 个赞就可以免费领取一些诱人的赠品，于是你集满了 28 个赞兴冲冲地去领奖品，结果碰到接连的不愉快，如排着长长的队伍好不容易到了领取奖品的登记处，被工作人员告知赠品有 2 万多个，建议你告诉你的所有朋友都来领，于是工作人员"帮"你"任劳任怨"群发微信好友，好不容易到了"幸福"时刻——免费领取赠品，结果又被告知，赠品要付邮费……这时的你是否还会有"占大便宜"的感觉？对这个金店的感觉一定是非常不好了。这样的推广就是失败的。

② 注重中后期宣传。开展营业推广的企业往往比较注重推广前期的宣传，然而事实上中后期宣传更不容忽视。在营业推广的中后期，十分重要的宣传内容是营业推广中企业的兑现行为，

营销策划实务

这是消费者验证企业推广行为是否具有可信度的重要信息来源。可以说，令消费者感到可信的企业兑现行为，一方面有利于唤起消费者的购买欲望；另一方面可以换来社会公众对企业良好的口碑，塑造企业的良好形象。因此，企业要注意开展营业推广中后期的宣传工作，以保证良好的推广效果。

（五）评价推广效果

对每次营业推广的效果要进行细致、科学的评价，为以后的活动提供参考。常用的评价方法有：

① 对比市场份额。对比市场份额是指对促销前后的市场份额进行对比。假设其他条件不变，把营业推广之前、之后和实施过程中的销售量变化进行比较，以衡量推广效果。这是企业最常用的营业推广效果评价方法。

② 进行市场调查。通过调查了解消费者对这次活动的印象、看法，有哪些消费者参与了该项促销活动，这次促销活动对消费者今后的产品选择行为有什么影响等。通过对这些问题的调研分析、评价推广效果。

③ 对比实验区与非实验区。选择营销条件基本相同的区域进行实验，比较开展与未开展营业推广的区域销售额，根据实验的结果评价推广效果。

学习日志

一、我学了

1. _____
2. _____
3. _____

二、我用了

1. _____
2. _____
3. _____

三、测一测（扫二维码答题，已嵌入线上课堂中）

（一）单项选择题

1. 在某一段时期内采用特殊的手段对消费者实行强烈的刺激，以促进企业销售迅速增长的策略活动是（   ）。
   A. 广告活动   B. 公共关系   C. 营业推广   D. 人员推销

2. 推广的对象是谁，这是（   ）流程中要首先明确的。
   A. 确定推广目标   B. 选择推广方式
   C. 制订推广方案   D. 实施推广方案
   E. 评价推广效果

3. 销售竞赛、免费提供人员培训、技术指导等方式，属于（   ）
   A. 广告活动   B. 公共关系   C. 营业推广   D. 人员推销

4. "加量不加价"属于（　　）营业推广方式。
   A. 包装兑现　　　B. 提供赠品　　　C. 赠送代价券　　　D. 赠送样品
5. 举办各类展销会、博览会、业务洽谈会等现场介绍、推广产品属于（　　）营业推广方式。
   A. 抽奖促销　　　B. 折价促销　　　C. 提供赠品　　　D. 商品展销

（二）多项选择题
1. 面向中间商的主要推广方式有（　　）。
   A. 购买折扣　　　B. 推广津贴　　　C. 经销奖励　　　D. 提供赠品
2. 面向消费者的主要推广方式有（　　）。
   A. 赠送样品　　　B. 赠送代价券　　　C. 包装兑现
   D. 产品展销　　　E. 抽奖促销
3. 营业推广的明显特点是（　　）。
   A. 表现直观　　　B. 灵活多样　　　C. 很强的吸引力　　　D. 极强的诱惑力
4. 营业推广的目标根据对象不同而不同，可能针对的对象有（　　）。
   A. 消费者　　　B. 零售商　　　C. 销售队伍
   D. 批发商　　　E. 生产者
5. 企业制订营业推广方案应当包括（　　）。
   A. 市场时机　　　B. 活动期限　　　C. 活动预算
   D. 活动参加者的条件　　　E. 与促销其他手段的配合

（三）判断题
1. 营业推广的主要对象是企业的潜在消费者。（　　）
2. 企业在营业推广全过程中，可以采用虚虚实实、真真假假的策略。（　　）
3. 企业要注意开展营业推广中后期的宣传工作，从而保证良好的推广效果。（　　）
4. 选择营销条件基本相同的区域进行实验，比较开展与未开展营业推广活动的区域销售额，根据实验的结果评价推广效果。（　　）
5. 对经销本企业产品有突出成绩的中间商给予奖励，是推广津贴方式的应用。（　　）

（四）实务操作题
为某企业或超市设计一次活动，目标是吸引人气、促进销售。请撰写营业推广策划方案，以Word文档的形式提交，并以PPT演示文稿的形式汇报。

（五）简答题
1. 营业推广策划的工作流程是什么？
2. 请简述面向消费者的主要推广方式。

任务四　人员推销策划

知识讲堂

开篇任务单

一、人员推销的特点与形式

人员推销是指企业派出推销人员或委托推销人员，直接与消费者接触，向目标消费者进行产品介绍、推广，促进销售的沟通活动。人员推销是最古老的一种促销方式，在现代企业市场营销和社会经济中也占有相当重要的地位。在企业的促销实践中，人员推销通常有以下 3 种基本形式。

1. 上门推销

上门推销是最常见的人员推销形式，是由推销人员携带产品样品、说明书和订单等走访消费者，推销产品。这种推销形式可以针对消费者的需要提供有效的服务，方便消费者，故为消费者广泛认可和接受。

2. 柜台推销

柜台推销是指企业在适当地点设置固定店铺，由营业员接待进入店铺的消费者，推销产品。事实上，柜台推销与上门推销正好相反，是等客上门式的推销方式。由于店铺里的产品种类齐全，能满足消费者多方面的购买要求、为消费者提供较多的购买方便，并且可以保证产品完好无损，故消费者比较乐于接受这种方式。

3. 会议推销

会议推销是指利用各种会议向与会人员宣传和介绍产品，开展推销活动。例如，在订货会、交易会、展览会、物资交流会等会议上推销产品。这种推销形式接触面广、推销集中，可以同时向多个推销对象推销产品，成交额较大，推销效果较好。

二、人员推销策划的流程

人员推销的基本任务是通过推销员，以口头说服的方式向消费者介绍产品，说服他们购买，并在推销活动中向消费者提供尽可能多的服务，以提高企业的信誉，扩大企业产品的市场。人员推销策划的步骤是推销人员在指定的市场上开展推销业务的具体过程，包括以下几个方面的内容。

（一）选择推销对象

通过市场调查寻找顾客，从而确定推销对象是人员推销工作的第一步。寻找顾客即寻找可能购买的消费者，包括有支付能力的现实购买者和未来可能成为企业产品购买者的潜在顾客。寻找顾客的方法有很多，销售人员既可以通过个人的努力直接寻找，如在社交活动中观察、访问或查阅工商企业名录、电话号码簿等方式发掘潜在顾客，也可以通过广告宣传开拓市场，或者利用朋友介绍、老顾客推荐，通过社会团体和推销员之间的协作等方式间接寻找。因推销环境的不同，推销人员寻找顾客的方式不尽一致，有经验的推销员一般都有自己独特的推销方法。

追根溯源 7-8

了解顾客更易成交

推销时要记住，坚持不等于打扰，想要快速成交就要讲究一些方法，要学会分析顾客类型，以顾客为中心，使自己适应顾客，才更容易成交。根据经验，顾客一般分为以下 6 种类型。

① 急躁型。这种顾客性格急躁，忍耐性极差，在交谈时稍有不满就会表现出来。当面对这种顾客时，需要多注意自己的态度，言语上不要冒犯。这种顾客比较豪爽，喜欢开门见山，多顺着他往往容易成交。

② 犹豫型。这种顾客犹豫不决，考虑问题思前想后，往往是看了很多次、挑了很久也不能下决心购

买。此时，要多询问他纠结的地方在哪里，是价格、质量，还是售后服务。面对这种类型的顾客不能急于求成。犹豫型的顾客往往缺乏主见，喜欢拉一个"懂行"的朋友过来帮他出主意，这时说服的重点就在于他的这位朋友。

③ 专家型。这种顾客喜欢表现自己，好像这个行业的专家一样，觉得自己无所不知。面对这种类型的顾客，要先赞同他们的观点、夸他真专业，然后向他提一些产品方面的问题，请他指教，他会很乐意把产品方面的知识都告诉你，觉得你是个善于倾听的人。他的表现欲得到了满足，成交也就顺理成章了。

④ 好面子型。这种顾客不是很在意价格或性能，而是看重面子，只要产品能够满足他的虚荣心，就有可能会不惜代价地购买。面对好面子型的顾客要多举例子，告诉他有哪些名人使用过该产品，马上就会激起他们的攀比心理，让他们觉得自己高人一等，从而实现购买。

⑤ 爱占小便宜型。这种顾客爱占小便宜，在一些大的问题上不纠结，但总是希望能够让你多送一些赠品。这其实是源于顾客的一种自我心理，他总是希望自己能够被差别对待。面对这种顾客，要满足他们占小便宜的心理。

⑥ 老油条型。这种顾客非常圆滑，当你向他介绍时，他不会打断你，也不会拒绝你，他会保持沉默，无论你讲得有多好，他都会喜怒不形于色，让你无法知道他内心的想法。面对这种情况，你就少说几句，把球踢给他，问他是否需要帮助，当他说出自己的问题时，你再为他耐心解答。这种顾客往往比较慎重，他可能会考虑产品的功能是不是适合，此时需要告诉他这些优点能够给他带来什么好处，而且还要告诉他这种产品符合未来趋势，他才会决定购买。

资料来源：蓝海. 做销售，快速成交的几个方法[J]. 金点子生意，2017（11）.

（二）制订推销计划

推销计划是开展推销工作的行动指南，同时也是考核推销人员工作绩效的尺度。推销计划由推销人员的业务量、推销队伍的人员组成、时间安排、资金分配等内容构成。同时，在推销计划中要明确推销对象、推销产品、推销工具的使用与搭配、推销效果的考核方式及奖惩办法等。

（三）实施推销活动

推销人员采用各种方法与消费者接近并展开洽谈，可以利用各种推销技巧，如演示、示范、讲解等，把消费者的注意力吸引或转变到产品上，使消费者对推销人员所推销的产品产生兴趣和购买欲望。

追根溯源 7-9

扫码听书

给一个理由更容易成交

每样产品都有自己的特性，正是因为特性，才可以让消费者辨别出你的产品，并根据需要做出选择。在这个竞争激烈的市场中，学会突出自己的产品特性是销售人员需要学会的第一课。

比较成交法就是把自己的产品与竞争者的产品进行比较，用实例来说明自己的产品优于其他同类产品。通过对比突出自己的特点和优势，最后成交。无论何时，都不能将价格便宜作为让消费者购买产品的理由。总之，只要能够说出自己的产品跟别的产品有什么不同，就比较容易说服消费者。但有一点需要注意，就是在评论别人的产品时，不要把别人的产品说得一无是处，在比较时一定要拿出一些客观的数字，或者用可靠的分析方法加以解释说明。这样，才会让消费者觉得你的说法比较客观公正，也比较容易赢得消费者的信任。

营销策划实务

在推销过程中，往往会遇到消费者对推销品、推销人员、推销方式和交易条件提出质疑、抱怨、否定或反对意见，即消费者异议。这时需要推销人员积极妥善地处理这些异议，以促使交易成功。

追根溯源 7-10

推销中的注意事项

① 慎用激将法。很多人喜欢用激将法来刺激消费者，希望能够让犹豫不决的消费者尽早做出购买决定。这种方法一定要慎重使用。

② 真诚赞美。心理学家的研究表明：每个人都渴望被别人赞美，一旦这种心理被满足，就容易达成你期望的效果。赞美消费者要真诚，不要虚伪；要客观，不要夸张。否则，消费者会觉得你言过其实，反而不信任。做销售不能强迫，要多站在消费者的角度，给他推荐对他最有价值的东西。

（四）售后服务

对成交后的工作依然不能放松。对销售活动加以记录和分析、完善顾客资料、对顾客进行回访、总结推销的经验教训既是推销工作非常重要的内容，也是销售人员必须做细、做全的工作。做好售后服务工作可以加强与顾客的联系，引发新的需求，对改进企业的产品设计和营销策略起着至关重要的作用。

三、推销人员的管理

（一）构建推销队伍

企业可以采取各种形式来开展人员推销工作。首先，企业需要建立自己的销售团队，使用本企业的推销人员来推销产品。这种推销人员又分为两类：一类是内部推销人员；另一类是外勤推销人员。其次，企业还可使用合同推销人员。推销队伍构建的方式主要有以下几种类型：

① 按地区划分的结构。按地区划分的结构是指按地理区域配备推销人员，设置销售机构，推销人员在规定的区域负责销售企业的各种产品。这种结构的优点是责任明确，有助于与顾客建立牢固的关系，可以节省推销费用，一般适用于产品品种简单的企业。

② 按产品划分的结构。按产品划分的结构是指按产品线配备推销人员、设置销售机构，每组推销人员负责一条产品线在所有地区市场的销售。一般情况下，当企业的产品技术性强、品种多且其相关性不强时较宜采用这种方式。

③ 按顾客类别划分的结构。按顾客类别划分的结构是指按某种标准（如行业、客户规模）将顾客分类，再据此配备推销人员、设置销售结构。这种结构的优点是能满足不同用户的需求，从而提高推销成功率，但会使推销费用增加且难以覆盖更广泛的市场。

④ 以复合式的结构进行构建。以复合式的结构进行构建是指将上述 3 种结构结合起来组建销售机构或分配推销人员。通常当大企业拥有多种产品且销售区域相当广泛时适宜采用这种结构。

（二）推销人员的培训

建立好推销队伍后，企业就要按照推销人员的职责、条件制订培训计划。在实际的市场营销工作中，每隔一段时间就应对推销人员组织集训，以便其学习企业新营销计划、新市场策略和新产品知识。对推销人员的培训是十分必要的，这是人员推销成功的关键。

（三）推销人员的激励

激励是指对人的行为具有激发、加强和推动的作用，并且指导或引导其行为指向目标的一种精神状态。激励销售人员的目的是开发和引导他们的潜能，达到人力资源效用的最大化，从而保证和促进企业销售工作的开展。企业对销售人员激励时要考虑营销工作的具体特点、销售人员所面对的顾客情况、市场情况、竞争者情况和社会环境现状及销售人员自身的特点等因素。对销售人员的激励应遵循3项原则：物质利益原则、按劳分配原则和因时因地制宜原则。一般情况下，企业对销售人员的激励方式可归纳为3类。

1. 物质激励

物质激励是指通过增加物质报酬来刺激员工行为动机，激发其销售的积极性。这类激励常用的方法包括薪酬激励、奖品激励、生活激励等。尽管物质激励并非激励员工的唯一手段，也不是最好的方法，但却是一个非常重要、最方便使用的方法。

2. 非物质激励

非物质激励是对员工能力认可、价值尊重的重要体现，如精神激励、情感激励、荣誉激励、文化激励等。

3. 逆向激励

逆向激励是指各种惩罚性措施，主要是对业绩长期欠佳的员工进行必要惩罚。其作用是让员工感觉到更大的压力，主动寻找更好的解决方案。目前，通常被企业采用的逆向激励措施有自动淘汰（末位淘汰）、罚款、降薪、辞退等。

（四）销售人员的考核

建立对销售人员考核的机制既是有效检验销售人员工作绩效的必要手段，也是销售人员薪酬设计的一个重要标准。对销售人员的考核需要获得有效的考核资料、建立合理的考核标准、选用适当的考核方法来有序地开展。

通常有4种途径来获取考核资料：销售人员的记事卡、销售人员的销售工作报告、顾客的评价和企业内部员工的评价。依据这些考核资料，企业还要建立相应的考核标准。常用的销售人员绩效考核指标主要有：销售计划完成率、销售毛利率、销售费用率、货款回收率、顾客访问率、访问成功率、顾客投诉次数和培育新顾客数量等。具体的考核办法可以采用横向考评（销售人员之间进行比较）、纵向考评（销售人员现在与过去比较）和工作评价（包括对企业、产品、顾客、竞争者、本身职责的了解程度及销售人员的言谈举止、修养等个性特征）。

学习日志

一、我学了

1. _____
2. _____
3. _____

二、我用了

1. _____
2. _____
3. _____

三、测一测（扫二维码答题，已嵌入线上课堂中）

（一）单项选择题

1. 企业派出推销人员或委托推销人员直接与消费者接触，向目标消费者进行产品介绍、推广，促进销售的沟通活动是（　　）。
   A. 广告促销　　　　B. 营业推广　　　　C. 公共关系　　　　D. 人员推销
2. 由推销人员携带产品样品、说明书和订单等走访消费者推销产品是（　　）。
   A. 上门推销　　　　B. 柜台推销　　　　C. 会议推销　　　　D. 展会推销
3. 在适当地点设置固定店铺，由营业员接待进入店铺的消费者推销产品，这是（　　）。
   A. 上门推销　　　　B. 柜台推销　　　　C. 会议推销　　　　D. 展会推销
4. 由推销人员的业务量、推销队伍的人员组成、时间安排、资金分配等构成（　　）。
   A. 推销活动　　　　B. 推销计划　　　　C. 推销对象　　　　D. 售后服务
5. 对员工能力认可、价值尊重的重要体现，如精神激励、情感激励、荣誉激励、文化激励等，是企业对销售人员的（　　）。
   A. 物质激励　　　　B. 非物质激励　　　C. 逆向激励　　　　D. 正向激励
6. 人员推销策划的流程有（　　）。
   A. 选择推销对象—制订推销计划—实施推销活动—售后服务
   B. 制订推销计划—选择推销对象—实施推销活动—售后服务
   C. 制订推销计划—实施推销活动—选择推销对象—售后服务
   D. 实施推销活动—选择推销对象—制订推销计划—售后服务

（二）多项选择题

1. 人员推销的基本形式有（　　）。
   A. 上门推销　　　　B. 柜台推销　　　　C. 会议推销　　　　D. 展会推销
2. 制订推销计划要考虑包括的内容有（　　）。
   A. 推销人员的业务量　　　　　B. 推销队伍的人员组成
   C. 时间安排　　　D. 资金分配　　　E. 推销对象
   F. 推销工具的使用与搭配　　　G. 推销效果及考核
3. 推销人员的管理内容主要包括（　　）。
   A. 构建推销队伍　　　　　　　B. 推销人员的培训
   C. 销售人员的激励　　　　　　D. 推销人员的考核
4. 企业对销售人员的激励方式主要有（　　）。
   A. 物质激励　　　B. 非物质激励　　　C. 逆向激励　　　D. 建立考核标准
5. 下面属于对推销人员的非物质激励的有（　　）。
   A. 精神激励　　　B. 情感激励　　　　C. 荣誉激励
   D. 文化激励　　　E. 自动淘汰

(三) 判断题

1. 对于业绩长期欠佳的员工进行必要的惩罚是正向激励。（　）
2. 薪酬激励、奖品激励、生活激励等属于物质激励。（　）
3. 建立好推销队伍后，企业就要按照推销人员的职责、条件制订培训计划。（　）
4. 推销工作是创意性的工作，无须制订推销计划。（　）
5. 通过市场调查寻找顾客，从而确定企业推销对象是人员推销工作的第一步。（　）

(四) 实务操作题

联系一家企业，与企业合作，帮助企业在线下推销一款产品。请选择推销对象、制订推销计划、实施推销活动、售后服务，以 Word 文档的形式提交推销计划，并以 PPT 演示文稿的形式汇报。

(五) 简答题

1. 举例说明什么是会议推销。
2. 推销计划应当包括哪些内容？

任务五　促销组合的运用

知识讲堂

开篇任务单

一、促销策划的基本范畴

（一）促销与促销组合

促销策略是营销组合策略的基本策略之一。促销策略是指企业如何通过人员推销、广告、公共关系和营业推广等各种促销方式向消费者或用户传递产品信息，引起他们的注意和兴趣，激发他们的购买欲望和购买行为，以达到扩大销售的目的。企业将合适的产品在适当的地点，以适当的价格出售的信息传递到目标市场一般通过两种方式：一是人员推销，即推销员和消费者面对面地进行推销；另一种是非人员推销，即通过大众传播媒体、新媒体在同一时间向大量消费者传递信息，主要包括广告、公共关系和营业推广等。

促销在企业经营中的重要性日益显现，具体来说有以下几方面：提供信息，疏通渠道；诱导消费，扩大销售；突出特点，强化优势；提高声誉，稳定市场。促销是营销组合的 4 个策略之一，一个企业在开发出适销对路的产品、制定出有吸引力的价格和拓展出有效的渠道之后，还必须组织实施一系列以说服消费者采取购买行动为最终目的的活动。这些活动使潜在顾客了解产品，引起其注意，激发其购买欲望和购买行为，从而实现扩大销售的目的。

所谓促销组合，是指一种组织促销活动的策略思路，主张企业运用广告、人员推销、公关宣传、营业推广 4 种基本促销方式组合成一个策略系统，使企业的全部促销活动互相配合、协调一致，最大限度地发挥整体作用，从而顺利实现企业目标。促销组合是一种系统化的整体策略，4 种基本促销方式则构成了这一整体策略的 4 个子系统。每个子系统都包括了一些可变因素，即具体的促销手段或工具，某一因素的改变意味着组合关系的变化，也就意味着一个新促销策略的形成。

（二）促销策划的步骤

促销策划是指运用科学的思维方式，在调查研究的基础上，根据企业总体营销战略的要求，对某一时期各种产品的促销活动做出总体规划，并为具体产品制订详细而严密的活动计划。一般情况下，企业在进行促销策划时需要经历以下7个步骤：

① 确认促销对象。企业开展促销活动实际上是把营销信息传递给目标受众，因此，策划时首先要通过企业目标市场的研究与市场调研，界定其产品的销售对象及促销对象——既可以是现实顾客、潜在顾客，也可以是个人、家庭或社会团体。值得注意的是，做好促销对象对企业或产品的印象分析有助于促销策划的开展，因为消费者的印象很大程度上决定了人们对事物的态度和行动。

② 确定促销目标。当确认了促销对象及其特点后，企业必须明确促销目标。不同时期和不同的市场环境下，企业开展促销活动都有着特定的促销目标。短期促销目标适合采用广告促销和营业推广相结合的方式；长期促销目标运用公共关系则具有决定性意义。在确定促销目标时，企业应注意促销目标的选择与营销总体目标的一致性。

③ 设计促销信息。促销目标明确后，就要设计有效传播的信息。这一步的重点是信息内容的设计，包括企业促销对目标对象所要表达的诉求是什么、主题如何、构思怎样等，并以此刺激其反应。

④ 选择沟通渠道。企业必须选择有效的沟通渠道来传递信息。传递促销信息的沟通渠道主要有人员沟通渠道和非人员沟通渠道：人员沟通渠道是由推销人员向目标消费者当面推荐，能得到反馈，可利用良好的"口碑"来扩大企业及产品的知名度与美誉度；非人员沟通渠道主要是指大众媒体沟通或新媒体的精准沟通。一般情况下，大众传播沟通与人员沟通有机结合才能发挥更好的效果。随着新媒体技术的发展与应用，微信、微博及各类直播、短视频平台的普及，沟通渠道得到了拓展与细化。

⑤ 确定促销预算。企业应当根据自己的经济实力和市场环境状况决定促销组合方式。事实上，确定促销预算和资源分配是最困难的营销决策之一。常用的方法有量入为出法、销售百分比法、竞争对等法、目标任务法等。总体而言，如果企业促销费用充裕，则可把几种促销方式结合起来同时使用；反之，则要考虑选择耗资较少的促销方式。

⑥ 确定促销组合。根据不同的情况，将人员推销、广告、营业推广和公共关系4种促销方式进行适当搭配，使其发挥整体最优的促销作用。选择促销组合时应考虑的因素有产品的属性、产品生命周期、消费者不同的购买阶段及各种促销方式的特点。

⑦ 评估促销效果。促销计划实施之后，企业需要评估促销活动对促销对象的效果。调查促销对象是否认识和记住这一信息、感觉如何、对产品过去和现在的态度怎样等，以评估促销效果。

二、促销组合的运用

商业江湖 7-15

伊利的成功促销

伊利集团在开发武汉市场时，首先对武汉的目标消费者进行促销。一方面在报纸上开展公共关系广告宣传——"昭君回故里，伊利送真情"。这是根据内蒙古和湖北在历史上的渊源——王昭君，开展的主题为"古有昭君千里出塞,今有伊利集团千里大赠送"的活动。对这个活动,新闻媒体进行了铺天盖地的宣传,大家都知道了伊利集团的产品。另一方面,免费向中小学生赠送冰激凌,结果每10名武汉人中就有一个人食用过伊利集团的产品。通过广告宣传和免费赠送双管齐下,消费者了解了伊利集团的产品,开始去零售店购买伊利集团的产品。经销商一方面在报纸上看到了伊利集团的广告宣传,另一方面看到了消费者在购买伊利集团的产品,马上意识到销售机会来了,销售伊利集团产品的积极性大大提高。

分析 伊利通过以"王昭君"为主题的广告宣传和向小学生免费赠送冰激凌营业推广活动,使目标消费者听到、看到、品尝到伊利产品,从而有效地打开了武汉市场。

(一)各种促销手段的比较

促销组合中的人员推销、广告、营业推广及公共关系4种促销手段各有特点,如表7.5所示。

表7.5　4种促销手段的比较

特　点	促销手段			
	人员推销	广告	营业推广	公共关系
目标受众	一般只针对目标消费者进行	大部分广告类型的受众比较宽泛,针对性较弱(除邮寄广告、微信软文广告)	大部分营业推广只针对目标消费者进行(除展览)	受众来源广泛
诉求类型	理性诉求为主	理性、情感、道德诉求	理性诉求为主,结合现场气氛体验	理性、情感、道德诉求
适用产品特点	消费者数量少,产品复杂,价格较高	消费者众多,产品简单,价格便宜	产品质量稳定	所有产品
适用阶段	适用于产品销售的各阶段	主要适用于建立企业及产品知名度、美誉度环节	主要用于销售现场或销售最后环节	主要适用于建立良好的企业形象
适用企业	工业企业使用较多,中小企业销售消费品时也常用	消费品生产企业使用较多,规模较大、知名度高的企业多用	较受中等或较小规模企业欢迎	被大企业使用较多
时效性	现场见效	见效时间较长,有时难以控制	现场见效	见效时间长
沟通效果	效果较易控制、衡量	效果较难控制、衡量	效果较易控制、衡量	效果最难控制、衡量
成本	单位费用大,但当成本与产品销售挂钩时,成本收益控制较易	成本较大,但人均成本低,成本收益控制较难	成本与产品销售挂钩,成本收益控制较易	一般情况下成本较大,成本收益控制较难

总体而言,人员推销方法灵活,可以与消费者进行深度沟通,容易激发消费者兴趣,促成即时成交,但费用大,优秀推销人才难觅;广告传播范围广,多次运用,可以把广告信息艺术化以加深消费者的印象,但说服力小,难以促成即时购买行为;营业推广吸引力大,能改变消费者购买习惯,但可能引起消费者顾虑或不信任,有些情况下会对企业或产品形象造成损害;公共关系影响面广,容易取得消费者信任,但见效较慢。鉴于各促销方式的特点,企业在运用时需要根据具体情况综合考虑。

(二)不同类型产品的促销组合

由于各种促销手段各有特点,因此对于不同类型的产品应该有不同的促销组合。对于消费品而言，所运用的促销方式主要是广告，其次是开展营业推广和公共关系，因为广告主要通过大众传播媒介进行信息的传播，可以通过生动活泼的形式来表现信息传递的内容，有利于消费品的促销工作。而对于工业品而言，所运用的促销方式主要是人员推销，其次是营业推广和公共关系，广告用得相对较少，因为人员推销这种方式可以进行当面沟通，有利于介绍产品的性能、用途及有关的数据资料，这样更有利于工业品的促销。不同类型产品的促销组合方式大致如图 7.2 所示。

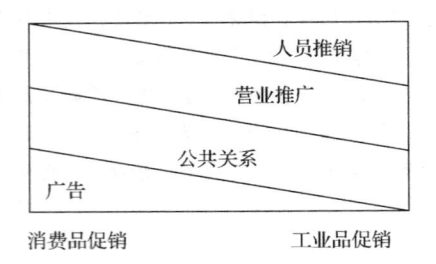

图 7.2　不同类型产品的促销组合方式

（三）产品生命周期不同阶段的促销组合

1．产品介绍期的促销组合策略

产品介绍期促销的主要目标是建立产品的知晓度，即让更多的消费者知道新产品的存在。此时促销组合以广告和人员推销为主，一般可以有两种促销策略供选择：一是快速促销，利用各种促销工具及其组合进行各种促销活动，使消费者在短期内熟知这一产品并产生购买行为，快速地启动市场；二是慢速促销，不开展或很少开展促销活动，让产品在市场上慢慢渗透，逐步被消费者所认知。

2．产品成长期的促销组合策略

产品成长期的促销目标不仅是让消费者知晓产品，而且要让消费者对该产品产生偏好，即此阶段需要建立产品知名度。这时促销组合中的广告仍十分必要，但要调整广告策略的目标，着重宣传企业和品牌，使之由提高产品的知晓度逐渐转向建立消费者对产品的信赖度和提高购买量，并且要配合人员推销策略。

3．产品成熟期的促销组合策略

产品成熟期的促销目标是建立产品差异化，此时的促销组合策略是：开展各种促销活动，采用富有震撼力、冲击力的广告，着重宣传产品的新改进、新特点，与其他产品的差异性。通过让利销售、折扣、有奖销售等营业推广方式吸引其他竞争品牌的使用者。

4．产品衰退期的促销组合策略

当产品进入衰退期时，适合采用各种营业推广方式刺激消费者购买，同时对消费者熟知的产品可以配合提示性广告，促使消费者即时购买。

产品生命周期的各个阶段的促销目标不同，因此使用促销组合的方式也有所不同。在产品生命周期的整个过程中，促销都以建立消费者的信任感、满意度为目标。因此，促销组合策略对要时刻注意更新广告内容，并且始终合理利用公共关系。在产品各生命周期中的促销组合策略如表 7.6 所示。

表 7.6　产品各生命周期中的促销组合策略

产品生命周期	促销目标与重点	促销组合策略
介绍期	建立产品知晓、介绍性广告	告知性广告+人员推销
成长期	提高市场知名度和占有率	形象建立型广告
成熟期	提高产品的美誉度，维持和扩大市场占有率	形象建立和强调型广告+公共关系+营业推广（辅助）
衰退期	维持信任和偏好、大量销售	营业推广+提示性广告

（四）不同购买阶段的促销组合

在消费者购买决策过程的不同阶段，企业采用的促销工具也不同。在消费者对产品认知的阶段，广告的作用比较大，随着消费者对产品有关信息的接收、感知，逐渐加深了对产品的认识与理解，广告的作用逐渐减少，人员推销和营业推广的作用就会逐渐提高。

消费者购买阶段与促销组合的配合关系如图 7.3 所示。

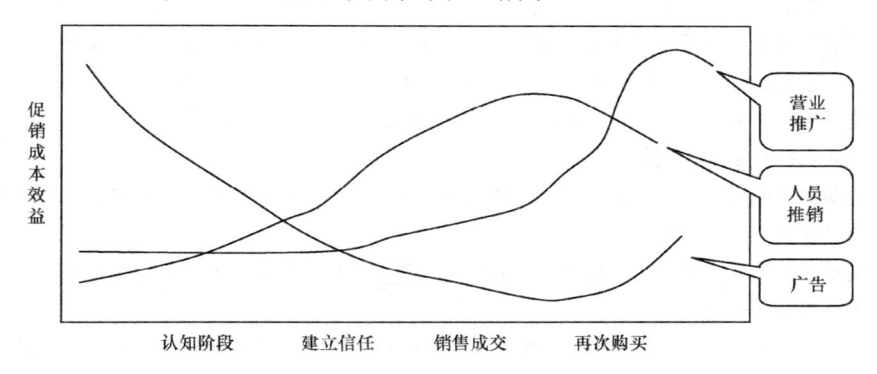

图 7.3　各种促销工具在消费者购买过程不同阶段的成本效益

很明显，广告和宣传推广在消费者决策过程的最初阶段，成本收益效应最大，而人员推销和营业推广只有在较后的阶段才可以发挥出更大的效力。其具体表现为以下几点。

① 在消费者对产品的认知阶段，广告往往起着重要作用，比推销人员的突然造访或营业推广所起的作用要大些。

② 在建立消费者对产品的信任度方面，广告和人员推销的影响比较大。广告可以在一定程度上显示企业的实力，人员推销则使产品直接与消费者见面。

③ 购买行为的发生主要是受人员推销和强大的促销影响的结果。人员推销使销售的最后环节更易把握，而营业推广则给了很多消费者购买的理由。

④ 产品的重购也基本上受人员推销和营业推广的影响，广告在某种程度上也具有一定的提醒作用。

学习日志

一、我学了

1. _____
2. _____
3. _____

二、我用了

1. _____
2. _____
3. _____

营销策划实务

三、测一测（扫二维码答题，已嵌入线上课堂中）

（一）单项选择题

1. 人员推销、广告、公共关系和营业推广是（　　）。
   A. 产品策略　　　　B. 渠道策略　　　　C. 价格策略　　　　D. 促销策略

2. 对于促销组合的正确描述是（　　）。
   A. 促销组合是一种系统化的整体策略，4种基本促销方式则构成了这一整体策略的4个子系统。4种基本促销方式要互相配合、协调一致，才能最大限度地发挥作用
   B. 促销组合包括广告、人员推销、公共关系、营业推广4种基本促销方式，只要把四者简单相加，就能发挥出巨大的促销效果
   C. 促销组合包括广告、人员推销、公共关系、营业推广4种有效的促销方式，单独使用哪一个都会发挥出非常大的作用
   D. 促销组合包括广告、人员推销、公共关系、营业推广4种有效的促销方式，无论怎样组合与使用，都会达到预期效果

3. 根据不同的情况，将人员推销、广告、营业推广和公共关系4种促销方式进行适当搭配，使其发挥整体的促销作用是（　　）。
   A. 确定促销预算　　B. 决定促销组合　　C. 选择沟通渠道　　D. 设计促销信息

4. 方法灵活、可以与消费者进行深度沟通、容易激发消费者兴趣、促成即时成交，但费用大、优秀推销人才难觅，这是（　　）促销方式的优势与不足。
   A. 广告　　　　　　B. 公共关系　　　　C. 人员推销　　　　D. 营业推广

5. 传播范围广，多次运用，可以将广告信息艺术化以加深消费者印象，但说服力小，难以促成即时购买行为，这是（　　）促销方式的优势与不足。
   A. 广告　　　　　　B. 公共关系　　　　C. 人员推销　　　　D. 营业推广

（二）多项选择题

1. 企业将合适的产品，在适当地点、以适当的价格出售的信息传递到目标市场，其传播方式有（　　）。
   A. 上门推销　　　　B. 人员推销　　　　C. 广告
   D. 公共关系　　　　E. 营业推广

2. 促销对企业的好处有（　　）。
   A. 提供信息，疏通渠道　　　　　　　B. 诱导消费，扩大销售
   C. 突出特点，强化优势　　　　　　　D. 提高声誉，稳定市场

3. 促销组合是一个策略系统，其内容主要包括（　　）。
   A. 人员推销　　　　B. 广告　　　　　　C. 公共关系　　　　D. 营业推广

4. 企业在进行促销策划时需经历的环节主要有以下内容，按顺序排列为（　　）。
   A. 设计促销信息　　B. 确定促销目标　　C. 确认促销对象　　D. 选择沟通渠道
   E. 确定促销预算　　F. 决定促销组合　　G. 衡量促销效果

5. 工业品生产企业常用的促销方式主要有（　　）。
   A. 人员推销　　　　B. 广告　　　　　　C. 公共关系　　　　D. 营业推广

（三）判断题

1. 对于工业品而言，所运用的促销方式主要是广告。　　　　　　　　　　　　　　　　（　　）

2. 产品介绍期促销的主要目标是建立产品的知晓度，即让更多的消费者知道新产品的存在，此时促销组合以公共关系为主。（ ）

3. 产品成长期的促销目标不仅仅是消费者知晓产品，还要让消费者对该产品产生偏好，即此阶段需要建立产品知名度。这时应着重宣传企业和品牌，使之由提高产品的知晓度逐渐转向建立消费者对产品的信赖度和提高购买量，并且要配合以人员推销。（ ）

4. 产品成熟期的促销目标是建立产品差异化，此时应开展各种促销活动，采用富有震撼力的广告，着重宣传产品的新改进、新特点，突出与其他产品的差异性。（ ）

5. 产品生命周期的各阶段促销目标有所不同，促销组合方式也就有所不同，但在产品生命周期的整个过程中，促销都以建立消费者的信任感、满意感为目标。（ ）

（四）实务操作题

联系一家企业，与企业合作，帮助企业开展一次促销活动。以 Word 文档的形式提交促销组合文案，并以 PPT 演示文稿的形式汇报。

（五）简答题

1. 简述产品介绍期的促销组合策略。
2. 简述消费品的促销组合策略。

参 考 文 献

[1] 杰里，C. 奥尔森．消费者行为与营销战略[M]．韩德昌，译．大连：东北财经大学出版社，2015．
[2] 陈英．论公关主题的营销边界．中国市场[J]，2010（5）．
[3] 陈子清，喻昊．市场营销实训教程[M]．武汉：华中科技大学出版社，2006．
[4] 冯正平．图解市场营销管理[M]．北京：经济管理出版社，2004．
[5] 谢文辉．成功营销：60个经营营销寓言故事[M]．北京：民主与建设出版社，2004．
[6] 薛辛光．营销策划[M]．杭州：浙江大学出版社，2004．
[7] 闫春荣．市场营销综合实训[M]．北京：清华大学出版社，2010．
[8] 闫春荣，魏明．市场营销策划[M]．北京：科学出版社，2011．
[9] 王冠韬，王琦．广告策划[M]．成都西南交通大学出版社．2017．
[10] 徐茂权．软文营销：网络营销决胜武器[M]．2版．北京：电子工业出版社，2015．
[11] 朱迪，艾伦，王向宁．活动策划完全手册[M]．北京：旅游教育出版社，2014．
[12] 丁晓光．营销推广=告知+说服+培养[J]．企业研究，2017（01）．
[13] 张苗荧．市场营销策划[M]．北京：北京师范大学出版集团，2010．
[14] 闫炎．市场营销实务[M]．上海：上海交通大学出版社，2017．
[15] 胡玲．营销管理与营销策划[M]．北京：对外经济贸易大学出版社，2017．
[16] 李逾男．品牌管理[M]．北京：北京大学出版社，2017．
[17] 徐茂权．网络营销决胜武器实战方法·案例·问题[M]．2版．北京：电子工业出版社，2015．
[18] 程宇宁．广告创意：从抽象到具象的形象思维[M]．3版．北京：中国传媒大学出版社，2017．
[19] 袁学敏．公共关系理论与应用[M]．北京：北京理工大学出版社，2018．
[20] 牛亚萍．基于企业成熟期产品的价格策略应用分析[J]．时代财富，2013（8）．
[21] 闫春荣，孙铁玉等．市场营销基础[M]．北京：电子工业出版社，2018．
[22] 王丽丽．营销策划[M]．大连：东北财经大学出版社，2017．
[23] 王冬梅．产品生命周期各阶段的成本控制和定价策略[J]．中国经贸导刊，2010（11）．

欢迎广大院校师生**免费**注册应用

华信SPOC官方公众号

www.hxspoc.cn

华信SPOC在线学习平台

专注教学

- 数百门精品课
- 数万种教学资源
- 教学课件 师生实时同步
- 多种在线工具 轻松翻转课堂
- 电脑端和手机端（微信）使用
- 测试、讨论、投票、弹幕…… 互动手段多样
- 一键引用，快捷开课 自主上传，个性建课
- 教学数据全记录 专业分析，便捷导出

登录 www.hxspoc.cn 检索 华信SPOC 使用教程 获取更多

华信SPOC宣传片

教学服务QQ群：1042940196
教学服务电话：010-88254578/010-88254481
教学服务邮箱：hxspoc@phei.com.cn

电子工业出版社
PUBLISHING HOUSE OF ELECTRONICS INDUSTRY

华信教育研究所

尊敬的老师：

您好。

请您认真、完整地填写以下表格的内容（务必填写每一项），索取相关图书的教学资源。

教学资源索取表

书　名				作者名	
姓　名		所在学校			
职　称		职　务		职　称	
联系方式	电话		E-mail		
	QQ 号		微信号		
地址（含邮编）					
贵校已购本教材的数量（本）					
所需教学资源					
系/院主任姓名					

系／院主任：＿＿＿＿＿＿＿＿＿＿（签字）

（系／院办公室公章）

20＿＿＿年＿＿月＿＿日

注意：

① 本配套教学资源仅向购买了相关教材的学校老师免费提供。

② 请任课老师认真填写以上信息，并请系／院加盖公章，然后传真到（010）80115555 转 718438 索取配套教学资源。也可将加盖公章的文件扫描后，发送到 fservice@126.com 索取教学资源。欢迎各位老师扫码关注我们的微信号和公众号，随时与我们进行沟通和互动。

③ 个人购买的读者，请提供含有书名的购书凭证，如发票、网络交易信息，以及购书地点和本人工作单位来索取。

微信号　　　　　　　　　　　公众号